大跨径组合梁斜拉桥建设关键技术
——禹门口黄河公路大桥科研创新

长安大学
中交一公局西北工程有限公司
中交第一公路勘察设计研究院有限公司 编著
陕西交控通宇交通研究有限公司

人民交通出版社股份有限公司
北京

内容提要

本书是根据禹门口黄河公路大桥建设期间的关键技术研究成果,并参阅国内外相关文献编写而成。目的是对大跨径组合梁斜拉桥,尤其是在复杂环境下全面、精细的科研和工程创新所做的系统总结。第一部分为科研创新,主要内容包括:无辅助墩大跨径组合梁斜拉桥结构响应控制技术、主要受力构件的精细化分析和优化、复杂风场环境下大跨径组合梁斜拉桥抗风技术。第二部分为工程创新,主要内容包括:施工过程中总结的典型工法和专有规范以及相关成果、获得奖项。

本书可供正在或即将开展大跨径组合梁斜拉桥建设工作的工程技术人员使用,也可作为科研人员以及土木工程师的参考用书。

图书在版编目(CIP)数据

大跨径组合梁斜拉桥建设关键技术. 禹门口黄河公路大桥科研创新 / 长安大学等编著. — 北京:人民交通出版社股份有限公司,2022.11
ISBN 978-7-114-17946-4

Ⅰ.①大… Ⅱ.①长… Ⅲ.①黄河—公路桥—桥梁工程—工程技术—陕西 Ⅳ.①U448.14

中国版本图书馆 CIP 数据核字(2022)第 076135 号

Dakuajing Zuheliang Xielaqiao Jianshe Guanjian Jishu——Yumenkou Huang He Gonglu Daqiao Keyan Chuangxin

书　　名:	大跨径组合梁斜拉桥建设关键技术——禹门口黄河公路大桥科研创新
著　作　者:	长安大学
	中交一公局西北工程有限公司
	中交第一公路勘察设计研究院有限公司
	陕西交控通宇交通研究有限公司
责任编辑:	崔　建　章　嵩
责任校对:	席少楠　刘　璇
责任印制:	张　凯
出版发行:	人民交通出版社股份有限公司
地　　址:	(100011)北京市朝阳区安定门外外馆斜街 3 号
网　　址:	http://www.ccpcl.com.cn
销售电话:	(010)59757973
总　经　销:	人民交通出版社股份有限公司发行部
经　　销:	各地新华书店
印　　刷:	北京交通印务有限公司
开　　本:	787×1092　1/16
印　　张:	15
字　　数:	355 千
版　　次:	2022 年 11 月　第 1 版
印　　次:	2022 年 11 月　第 1 次印刷
书　　号:	ISBN 978-7-114-17946-4
定　　价:	232.00 元

(有印刷、装订质量问题的图书,由本公司负责调换)

《大跨径组合梁斜拉桥建设关键技术
——禹门口黄河公路大桥科研创新》

编写委员会

主　　　编：唐新湖　王学军　文　辉　梁建军

本 篇 执 行 主 编：刘来君

本篇执行副主编：薛平安　武芳文　高诣民　彭　恺

编 写 人 员：梁建军　李加武　薛平安　李　凯
　　　　　　　侯　旭　王　技　魏家乐　舒　涛
　　　　　　　彭　恺　侯玉平　高　刚　李继成
　　　　　　　刘明超　王　朗　于成海　杨　岗
　　　　　　　上官洲境　李彩艳

项 目 负 责 人：薛平安

前 言

组合梁斜拉桥(Cable-stayed Bridge with Composite Girder)是主梁为钢—混凝土组合结构的斜拉桥,其结合了混凝土和钢材的优势,在350~800m跨径区间是一种极具竞争力的大跨径桥梁结构形式。伴随我国交通基础设施建设的迅猛发展,组合梁斜拉桥得以广泛推广应用,工程师对该类桥型力学行为的研究实践不断深入,已经走出了一条自主创新的成功之路,使我国大跨径组合梁斜拉桥建设技术跻身世界前列。为适应交通强国建设提出的"打造一流设施、一流技术、一流管理"要求,针对复杂环境建设条件,组合梁斜拉桥全寿命周期建管养运新需求,编写组依托G108国道禹门口黄河公路大桥工程勘察设计、施工及控制技术、养护和科研,继续探索、创新形成本书。

G108国道禹门口黄河公路大桥所在的黄河禹门口段历来为秦晋交通要冲,108国道在两省交界处依赖1973年建设的禹门口大桥连接黄河两岸,无法满足社会经济发展通行需求,成为省际大通道的通行瓶颈,交通压力巨大,亟待重建。但要冲平素为险地,路线走廊处桥位资源受限,水文地质条件、自然环境复杂,大桥建设面临诸多技术难题。禹门口黄河公路大桥前期研究和勘察设计工作从2006年启动,历经十年,于2016年10月开工建设,是我国西北地区及黄河流域跨径最大、技术含量最高、结构最复杂的桥梁,也是目前世界最大跨径无辅助墩斜拉桥,该桥已于2020年9月正式通车运营。

桥位所处峡谷与漫滩交界的复杂水环境、深切峡谷口的复杂风场、条件受限无法设置辅助墩、引桥同跨斜跨两条铁路等难题,在国内同规模桥梁中缺乏借鉴经验。大桥的建设坚持技术引领,汇集了国内众多桥梁知名专家和工程技术人员的聪明才智,凝结了建设团队的艰辛奉献,攻克系列技术难题,最终建成高品质桥梁。这期间,建设团队对结构理论、设计施工和控制关键技术、养护方法进行了系统研究,为大跨径组合梁斜拉桥建设与运营积累了经验,特编著本书。

全系列丛书共分为四册。第一册是勘察设计,针对复杂建设条件,介绍了重难点问题的设计对策与创新;第二册是施工及控制技术,针对本桥结构特点,介绍了关键施工工艺、精细化监控方法和实施应用效果;第三册是养护管理,针对大跨径组合梁斜拉桥养护需求,介绍了养护管理、检查评定、养护维修和结构监测相关技术;第四册是科研创新,介绍了大桥建设过程中形成的关键技术、工艺工法及技术规范。

本书由中交一公局西北工程有限公司、中交第一公路勘察设计研究院有限公司、长安大学、陕西交控通宇交通研究有限公司共同编著。本书编写过程中,调研和收集了当前国内外大跨径组合梁斜拉桥的建设成果,参考并引用了一些公开发表的文献和资料,谨向这些作者表示深深的谢意。

本书编著以实用、适用为指导思想,内容丰富,虽经努力,难免有不妥之处,敬请读者提出宝贵意见和建议。

衷心感谢!

编著者

2022 年 5 月

目 录

第一部分 科研创新

第1章 无辅助墩大跨径组合梁斜拉桥结构响应控制技术 ... 3
1.1 无辅助墩大跨径斜拉桥位移应力参数敏感性 ... 4
1.2 无辅助墩大跨径斜拉桥位移应力可靠度分析 ... 7
1.3 考虑桩-土作用的地震响应分析 ... 16
1.4 复杂场地无辅助墩斜拉桥地震响应分析 ... 37
1.5 结论与建议 ... 43

第2章 主要受力构件的精细化分析和优化 ... 44
2.1 剪力连接件抗剪性能研究及承载力分析 ... 45
2.2 钢锚梁结构力学行为研究 ... 59
2.3 锚拉板结构力学行为研究 ... 63
2.4 结论与建议 ... 78

第3章 复杂风场环境下大跨径组合梁斜拉桥抗风技术 ... 79
3.1 桥位风特性观测与研究 ... 81
3.2 桥塔气动弹性模型风洞试验 ... 100
3.3 最大双悬臂气动弹性模型风洞试验研究 ... 110
3.4 行车安全及抗风措施研究 ... 119
3.5 结论与建议 ... 129

第二部分 工程创新

第4章 黄河主河道深基坑开挖、干封底施工工法 ... 133
4.1 工程概况 ... 133
4.2 工法特点 ... 134
4.3 适用范围及工艺原理 ... 134
4.4 施工工艺流程及操作要点 ... 135
4.5 材料与设备 ... 139
4.6 质量控制 ... 140
4.7 安全、环保措施 ... 140
4.8 效益分析 ... 141

第5章 一墩双T不平衡配重连续梁的转体施工工法 ········· 142
- 5.1 工程概况 ········· 142
- 5.2 工法特点 ········· 143
- 5.3 适用范围及工艺原理 ········· 143
- 5.4 施工工艺流程及操作要点 ········· 143
- 5.5 材料与设备 ········· 150
- 5.6 质量控制 ········· 151
- 5.7 安全、环保措施 ········· 152
- 5.8 效益分析 ········· 153

第6章 大跨径组合梁两节段一循环散件悬拼安装施工工法 ········· 155
- 6.1 工程概况 ········· 155
- 6.2 工法特点 ········· 156
- 6.3 适用范围 ········· 156
- 6.4 工艺原理 ········· 156
- 6.5 施工工艺流程及操作要点 ········· 157
- 6.6 材料与设备 ········· 167
- 6.7 质量控制 ········· 170
- 6.8 安全措施 ········· 171
- 6.9 环保措施 ········· 172
- 6.10 效益分析 ········· 172
- 6.11 应用实例 ········· 173

第7章 无辅助墩大跨径组合梁斜拉桥边跨配重施工工法 ········· 174
- 7.1 概述 ········· 174
- 7.2 工法特点 ········· 175
- 7.3 适用范围 ········· 175
- 7.4 工艺原理 ········· 175
- 7.5 施工工艺流程及操作要点 ········· 176
- 7.6 设备与材料 ········· 181
- 7.7 质量控制 ········· 182
- 7.8 安全措施 ········· 183
- 7.9 环保措施 ········· 183
- 7.10 效益分析 ········· 184

附录1 专有技术规范《公路钢结构梁桥制造安装与质量检验规范——钢—混凝土组合梁》 ········· 185

附录2 专有成果及奖项 ········· 224

参考文献 ········· 229

Part 1 第一部分

科研创新

第1章
无辅助墩大跨径组合梁斜拉桥结构响应控制技术

随着科学技术的发展，桥梁建造技术也有了日新月异的提高。斜拉桥作为一种拉索体系桥，跨越能力更大，并且建筑高度小、施工方便安全、桥型美观，因此，成为近年来我国大跨度桥梁中应用最普遍的桥型之一。目前关于斜拉桥辅助墩，国内外学者研究的范围已经比较广泛，多集中于斜拉桥动、静力学的响应两个方面。其中，静力学方面的研究，主要包括设置辅助墩前后斜拉桥在施工阶段以及成桥阶段的参数敏感性分析，细部结构如钢锚梁、斜拉索等部位的受力分析；动力学方面，关于设置辅助墩与否对斜拉桥抗震、抗风性能影响的研究，也屡见不鲜。

高金萍等分析了成桥平衡荷载状态下辅助墩对结构状态的影响，指出大跨度等高双塔斜拉桥辅助墩的设置可以有效减小主梁中跨、边跨以及下塔柱的最大弯矩；马跃腾等人建立某特大斜拉桥有辅助墩和无辅助墩有限元模型，并改变辅助墩高度，基于该斜拉桥的场地条件选择近场与远场地震作用，研究计算了近场与远场地震作用下有辅助墩与无辅助墩的静力稳定性与动力响应。李永兴等人以一座实际的双塔斜拉桥为背景，研究了地震作用下斜拉桥的支座脱空现象以及辅助墩对斜拉桥支座脱空的影响，结果表明，在强震作用下，该桥在过渡墩、辅助墩和主塔处均会出现支座脱空现象。也有不少学者针对无辅助墩斜拉桥进行了研究，并与设置辅助墩的斜拉桥进行了受力方面的对比;梁建军等人从反应谱以及时程分析两个方面,对有无辅助墩的斜拉桥抗震性能进行了对比分析,得出增加辅助墩的设置会从这两方面对桥梁带来一定的不利影响;喻梅、彭鹏等人则从内力方面得出结论,设置辅助墩会有效提高结构刚度,使结构的内力以及变形有所减小。

目前,国内外对于无辅助墩桥梁的研究还比较少,尤其对于大跨径组合斜拉桥的无辅助墩设置研究更为少见。不设置辅助墩后斜拉桥所产生的响应,以及组合结构一些主要细部构件的受力,还有待深究。本章将从参数敏感性、可靠度、桥梁抗震性能等方面,依托禹门口黄河公路大桥项目,对无辅助墩桥梁进行更加细致的分析研究。

1.1 无辅助墩大跨径斜拉桥位移应力参数敏感性

对于斜拉桥这种高次超静定柔性结构来说,从静力分析方面考虑,辅助墩的设置可以提高结构的整体刚度及改善主塔和主梁关键截面的挠度,而国内外学者通过对无辅助墩类型桥梁的研究得出,不设置辅助墩的斜拉桥整体刚度会有一定的降低,结构受力相对不利,必须采取技术措施增强其刚度。禹门口黄河公路大桥由于其跨径较大,且未设置辅助墩,因此有必要对其进行斜拉桥位移应力的可靠度分析,保证其整体刚度满足要求,为其日后的安全使用打下基础。

在桥梁结构的失效模式中,位移失效是比较常见的一种,也相对容易发现和控制,往往成为评判桥梁结构的重要标准。而大跨径斜拉桥结构空间尺度很大,构件较多,如果对每一个构件、每一处可能发生位移失效的位置都进行可靠度分析,既没有必要,也不太现实。只要选择结构最有可能发生位移失效的部位,那么这个部位的可靠度就能够反映整个桥梁结构的可靠性。大跨径斜拉桥最可能发生的位移失效就是跨中挠度超限,因此,本节对禹门口黄河公路大桥跨中挠度进行可靠度分析。

对斜拉桥受力状态的评价,除了位移控制之外,还有应力控制。构件应力大小影响其是否发生失效。同样,在选取相关的可靠度评价指标时,也应该选取斜拉桥最有可能发生应力失效的位置。禹门口黄河公路大桥的汽车荷载和人群荷载施加在桥面板上,由锚固点传到斜拉索上,之后传到主塔,最后由基础承受。其中,主梁由于拉索的张拉作用,其承受的弯矩和剪力很小;斜拉索承受活载和主梁的重量,相对容易发生破坏,需要进行分析;主塔主要承受拉索传递的竖向分力,同时承受少量不平衡力引起的弯矩,为压弯构件,在主塔截面的最不利位置,有可能发生破坏。因此,本节选择禹门口黄河公路大桥拉索应力和主塔应力进行分析。

1.1.1 参数敏感性分析的原理及方法

1)参数敏感性分析的原理

桥梁结构参数敏感性分析的任务是要确定对桥梁结构行为影响较大的设计参数。具体方法是将一定的相关设计参数进行调整后,观察由此而引起的结构控制部位的位移以及内力变化幅度的大小,从而确定结构控制部位对相关参数的反应程度。

依据各个参数对结构状态影响的敏感程度,将设计参数分为主要设计参数和次要设计参数。主要设计参数对结构行为的影响较为显著,次要设计参数对结构行为的影响不显著。

2)参数敏感性分析方法

参数敏感性分析是根据几何控制法的计算理论,以基准状态得出的主梁无应力线形和斜拉索无应力索长为计算初始值,来衡量参数变化对塔、梁、索的内力和变形等结构行为的影响。

结构参数的敏感性分析流程如图1-1所示:

(1)参数变化范围控制在一定范围内。

(2)选定控制目标,如结构跨中挠度,利用结构分析软件修改设计参数值,计算成桥状态跨中挠度变化幅度,并建立各参数敏感性方程。

(3)根据影响程度确定出主要设计参数和次要设计参数。

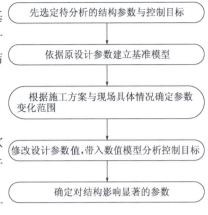

图1-1 参数敏感性分析流程图

1.1.2 禹门口黄河公路大桥位移应力参数敏感性分析

1)位移应力敏感性分析参数确定

结合禹门口黄河公路大桥的结构特点与施工工艺,选定的分析参数主要包括主塔刚度、主梁重量、主梁刚度和拉索刚度。

主塔为斜拉桥受力的关键构件,考虑到主塔刚度受构件尺寸、材料选用、施工质量、养护条件等多种因素影响,存在变异的可能性较大,因此选取主塔刚度的变化幅值为 +10% ~ -10%。对于主梁刚度与重量,考虑到其采用加工场预制、悬臂拼装的施工工艺,质量相对易于控制,因此选定其变化幅值较小,为 +6% ~ -6%。同理,斜拉索为工厂加工,材料和质量变异可能较小,其刚度变化幅值也选定为 +6% ~ -6%。具体选定参数及其变化幅值见表1-1。

禹门口黄河公路大桥分析参数及变化幅值 表1-1

参　　数	基准状态(10^4MPa)	变化幅值
主塔刚度(混凝土弹性模量)	3.45	±10%
主梁重量	设计值	±6%
主梁刚度	20.6	±6%
斜拉索刚度	设计值	±6%

2)参数敏感性分析

(1)主塔刚度(混凝土弹性模量)。

主塔刚度敏感性参数研究目的是比较实际应用的混凝土弹性模量和分析采用数值的误差对桥梁结构的影响。在分析时,除了主塔混凝土弹性模量变化,其他参数均保持不变。全桥变形矢量图如图1-2所示,全桥变形轮廓图如图1-3所示。

通过计算可知,主塔弹性模量变化在 ±10% 以内,主梁相对位移变化基本在7%以内,多数节段位移变化值幅值在2%以内,且对于主塔弹性模量变化的响应,边跨中跨塔顶的竖向位移响应程度依次增大。综合所得数据,得到主塔刚度的变化对主梁竖向位移的影响不显著;随主塔刚度的变化,中跨相对于边跨而言,主梁应力变化幅度较大一些,但主梁应力变化幅值基本不超过3%,不难发现主塔刚度变化对主梁应力的影响不显著。

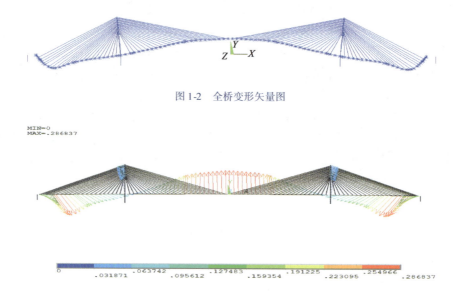

图1-2 全桥变形矢量图

图1-3 全桥变形轮廓图

(2)主梁重量。

主梁重量敏感性参数研究目的是比较实际桥面板与主梁重量和设计重量的误差对桥梁的影响。考虑到禹门口黄河公路大桥采用易于控制的预制拼装施工方法,主梁重量误差相对更小,所以,此处选取的变化幅度较小,以-3%、3%、6%来分析。

通过计算可知,随着主梁重量的增加(-3%→+3%→+6%),边跨的竖向位移为负值,绝对值变小;中跨竖向位移为正值,绝对值也减小,塔偏量增加,主梁最大位移变化量均出现在中跨23号节段,位移对主梁重量参数变化较敏感;随着主梁重量的增加(-3%→+3%→+6%),主梁应力变化不超过4%,主梁应力相对主梁重量变化不显著。

(3)主梁刚度(弹性模量)。

主梁刚度敏感性参数研究的目的是比较实际应用的混凝土和分析采用数值的差异对桥梁结构的影响。由于混凝土可能因龄期短、养护条件不充足而造成弹性模量小,进而导致出现主梁刚度小的情况,此处选的变化幅度为-6%、-3%、3%、6%。

通过计算可知,随着主梁刚度变化,主梁竖向位移变化最大是发生在主梁刚度增加6%时,边跨20号主梁和边跨22号主梁的位移变化值为-6.2%,塔顶偏位变化最大是发生在主梁刚度减小6%时,塔顶偏位减小7.4%,即主梁刚度变化对主梁竖向位移和塔顶偏位有较大影响,对主梁应力影响不显著。

(4)拉索刚度(弹性模量)。

拉索刚度敏感性参数研究目的是比较实际应用的拉索弹性模量和分析采用数值的差异对桥梁结构的影响,选择变化幅度为-6%、-3%、3%、6%。

通过计算可知,随着拉索刚度的增加,边跨的竖向位移绝对值变小,中跨竖向位移变大,塔偏量增加。边跨主梁位移变化对斜拉索刚度变化的响应不显著,但中跨竖向位移的变化幅度大于边跨的变化幅度,最大变化幅度达到了53.6%。结合数据可得,中跨竖向位移以及塔偏量对斜拉索刚度变化的响应显著;随着斜拉索刚度的增加,主梁应力略有减小,但应力变化幅度比较小,均不超过±1%,可以忽略不计。

3)参数敏感性分析结果

由上述分析数据排定的参数敏感性顺序如下:

①位移敏感性顺序:主梁重量、拉索刚度、主塔刚度、主梁刚度。

②主梁应力敏感性顺序:主梁刚度、主梁重量、拉索刚度、主塔刚度。

③索力敏感性顺序:主梁重量、拉索刚度、主梁刚度、主塔刚度。

1.2 无辅助墩大跨径斜拉桥位移应力可靠度分析

本节运用有限元软件 ANSYS 来建立禹门口黄河公路大桥分析模型。钢梁和桥塔选用 BEAM189 单元模拟;斜拉索选用 LINK10 单元模拟,其垂度效应对弹性模量的影响用 Ernst 公式来解决,其初拉力通过对拉索施加初始应变解决;桥面板选用 SHELL63 单元模拟。边墩处的约束条件为一边限制竖向和横向位移,另一边只限制竖向位移;承台底部固定所有方向位移,主梁与下横梁通过 ANSYS 中的 body contact 来实现连接,同时限制竖向以及横向自由度。全桥共计 3014 个节点,3798 个单元。最终得到的全桥模型如图 1-4 所示。

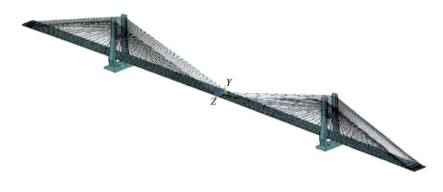

图 1-4 全桥有限元模型

1.2.1 位移失效可靠度计算

1)随机变量选取

实际工程中,影响大跨径斜拉桥受力性能的因素众多,概括来说主要包括以下几类:①材料参数;②结构几何尺寸;③荷载及自然环境带来的作用;④桥梁的设计因素;⑤施工建造质量;⑥桥梁管理养护水平。由于各方面的限制,想要将每一种因素都真实地考虑周到,往往会使可靠度计算非常复杂。并且某些影响较小的因素对最终的结果影响很小,在保证一定精度的前提下,可以被忽略。本节选取的随机变量及其统计规律见表1-2。

随机变量参数统计 表1-2

随机变量	均　值	变异系数	分布形式
桥面板混凝土弹性模量（GPa）	36	0.1	正态
拉索弹性模量（GPa）	195	0.1	正态
钢主梁弹性模量（GPa）	206	0.1	正态
主塔弹性模量（GPa）	34.5	0.1	正态
桥面板混凝土面积（m²）	7.84	0.05	对数正态
刚主梁面积（m²）	0.2368	0.05	对数正态
桥面板混凝土重度（kN/m³）	25	0.1	正态
主塔重度（kN/m³）	25	0.1	正态
拉索重度（kN/m³）	78.5	0.1	正态
刚主梁重度（kN/m³）	78.5	0.1	正态
二期荷载（kN/m）	67.2	0.08	正态
汽车荷载（kN/m）	33.264	0.13	极值Ⅰ型
钢主梁惯性矩（m⁴）	0.29978	0.05	对数正态

2）极限状态方程

根据相关规定,钢—混凝土组合梁斜拉桥主梁在车道荷载(不计冲击力)作用下的最大竖向挠度不能超过 $L/400$,禹门口黄河公路大桥的主梁竖向挠度限值为 $\delta = L/400 = 1.4125 \mathrm{m}$,由此建立基于挠度控制的极限状态方程：

$$Z = G(x) = 1.4125 - u_{\max}(E_1, E_2, E_3, E_4, A_1, A_2, \gamma_1, \gamma_2, \gamma_3, \gamma_4, q_1, q_2, I_1) \quad (1\text{-}1)$$

式中：Z——挠度功能函数；

$G(x)$——极限状态方程；

$u_{\max}$——结构自身位移；

E_1——桥面板混凝土弹性模量；

E_2——拉索弹性模量；

E_3——钢主梁弹性模量；

E_4——主塔弹性模量；

A_1——桥面板混凝土面积；

A_2——钢主梁面积；

γ_1——桥面板混凝土重度；

γ_2——主塔重度；

γ_3——拉索重度；

γ_4——钢主梁重度；

q_1——二期荷载；

q_2——汽车荷载；

I_1——钢主梁惯性矩。

3）可靠度求解

用均匀设计方法进行抽样,拟定样本容量为100个,随机变量为13个,通过DPS软件可以很方便地生成均匀设计表 $U_{100}(100^{13})$,根据每个随机变量的均值 μ 和方差 σ,选取样本区域为 $[\mu - 3\sigma, \mu + 3\sigma]$,该区域可涵盖99%的样本点。由此可以计算出有限元模型输入数据 X,根据式(1-1)获取相应的极限状态方程结果 Z,把 X 与 Y 归一化,给出支持向量机拟合功能函数,并分别用遗传算法来优化模型参数,以达到最佳效果,遗传算法优化模型参数结果如图 1-5 所示。

将样本编号作为横坐标,输出数据作为纵坐标,把 100 组数据进行对比,如图 1-6 所示。

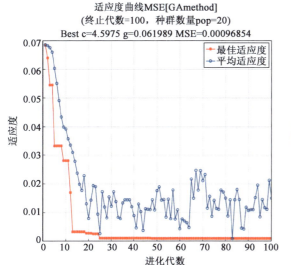 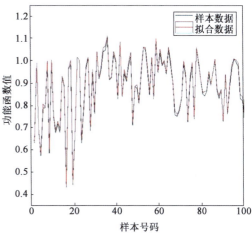

图 1-5　遗传算法优化模型参数结果　　　　图 1-6　样本数据与拟合数据的对比

可以看到,拟合的数据与样本数据的近似度很高,误差非常小。根据可靠度求解方法,构造适应度函数如下:

$$\beta(Z) = \sqrt{Z_1^2 + Z_2^2 + \cdots + Z_{13}^2} + C \parallel G(Z) \parallel \tag{1-2}$$

式中:Z_i——标准正态随机变量,$i = 1, 2, \cdots, 13$;

C——罚因子;

$G(Z)$——支持向量机拟合的功能函数。

运用粒子群算法求解上式的最小值,迭代次数根据实际计算的收敛情况设定,计算结果如图 1-7 所示,可靠指标为 2.7064。

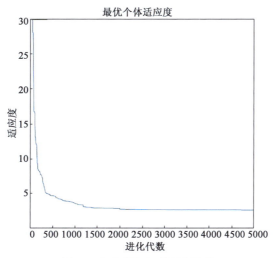

图 1-7　粒子群算法可靠指标结果

1.2.2 拉索应力失效可靠度分析

禹门口黄河公路大桥全桥共有184根拉索,为三跨双索面斜拉桥,拉索左右两边对称布置,两侧拉索的受力相似。选择从韩城侧边墩至跨中的46根拉索进行分析,从边墩到索塔的拉索编号依次为1号、2号……23号;从索塔到跨中的拉索编号依次为24号、25号……46号。所有拉索的可靠度分析完全类似,本节取1号拉索说明分析过程。

(1)建立极限状态方程。

根据相关规定,运营状态下斜拉索的安全系数不能低于2.5,由此可以确定禹门口黄河公路大桥索力限值$[\sigma]$,进而得出对应的极限状态方程:

$$Z = G(x) - [\sigma] - \sigma(E_1, E_2, E_3, E_4, A_1, A_2, \gamma_1, \gamma_2, \gamma_3, \gamma_4, q_1, q_2, I_1) \tag{1-3}$$

上式的相关参数含义见式(1-1)。

(2)产生训练样本。

采用DPS生成均匀设计表$U_{100}(100^{13})$,选取样本区域为$[\mu-3\sigma, \mu+3\sigma]$,计算对应的样本数据,并将其带入有限元模型中计算拉索应力值,再根据式(1-3)计算样本输出值Z。

(3)支持向量机拟合功能函数。

将样本数据归一化,供支持向量机学习,采用遗传算法优化相关参数,计算结果如图1-8所示。

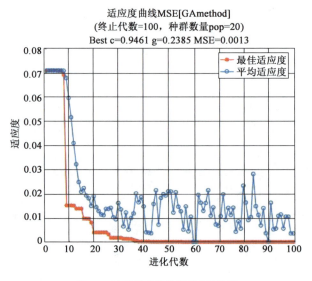

图1-8 遗传算法优化模型参数结果

查看功能函数对样本的拟合准确度,将样本数据与拟合数据进行对比,如图1-9所示,由图可知,拟合数据的精度很高。

(4)求解可靠指标。

构造适应度函数:

$$\beta(Z) = \sqrt{Z_1^2 + Z_2^2 + L + Z_{13}^2} + C \| G(Z) \| \tag{1-4}$$

运用粒子群算法求解适应度函数最小值,结果如图 1-10 所示,可靠指标为 4.3954。

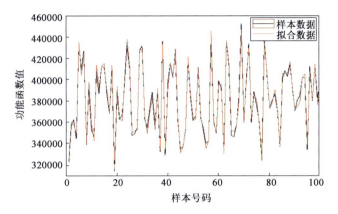

图 1-9　样本数据与拟合数据的对比

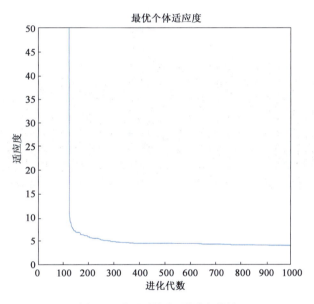

图 1-10　粒子群算法可靠指标结果

运用类似方法,可以得到其他拉索的可靠指标,结果见表 1-3 和图 1-11。

各拉索可靠指标值　　　　　　　　　　　　　　　　　　　　表 1-3

拉索编号	可靠指标	拉索编号	可靠指标	拉索编号	可靠指标
1	3.94979	8	4.98532	15	5.09067
2	4.05434	9	4.77741	16	5.18111
3	4.29259	10	4.96345	17	5.23392
4	4.43996	11	5.09372	18	5.40486
5	4.61269	12	5.15547	19	5.55281
6	4.57811	13	5.06569	20	5.1927
7	4.78578	14	5.09577	21	5.55037

续上表

拉索编号	可靠指标	拉索编号	可靠指标	拉索编号	可靠指标
22	5.71189	31	4.08328	40	3.9651
23	5.9576	32	4.06305	41	3.84671
24	5.77346	33	4.06667	42	3.75579
25	5.74003	34	4.1445	43	4.18051
26	5.16389	35	4.31403	44	4.0857
27	4.54024	36	4.09625	45	4.24582
28	4.40671	37	3.98193	46	4.29541
29	4.48913	38	4.11791		
30	4.44764	39	3.88972		

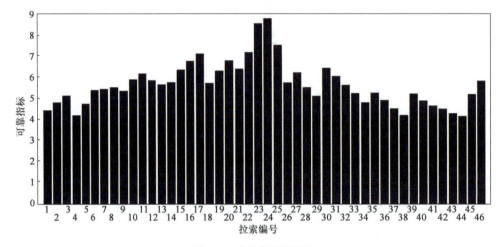

图 1-11　各拉索可靠指标

由图 1-11 可知,禹门口黄河公路大桥拉索可靠度的分布呈现出一定规律:靠近主塔处的拉索可靠度较高,而靠近跨中和边墩的斜拉索可靠度较低。但是,拉索可靠度的变化并不严格地随与主塔距离的增加而减小,在某些拉索处可靠度会有增加,例如第 27 号拉索、第 30 号拉索、第 35 号拉索、第 39 号拉索、第 45 号拉索、第 46 号拉索等。查看图纸,发现这些拉索的面积都发生了变化,相较于前一根拉索面积增加,故而增加了可靠度。由此可见,可以通过设置适当的拉索截面积,来使得斜拉桥拉索的可靠度更加均匀。所有拉索可靠指标中最大的是主塔附近的 24 号拉索,为 8.7528;最小的是接近跨中的 44 号拉索,为 4.2186。

1.2.3　主塔应力失效可靠度分析

禹门口黄河公路大桥主塔的组成材料为混凝土,而混凝土可能发生的应力失效包括压应力超限和拉应力超限。在分析主塔应力可靠度时,必须考虑到这两种可能性。通过对禹门口黄河公路大桥正常使用状态下主塔受力进行分析,发现整个桥塔结构的最大压应力出现在主塔与下横梁连接处,整个桥塔没有出现拉应力。所以本小节选择主塔与下横梁连接处的压应力作为主塔应力可靠度计算的标准。禹门口黄河公路大桥全桥共两座主塔,两者受力性能类似;索塔采用 H 形,每个主塔拥有两根塔柱,两根塔柱受力性能相似。本小节选取靠近韩城侧的 12 号主塔下横梁与塔柱连接处进行分析。

(1)极限状态方程。

禹门口斜拉桥的主塔采用 C50 混凝土,参照《公路钢筋混凝土及预应力混凝土桥涵设计规范》(JTG D62—2012),可以得到其轴心抗压强度设计值$[\sigma]=22.4\text{MPa}$,进而得出基于主塔拉应力控制的极限状态方程:

$$Z = G(x) = [\sigma] - \sigma(E_1, E_2, E_3, E_4, A_1, A_2, \gamma_1, \gamma_2, \gamma_3, \gamma_4, q_1, q_2, I_1) \tag{1-5}$$

上式的相关参数含义见公式(1-1)。

(2)样本数据。

采用 DPS 生成均匀设计表 $U_{100}(100^{13})$,选取样本区域为 $[\mu-3\sigma, \mu+3\sigma]$,计算对应的样本数据和有限元模型中的压应力值,根据式(1-5)计算样本输出值 Z。

(3)支持向量机拟合功能函数。

将样本数据归一化,供支持向量机学习,采用遗传算法优化相关参数,结果如图 1-12 所示。

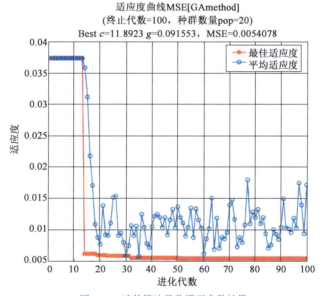

图 1-12 遗传算法优化模型参数结果

功能函数对样本数据的拟合精度如图 1-13 所示,可以看到,功能函数对样本的拟合精度很高。

(4)求解可靠指标。

构造适应度函数:

$$\beta(Z) = \sqrt{Z_1^2 + Z_2^2 + L + Z_{13}^2} + C \parallel G(Z) \parallel \tag{1-6}$$

运用粒子群算法求解适应度函数最小值,结果如图 1-14 所示,可靠指标为 5.8607。

根据 $\begin{cases} \dfrac{\partial \beta}{\partial \mu_i} \approx -\alpha_i \\ \dfrac{\partial \beta}{\partial \alpha_i} \approx -\beta \alpha_i^2 \end{cases}$ 求解随机变量均值及标准差相对禹门口黄河公路大桥桥塔应力可靠指

标的灵敏度,结果如表1-4和表1-5及图1-15和图1-16所示。

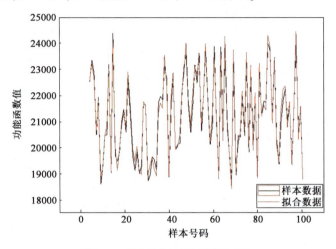

图1-13　样本数据与拟合数据的对比

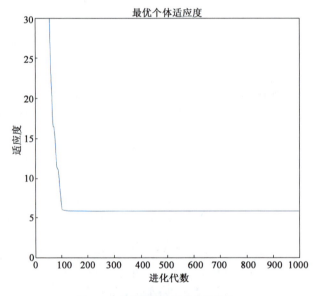

图1-14　粒子群算法可靠指标结果

随机变量均值灵敏度　　　　　　　　　　　　　　　　表1-4

随机变量	灵敏度	随机变量	灵敏度
E_1	0.4056	γ_2	-0.0717
E_2	-0.0717	γ_3	-0.0858
E_3	0.3909	γ_4	-0.1967
E_4	-0.4926	q_1	-0.1765
A_1	-0.2460	q_2	-0.2651
A_2	-0.0243	I_1	0.0083
γ_1	-0.4702		

表 1-5 随机变量标准差灵敏度

随机变量	灵敏度	随机变量	灵敏度
E_1	-0.9642	γ_2	-0.030129214
E_2	-0.0301	γ_3	-0.0431
E_3	-0.8955	γ_4	-0.2268
E_4	-1.4221	q_1	-0.1826
A_1	-0.3547	q_2	-0.4119
A_2	-0.0035	I_1	-0.0004
γ_1	-1.2957		

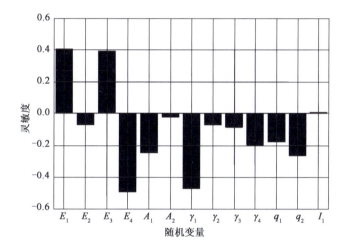

图 1-15 随机变量均值灵敏度

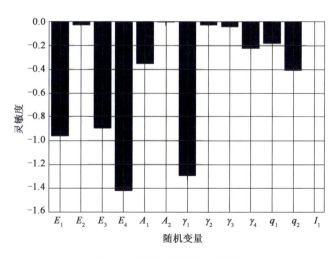

图 1-16 随机变量标准差灵敏度

由图 1-15 可知,13 个随机变量均值变化对禹门口黄河公路大桥主塔应力可靠指标的影响程度从高到低依次为:主塔弹性模量、桥面板混凝土重度、桥面板混凝土弹性模量、钢主梁弹性模量、汽车荷载、桥面板混凝土面积、钢主梁重度、二期荷载、拉索重度、主塔重度、拉索弹性模量、钢主梁面积、钢主梁惯性矩。其中前四者灵敏度较高,分别为 -0.4926、-0.4702、0.4056、0.3909,剩余参数的灵敏度相对较低,但其数值基本处在一个数量级。在所有随机变量中,只有桥面板混凝土弹性模量、钢主梁弹性模量、钢主梁惯性矩的灵敏度为正,其余均为负。

由图 1-16 可知,13 个随机变量标准差中主塔弹性模量、桥面板混凝土重度、桥面板混凝土弹性模量、钢主梁弹性模量对禹门口黄河公路大桥主塔应力可靠指标影响最大,灵敏度分别为 -1.4221、-1.2957、-0.9642、-0.8955,剩余的参数影响相对不大。

由以上分析可以看出,大跨径斜拉桥主塔应力可靠度最为重要的影响因素是主塔弹性模量、桥面板混凝土重度、桥面板混凝土弹性模量和钢主梁弹性模量。要保证斜拉桥的可靠性,在设计上应适当减小主塔弹性模量和桥面板混凝土重度,并适当增加桥面板混凝土和钢主梁的弹模。在运营时,适当降低汽车荷载等级,限制汽车超载,可以一定程度上提高结构可靠度。

1.3　考虑桩-土作用的地震响应分析

1.3.1　桩土相互作用破坏机制

桩基是现在的结构广泛采用的一种深基础,其自身具有稳定性好、承载力大、抗震性能好的优点。同时由于其埋置较深,所以在设计过程中要考虑周围土体的影响,计算过程中不仅要计算桩的强度,还要验算桥址处的地基承载力。规范也规定了 3 种计算地基承载力的方法。在多数情况下,桩基会采用群桩的形式,为了加强桩的整体受力,也有的桩基在桩与桩之间设置横梁。在地震过程中,首先是基岩的振动作用于周围土体或者桩底(桩较长,支撑在基岩上,如承压桩),进而通过桩基的振动带动结构的振动,而在结构振动的过程中,结构的振动产生的惯性力又会作用于桩基和周围土体,所以结构-桩-土相互作用是一个复杂的过程。目前,国内外学者关于桥梁桩土相互作用的研究,一类是试验研究,另一类是理论研究。李小珍等针对某高速铁路连续刚构桥,建立了包含桩基的整体桥梁模型,通过土弹簧来考虑桩土相互作用,系统研究了桩土相互作用对车桥系统动力响应的影响;陈令坤等采用改进的 Penzien 模型模拟桩土相互作用,基于有限元法建立了包含桩基的列车-桥梁模型,研究了桩土相互作用的影响,乔宏等将完整的列车-桥梁桩基-地基相互作用模型分解为列车-桥梁子系统和桩基-地基子系统,并通过迭代计算得到两个子系统的动力响应,研究了桩土相互作用对车桥系统动力响应的影响。

1)桩基引起的震害及破坏形式

地震作用下,桩基的破坏形式与很多因素都有关,如地震等级、土层性质、桩基采用的形式和大小、砂土的液化等。从最近的地震中桩基破坏的响应来看,常见的桩基震害包括以下几种形式(图 1-17)。

(1)由于土体的液化而引起的桩基下沉,进而影响到上部结构的桥面及主梁,我国的唐山地震就有这种震害。

(2)桩帽与承台连接处发生的剪切和弯曲破坏,这往往是由承台与桩帽之间的连接构造强度不足引起的。

(3)桩基连带桥墩在地震作用中随土层移动位移过大,造成的上部结构落梁破坏。

(4)位于斜坡上的基础,由于岸坡土体的滑移,导致桥台的扭转变形。

(5)桩基的长度不足,在地震作用下,发生的桩体下沉或者侧向弯曲变形。

a)桩体下沉

b)桩帽与承台出现的剪切破坏

c)落梁破坏

d)桩头戳穿桥面

图 1-17 桥梁结构震害破坏形式

2)桩基震害机理

在地震作用过程中,桩基础承受两部分的力:一是通过承台传递的来自上部结构的动应力,二是桩周土体对其挤压产生的作用力。桩的破坏形式由其自身受力条件决定,破坏机制大致可分为两类:一是由于结构的振动应力引起的损坏,这种破坏一般发生在桩基液化土层时,或者强烈地震作用下,因桩基的强度不足引起的;二是桩基在斜坡地带或者是地层倾斜并在中间夹有液化层,当地震发生时,由于周围土体的侧向位移而有力作用于桩上,往往较低的震级也会诱发这种破坏。桩基震害与桩基在地震作用下的受力相关,根据调查显示,桩基的破坏机制大致可分三种。

(1)主要由地震动应力引起的桩基破坏,这种情况通常发生在较强烈的地震中或者桩身质量差且桩周土对其的约束能力不强,导致桩身产生较大的变形,从而放大桩体承受的力。

(2)地震等级较低,由于桩周土的位移作用于桩上而引起的桩基破坏,这种破坏往往发生在河流岸边的斜坡地带。这是由于河流附近一般为软弱层,很容易发生永久变形;河流附近的土体中一般富含水分,有效应力较小,在斜坡地带本身就存在剪应力。

(3)由于土层液化引起的桩基破坏,这里分两种情况讨论:一是当液化层位于桩身范围内,桩尖土层为坚硬岩体,地震作用下,土层液化,群桩通过土层的连接作用减弱,上部结构的作用力几乎全由桩基承担,增大了桩基的受力,同时桩周摩阻力迅速减少,会增加桩端的阻力,可能会使桩基刺入基岩中而损坏;二是桩底土层为液化土层时,地震作用下,桩基和周围的土地发生整体的沉降、失稳,从而影响到上部结构的安全。

3)桩基土参数的确定

根据韩城地震台1970年以来的观测数据分析,该桥址处新构造运动强烈,地壳变形幅度大,小震运动十分频繁密集。据历史资料记载,公元前7年—公元1990年历史记载发生地震27次。公元1501年正月地震和公元1555年的华县大地震均波及韩城并且造成破坏。在1911—1949年期间,可以感觉到震感的地震达13次,其中5级以上2次。中华人民共和国成立以后有纪录的地震90余次,最近较大的地震为1959年的5.4级地震,周边已发生部分的历史地震见表1-6。

桥址周边的历史地震记录　　　　表1-6

时间	描述	时间	描述
1303年	山西洪洞发生8.0级地震	1695年	临汾发生7.5级地震
1556年	华县发生8.0级地震	1501年	朝邑发生7.0级地震

根据设计资料,对桥位地层进行原位钻孔试验,初勘钻孔的剪切波速测试结果显示,两个钻孔的等效剪切波速分别为365.35m/s、378.55m/s。根据在主塔处的钻孔勘探确定两个主塔处的地质的土层情况并绘制工程地质断面图,如图1-18所示。

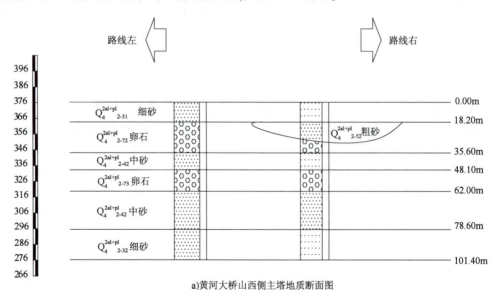

a)黄河大桥山西侧主塔地质断面图

图 1-18

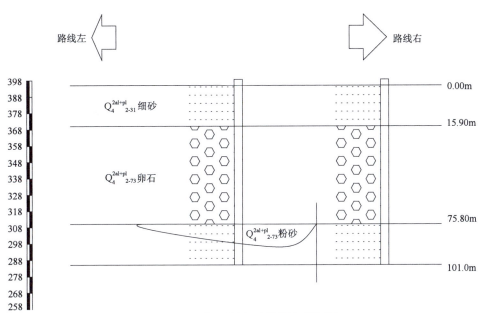

b)黄河大桥陕西侧主塔地质断面图

图 1-18 禹门口黄河公路大桥主塔地质详情

根据《建筑桩基技术规范》规定,灌注桩土基比例系数 m 值可取表 1-7 中的值。

灌注桩土基比例系数 m 值 表 1-7

序 号	地基土类别	m（MN/m⁴）	水平位移（mm）
1	淤泥；淤泥质土；饱和湿陷性黄土	2.5 ~ 6	6.0 ~ 12
2	流塑、软塑状黏土；粉土；松散粉细砂；松散、稍密填土	6.0 ~ 14	4 ~ 8
3	可塑状黏土、湿陷性黄土；粉土；中密填土；稍密细砂	14 ~ 35	3 ~ 6
4	硬塑、坚硬黏土、湿陷性黄土；粉土；中密的中粗砂；密实填土	35 ~ 100	2 ~ 5
5	中密、密实的砂砾、碎石类土	100 ~ 300	1.5 ~ 3

借助统计方法对粗砂进行圆锥动力触探试验,对中细砂进行贯入度试验,当试样数小于 5 时,用最大或最小平均值法;当试样数大于 5 时,用算术平均数,得到的试验结果见表 1-8。

试 验 结 果 表 表 1-8

岩土名称	统计成果				密实度判定	m（MN/m⁴）
	试样数	最大值	最小值	平均值		
粗砂	7.0	50.0	12.0	25.1	中密	80
卵石	39.0	50.0	14.0	35.4	密实	60
砾砂	11.0	50.0	29.0	40.5	密实	50
卵石	7.0	50.0	17.0	32.7	中密	30
细砂	109.0	28.0	3.0	12	中密	18
粉质黏土	13.0	28.0	5.0	15.1	可塑	8.1
中砂	8.0	23.0	5.0	12.5	中密	50
粉土	1.0	20.0	20.0	20	硬塑	60

利用"m"法，分别建立三种带桩基模型，一种是依据规范在整个土层深度范围内的等效刚度常数 m 值，称为模型 A；而不同土层选择的不同 m 值模型，为模型 B；考虑液化土层为模型 C，与建立的固结模型对比，探讨不同计算方法结构响应的差异。各模型的"m"值最终确定如下。

模型 A 采用的土基比例系数取值沿桩长深度取常数值，即 $m = 18000\text{kN/m}^4$，模型 B 各土层的土基比例系数见表1-9。

各层土基比例系数 m 取值　　　　　　　　　　　　　表1-9

土层类型	土基比例系数 m	土层类型	土基比例系数 m
细砂	18000	中砂	50000
卵石	60000	粗砂	60000

模型 C 为考虑液化土层的模型，根据《公路工程抗震规范》规定，对液化土层的抗力即地基系数进行折减，10m 范围内的细砂土基比例系数为 0，考虑 1/3 的折减系数，其计算公式见式(1-7)，计算结果见表1-10。

$$C_e = \frac{N_1}{N_{cr}} \tag{1-7}$$

式中：C_e——土层液化抵抗系数；
　　　N_1——标准贯入度系数；
　　　N_{cr}——修正后的液化标准贯入度系数。

标准贯入度确定最终折减系数　　　　　　　　　　　表1-10

岩土名称	贯入度系数（均值）	修正后贯入度系数	密实度判定	液化指数	液化等级	折减系数
细砂	12	12.8	中密	33.5	严重	0(1/3)
中砂	15.1	—	中密	—	—	—
粉砂	20	—	硬塑	—	—	—

依据《建筑桩基技术规范》(JGJ 94—2008)计算 m，基本公式为：

$$K = ab_1 mz \tag{1-8}$$

式中：K——节点支承的刚度值；
　　　a——各土层厚度；
　　　b_1——基础的计算宽度；
　　　m——地基土土基比例系数；
　　　z——各土层中点距地面的距离。

本桥桩基计算参数见表1-11。

桩基计算参数　　　　　　　　　　　　　　　　　　表1-11

桩径 d(m)	计算跨径 b_1(m)	表层土土基比例系数 m	桩基弹性模量 E(GPa)	截面惯性矩 I(m^4)	桩的变形系数 α
2	2.7	18	32.5	3.14	3.43

本桥中桩的变形系数，$\alpha = \sqrt[5]{\dfrac{mb_1}{EI}} = 3.43$，桩的入土深度 $h = 65 > \dfrac{2.5}{\alpha} = 0.73$，按照弹性桩来计算。

1.3.2 动力响应对比分析

本节采用 CSiBridge 有限元软件进行禹门口黄河公路大桥有限元建模。主梁采用单主梁模型来模拟；采用"鱼刺骨"模型进行主梁和拉索的模拟，通过刚臂连接主梁与拉索；斜拉索用框架单元模拟，其抗剪强度和抗弯强度均为零，拉索索力通过单元降温法进行添加；用连接单元模拟边界条件，并使其与实际斜拉桥结构的边界条件相符合，主塔底部、塔梁位置处、主梁与过渡墩的边界约束情况见表1-12。

模型边界约束条件　　　　　　　　　　　　　　　表1-12

连接部位	UX	UY	UZ	RX	RY	RZ
主梁与索塔	0	1	1	0	0	0
主梁与过渡墩1	0	0	1	0	0	0
主梁与过渡墩2	0	1	1	0	0	0
索塔、墩柱底部	1	1	1	1	1	1

基于上述模拟方法，初步建立以下两种模型，对于不同模型 A、B、C，通过对桩基施加不同的边界条件，来模拟不同分析方法对结构的作用，模型如图1-19所示。

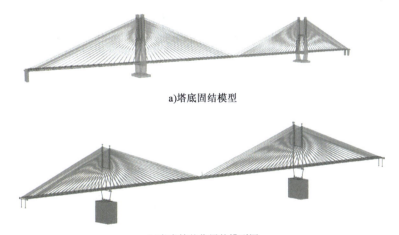

a) 塔底固结模型

b) 考虑桩基作用的模型图

图1-19　有限元模型

两种模型前八阶频率对比如图1-20所示。

由以上可知，两种模型随模态的增加，周期均变小，频率在不断增加，但增加幅度逐渐减小。在五阶以后均趋于稳定。两种模型对应阶次的模态振动形式基本一致，即对结构振动出现顺序没有影响；两种模型的主塔振动均滞后于主梁的振动，一阶振型均为主梁纵飘，这是由于桥梁结构的纵向刚度要小于横向刚度；带桩基的模型与固结模型相比，其一、二阶频率分别减少了7.1%和8.7%,说明考虑桩-土相互作用,结构会变得更柔,刚度减小,地震作用下,结构的动力响应一定会有所变化,后续的模态两种模型趋于一致,即加桩以后对结构的第一、二阶振动周期影响较大。模型B、C的各阶振型与模型A基本一致,此处省略,这也符合振型是质量和刚度的分布外在表征的说法。

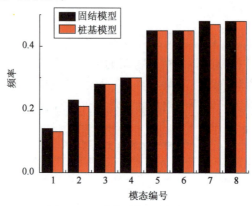

图1-20 两种模型前八阶频率对比

1.3.3 地震反应谱分析

反应谱横坐标为周期,根据纵坐标的不同,反应谱分为加速度反应谱、位移反应谱、速度反应谱三种,常用于分析的一般为加速度反应谱。本桥场地震动参数见表1-13。

场地震动参数 表1-13

地震作用类型	参数				
	A_g	C_i	C_s	C_d	$T_g(s)$
E1	0.161	1	1.0	1.18	0.46
E2	0.161	1.7	1.0	1.18	0.46

注:A_g为水平向设计基本地震动峰值加速度;C_i为桥梁抗震重要性修正系数;C_s为场地系数;C_d为阻尼调整系数;T_g为特征周期(s)。

最后用于分析的反应谱如图1-21所示,图形中的红色曲线为E1地震作用下设计反应谱,黑色线条表示E2地震的设计反应谱,实线和虚线表示分别对应水平谱和竖向谱。

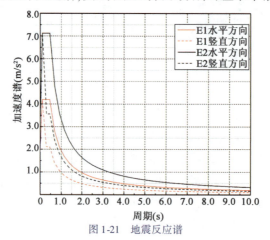

图1-21 地震反应谱

结合《公路桥梁抗震设计细则》(JTG/T B02-01—2008)的规定,确定用于分析的竖向反应谱:

$$R = \begin{cases} 1.0 & T < 0.1\text{s} \\ 1.0 - 2.5(T - 0.1) & 0.1\text{s} \leq T < 0.3\text{s} \\ 0.5 & T \geq 0.3\text{s} \end{cases} \quad (1\text{-}9)$$

式中:R——谱比函数。

两个结构的基本周期均大于0.3s,取水平反应谱的一半作为竖向加速度反应谱。由反应谱可以看出,当结构的周期大于某一个值的时候,其峰值加速度急剧减小;而地震作用的实质是将结构振动产生的惯性力作为荷载施加到结构上,作用力大小与加速度的值密切相关,反应谱方法实质是取结构的有限模态进行组合分析,在某处切断,忽略掉以后周期的振动,从而近似地验算结构在地震作用下的安全性,一般结构的振动参与质量达到90%以上即可。

依据得到的水平反应谱函数和竖向反应谱函数,选取不同的组合形成不一样的工况,最终设定表1-14中的四种工况来分析。

工况设定　　　　　　　　　　　　　　　　表1-14

地震作用类型	工况定义	作用描述
E1	工况一	纵向+竖向
	工况二	横向+竖向
E2	工况三	纵向+竖向
	工况四	横向+竖向

1)主梁结果分析

选取代表性的截面求得其内力及位移,由于桥梁上部结构的对称性,分别选择三种模型边跨的$L/4$截面、$L/2$截面、塔梁交接处和中跨$L/4$截面和跨中截面共计5个截面作为内力和位移输出的位置,反应谱各工况作用下主梁弯矩如图1-22所示。

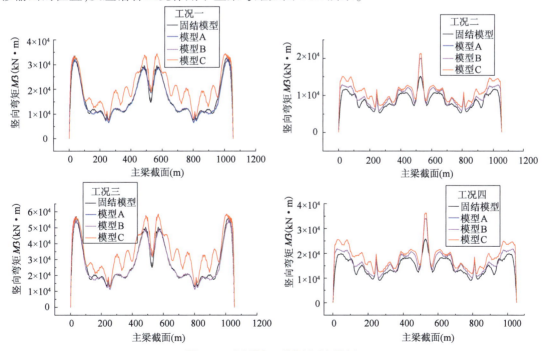

图1-22　反应谱各工况作用下主梁弯矩

由图可以看到,考虑桩-土相互作用的模型 A、模型 B、模型 C 在对应的地震工况作用下,主梁各截面承受的弯矩曲线沿跨径方向的趋势基本保持不变,也包括 4 个明显的极大值点,且位置与固结模型相对应,在纵向+竖向的荷载工况作用下,即工况一与工况三的桥梁反应,在边跨 2L/5 之前的主梁截面,四种模型分析得到的截面弯矩几乎没有变化,在此后的截面,固结模型、模型 A、模型 B 三种模型基本一致,但是考虑液化作用的模型 C 主梁弯矩明显大于其他三种模型,且随着跨径的增加会上下波动;在中跨跨中截面,三种带桩基的模型的最大弯矩基本一样,均大于固结模型的弯矩 14800kN·m,其值分别为 18518kN·m、18541kN·m、19049kN·m,即跨中截面的弯矩模型 C 和模型 A(B)比固结模型在该截面处提高了 25%、28%;但模型 C 的最大竖向弯矩处的主梁截面峰值,明显要大于其他三个模型的弯矩值,该处的固结模型(模型 A、模型 B)的竖向弯矩为 29607kN·m,而考虑桩基液化影响的模型弯矩为 33572kN·m,增加了 13.3%。在工况三中,考虑桩基的模型跨中截面弯矩为 31874kN·m,固结模型弯矩为 25126kN·m,增加了 21%;而截面的竖向最大弯矩值,考虑桩基液化的模型为 58371kN·m,其他三种模型约为 50320kN·m,增加了 16%。

在横向+竖向地震组合中,从图中工况二和工况四可以发现,在全桥截面中,模型 A 和模型 B 始终基本保持一致,且从梁端截面三种模型的弯矩就开始有所不同;在全桥截面中,基本均是考虑桩基液化的模型弯矩值最大,固结模型的全桥截面弯矩都比较小,模型 A、模型 B 始终保持居中,三种模型的最大差值出现在跨中,且均达到了各自的最大值,工况二固结模型、模型 A(B)、模型 C 的弯矩值分别为 12128kN·m、19963kN·m、21220kN·m,模型 C 和模型 A(B)与固结模型相比分别增加了 75%、64%;工况四固结模型、模型 A(B)、模型 C 的弯矩值分别为 25718kN·m、33941kN·m、36049kN·m,模型 C 和模型 A(B)与固结模型相比分别增加了 32%、40%。可见,相比于纵向+竖向的地震组合,液化地基对于横向+竖向的地震增加幅度更大,更为敏感。四种模型在反应谱各工况作用下的位移如图 1-23 所示。

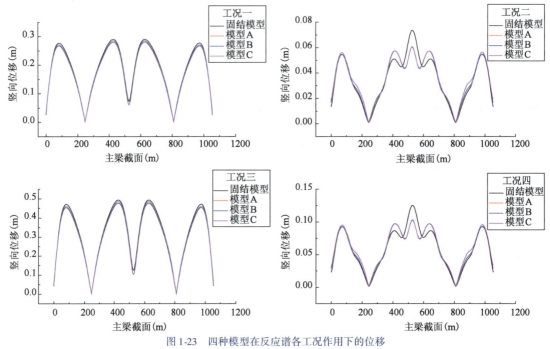

图 1-23　四种模型在反应谱各工况作用下的位移

由图 1-23 中可以看出,在纵向+竖向的地震组合中,四种模型的桥梁各截面的纵向位移相差不是很大,该种荷载工况作用下固结模型的主梁各截面竖向位移相对较大,四种模型的最大竖向位移值均出现在中跨 $L/3$ 处,固结模型的竖向位移在 E1 地震作用下最大达到了 29cm,E2 地震作用下为 49.3cm,其他三种模型的竖向位移 E1 地震作用下为 28cm,E2 地震作用下为 48cm。

在横向+竖向的地震组合中,四种模型的最大位移值均出现在跨中截面,固结模型的位移最大达到了 E1 地震作用下的 7.3cm 和 E2 地震作用下的 12.5cm,三种带桩基的模型差别很小,跨中截面的最大竖向位移约为 6cm 和 10.3cm,该截面处最大竖向位移分别减小了 17.8% 和 17.6%,可见考虑桩-土相互作用减少了主梁结构的位移变形,这与桩基对弯矩的影响恰好相反;图形中考虑桩-土作用的模型位移曲线与固结模型曲线相交,说明全桥截面位置两种模型的大小关系并不是恒定的,四种桥梁模型主梁的截面响应均小于相应纵向+竖向地震作用的响应。

2) 主塔结果的分析

选择桥塔塔底截面输出弯矩和剪力,反应谱工况下各模型塔底弯矩如图 1-24 所示。

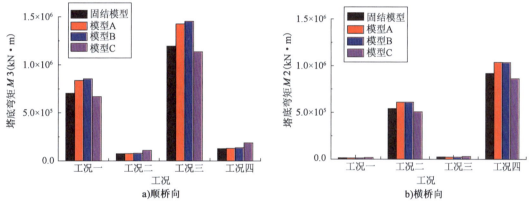

图 1-24　反应谱工况下各模型塔底弯矩

从图 1-24 中可以看出,当施加的地震力作用方向为纵向+竖向时,四种模型的塔底 $M3$ 弯矩值明显大于塔底 $M2$ 弯矩值,即该种地震作用下主要增大了主塔的横桥向的弯矩,$M2$ 的值整体不大。模型 C 的 $M3$ 弯矩值相比于其他三种模型分析得到的弯矩值明显都要小,模型 B 的弯矩值最大,E1 地震作用下模型 A、模型 B 相比固结模型分别增加了 19.3%、21.6%,相比模型 C 减少了 5%;而对于 $M2$ 的影响则不同,对 $M2$ 而言,反应最大的为模型 C,最小的为模型 B,模型 A、模型 B、模型 C 弯矩值分别为固结模型的 92.3%、87.8%、117.4%,这与 $M3$ 的影响恰恰相反。整体上看,同强度的地震作用中,结构在纵向+竖向的地震作用下产生的塔底弯矩要大于横向+竖向地震作用时产生的塔底弯矩,这与主梁的内力分析相一致。考虑了土层液化后,在作用的主方向上,模型 C 的塔底弯矩值最小,但同时在与之垂直的方向上要大于其他模型的弯矩值,提取塔底的剪力数据如图 1-25 所示。

从图 1-25 中可以看出,在纵向+竖向地震组合中,塔底顺桥向的剪力整体上都大于横桥向的剪力。在 E1 地震作用下,模型 A 和 B 的 $V2$ 剪力值明显大于固结模型和模型 C,模型 C 的 $V2$ 剪力值最小,模型 A、模型 B 相比固结模型增大了 67%、71.7%,相比模型 C 减小了 15.8%。但是这种工况的输入下,四种模型 $V3$ 值基本一样。

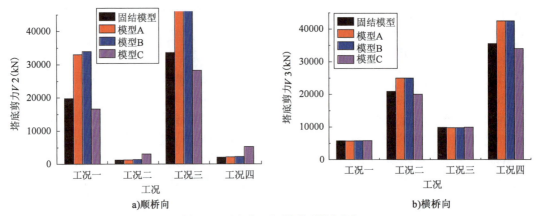

图1-25 反应谱工况下各模型塔底剪力

在横向+竖向的地震作用下，四种模型的顺桥向剪力 V_2 均不大，其中模型C的响应最大，固结模型响应最小，模型A、B、C相比固结模型，分别增加了4.3%、10.7%和151%，不过整体均不大；对于横桥向剪力 V_3，模型C的塔底剪力最小，模型A和模型B基本一致，模型A、B相比固结模型分别增加了19.7%、19.8%，相比模型C减小了4.3%。

整体而言，几种模型塔底的剪力变化基本与塔底弯矩变化相一致，各种工况下，模型A和模型B相差不大，不同的是，塔底剪力的增幅相较弯矩要大，且纵向+竖向的地震作用引起的变化较横向+竖向引起的变化要大，即塔底的剪力对液化地基的影响要比塔底弯矩敏感。进一步分析，相比横向+纵向的地震作用，塔底剪力对纵向+竖向组合地震更敏感。

选择塔顶截面位移作为数据输出，绘制四种模型在反应谱各工况下的位移图（图1-26）。

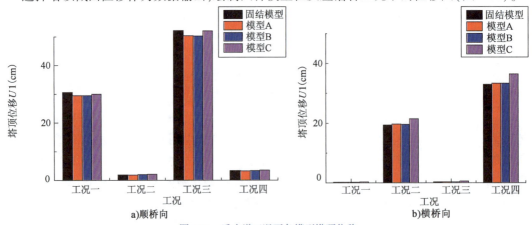

图1-26 反应谱工况下各模型塔顶位移

由图1-26可以得出，在纵向+竖向E1地震作用下，固结模型的顺桥向位移最大，为30.6cm，其他三种考虑桩基的模型结果相差不大，分别为29.5cm、29.5cm、30cm；在纵向+竖向E2地震作用下，主塔的位移分别为52.1cm、50.3cm、50.2cm、52.0cm，即随地震作用强度的增强，模型C更接近固结模型，均大于模型A和模型B；在横向+竖向E1地震作用中，结构的横桥向位移最大的是模型C，为21.5cm，其他三种模型分别为19.4cm、19.6cm、19.7cm，可见考虑液化地基对主塔的横桥向位移影响较大，由于桥梁横向的刚度大于纵向的刚度，所以纵向+竖向的地震作用仍然要强于横向+竖向的地震作用，且在横向+竖向的地震作用下，桥塔的顺桥向位移几乎为零,基本保持不动。整体而言,采用固结模型、常数"m"法、分层"m"法和液化土层模型分析对主塔的位移影响不大。

3)桩基结果分析

前文已经提到过,由于两个主塔处的地址条件不同,实桥在两桥塔处所采用的桩基形式也不一样,且桩长也不一样,因此11号桩基和12号桩基需要分开讨论。选择桩身部分截面的弯矩及位移作为数据输出,并沿桩长作出三种模型在各反应谱工况下的弯矩图,如图1-27、图1-28所示。

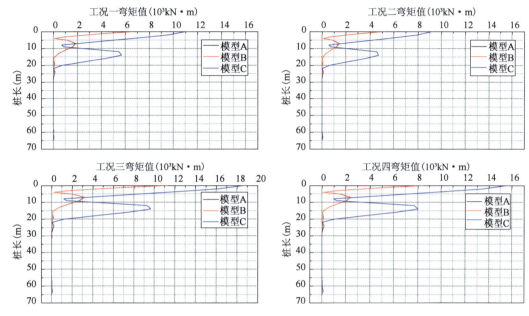

图1-27　11号桩基弯矩

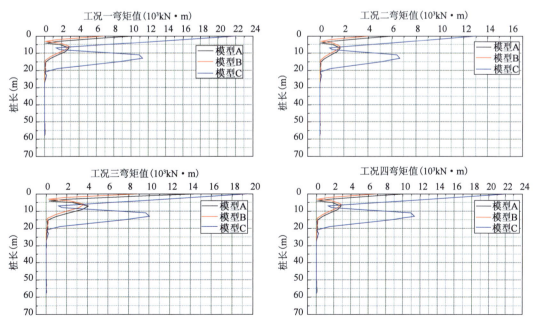

图1-28　12号桩基弯矩

从 11 号桩基的弯矩图,结合模型 A 和模型 B 的弯矩表,可以得出如下结论:模型 A 和模型 B 同深度的桩基弯矩,模型 B 要稍比模型 A 的弯矩大,但相差很小,其分析结果基本一样,而同深度的模型 C 桩基响应最大,越靠近地面相差越大,在地面以下 1m 处,相差最大,分别是模型 A 的 4.38 倍和模型 B 的 4.33 倍。三种模型沿桩身都有两个反弯点,模型 A 和模型 B 的两个反弯点的位置分别位于桩身以下 4m、7m 处,而模型 C 的两个反弯点位置大约位于桩身以下 9m、13m 处。模型 A 和模型 B 的受力桩长在 E1 地震作用下,其受力长度约为 15m,模型 C 的桩身受力长度约为 25m,E2 地震作用下两种模型受力深度分别延伸到了 17m 和 29m,可见模型 C 的桩基受力长度均要比模型 A(B)要长,这是由于当地震发生时,表层土发生了液化,失去了对结构的支撑约束作用,从而加长了桩身的受力长度。且对模型 C 而言,其第一个反弯点大约距地面 9m 附近,恰好是土层刚度发生变化的位置。整体而言,纵向 + 竖向组合的地震作用使桩基产生的弯矩要大于横向 + 竖向组合的地震作用。

从 12 号桩基的弯矩图可以看出,与 11 号桩基图不同,12 号桩基三种模型的三条曲线相差更明显,模型 A 与模型 B 的差异较明显,但各模型整体趋势与 12 号桩基一样,模型 C 的弯矩值最大,模型 B 相对较小。在 0~3m 范围内,模型 A 的弯矩要大于模型 B 的弯矩;在 4~7m 范围内,模型 B 弯矩较大;在 7~15m 范围内,模型 A 的弯矩大于模型 B。大小关系的变化正好位于反弯点,在 15m 后两种模型的桩身弯矩值都很小,趋于一致。模型 C 桩身深度约为 25m,这与 11 号桩基分析的结果基本一致。是由于模型 A 采用了常数"m"法,而模型 B 采用的分层土对应的刚度,其深层的土基系数要比浅层土基系数大,可能是由于更强的约束作用所造成的。在深度 1m 处,模型 A、B、C 桩身的弯矩分别为 5786kN·m、5222kN·m、9990kN·m,模型 C 分别为模型 A 的 1.73 倍、模型 B 的 1.91 倍,可见各模型的 12 号桩基弯矩相差较小。12 号桩基的弯矩反应大于 11 号桩基弯矩,这是由于两种桩基采用了不同的桩基形式,同样纵向 + 竖向的地震组合方式使桩基产生的弯矩要大于横向 + 竖向的地震组合方式。11 号桩基的水平位移图如图 1-29 所示。

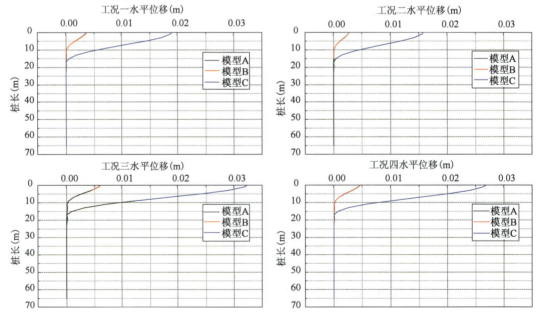

图 1-29　11 号桩基水平位移

对于 11 号桩基水平位移而言,从图可以看到四种工况下各模型的位移反应与弯矩反应类似,最大位移出现在桩顶,模型 A 和模型 B 基本保持一致,而模型 C 在地面附近的一定长度内要大于模型 A(B)的位移。由于土层的液化,在桩顶由于缺少足够的约束,从而产生较大的位移,不同的是,沿桩身的位移曲线没有反弯点,沿桩身都是随深度的增加而减小。E1 地震作用下模型 A 和模型 B 的较明显位移发生在 11m 的深度范围内,模型 C 较明显的位移发生在 17m 的深度范围内,其影响深度比弯矩要浅一些;在纵向+竖向的 E1 地震作用下,模型 A、模型 B 和模型 C 的位移分别达到了 $33.6×10^{-4}$m、$34×10^{-4}$m 和 $187.2×10^{-4}$m,模型 C 和模型 B 比模型 A 增大了 457% 和 1%;在横向+竖向的地震组合中,三种模型的位移分别是 $25.6×10^{-4}$m、$25.4×10^{-4}$m 和 $155.6×10^{-4}$m,模型 B 比模型 A 减小 0.7%,模型 C 比模型 A 增大了 507%,可见,横向+竖向的地震组合方式对不同模型的桩基的影响更加明显,不过数值上同样要小于纵向+竖向的地震组合。12 号桩基水平位移图如图 1-30 所示。

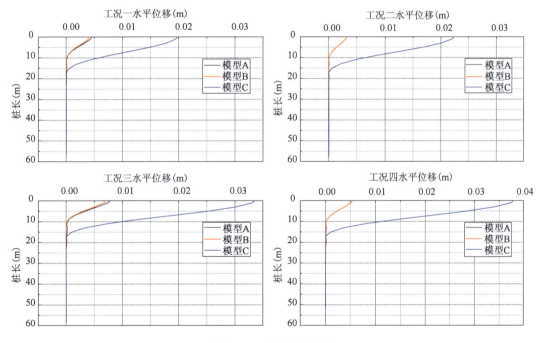

图 1-30　12 号桩基位移图

对 12 号桩基而言,纵向+竖向地震组合作用中模型 A 和模型 B 在桩顶的位移有明显的差异,而在横向+竖向地震组合中这种差异不明显;在两种地震作用下,模型 A(B)和模型 C 的较明显位移分别发生在桩埋深的 9m 和 17m 范围之内。在纵向+竖向的 E1 地震作用下,模型 A、模型 B 和模型 C 的桩顶位移分别达到了 $43.5×10^{-4}$m、$39.2×10^{-4}$m 和 $194.7×10^{-4}$m,模型 B 比模型 A 减小了 10%,模型 C 比模型 A 增大了 347%;在横向+竖向的地震作用下三种模型的位移分别是 $30.4×10^{-4}$m、$30.4×10^{-4}$m 和 $220.38×10^{-4}$m,模型 C 比模型 A(B)增大了 620%。同样的,横向+竖向的地震作用对不同模型的桩基的影响更加明显。12 号桩基的位移要比 11 号桩基的位移要大,纵向+竖向的地震作用方式要大于横向+竖向的地震作用。

1.3.4 地震时程分析

1)分析方法介绍

时程分析法是动态方法,能够获得结构在整个地震动持续作用内的结构时程,以及任意时间节点结构的位移、速度以及加速度响应。同时,可以清楚地反映出三个要素(振幅、频谱和持续时间)对结构的影响。该方法既可以分析结构在弹性阶段也可以分析结构在非弹性阶段的内力、开裂甚至损坏的整个过程。另外,动态分析不仅能够保证斜拉桥抗震的强度,同时能确保变形(延性),同时还可以使桥梁工作者更了解结构地震动破坏的机理,并有效地提高桥梁的抗震性能。

地震动加速度时程对该方法的计算结果有明显影响,目前的选取方法主要有三种:实际地震的强震记录、人工合成加速度时程以及规范加速度时程。当采用强震记录时,应依照下列选波原则进行选取:选择强震记录的峰值加速度要满足桥址所在地区烈度要求,强震记录的周期应相近于桥址的卓越周期,一般选用持续时间比较长的强震时程。

时程法实质上是将多自由度结构进行离散,然后用直接积分法求解其结构的响应。直接积分法基于以下两个思想:①离散化时间,即将连续的时间 t 离散多次为 t_0,t_1,t_2 等,在这些时刻数值解满足动力平衡方程;②在时间间隔 $\Delta t = t_{i+1} - t_i$ 内,用假设的位移、速度以及加速度来代替实际情况,但是因此会出现误差,这种误差会随着迭代过程的进行而累积。常用的积分法主要有中心差分法、线加速度法、Newmark-β 法以及 Wilson-θ 法等。

2)时程曲线确定及工况设定

本小节根据桥址所处的位置及反应谱,从太平洋地震抗震中心(PEER)提取了三条相近的波,分别为中国台湾的 ChiChi 波、美国 Imperial Vallley 波和 Loma Prieta 波,其中 ChiChi 波持续时间为 52.78s,每隔 0.01s 一个点,峰值加速度为 $0.181g$,Imperial Vallley 波持续时间为 39.48s,峰值加速度为 $0.288g$,Loma Prieta 波持续时间为 39.9s,峰值加速度为 $0.283g$。三条波的持续时间均符合规范的选择要求,对选定的波以峰值加速度为控制目标,进行按比例的调整,最终作为输入的地震波,调整后的地震波波形如图 1-31 所示。

经调整后,对竖向时程地震波与反应谱竖向地震的处理方式相一致,取值为相应的水平时程地震波的一半。

取三条地震波,每条地震波分为纵向 + 竖向、横向 + 竖向两种方式输入,分析选择非线性时程分析,一共设定 6 种工况,见表 1-15。

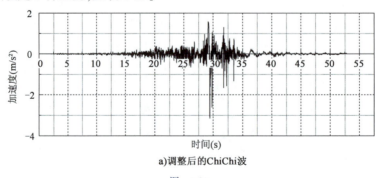

a)调整后的ChiChi波

图 1-31

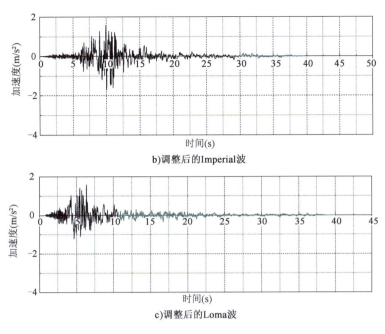

b) 调整后的Imperial波

c) 调整后的Loma波

图 1-31　用于输入的地震波

时程分析工况设定　　　　　　　　　　　　　　　表1-15

地　震　波	工　况　定　义	地震作用描述
ChiChi	工况一	纵向+竖向
	工况二	横向+竖向
Imperial	工况三	纵向+竖向
	工况四	横向+竖向
Loma	工况五	纵向+竖向
	工况六	横向+竖向

3）结果分析

（1）主梁结果分析。

类似于反应谱分析,时程分析选取代表性的截面求得其内力及位移。由于桥梁的上部结构在纵向方向的对称性,选择边跨的 $L/4$ 截面、$L/2$ 截面、塔梁交接处和中跨 $L/4$ 跨和跨中截面作为内力和位移输出的位置,取各自模型的各种时程分析结果的位移最大值和弯矩最大值作为各模型时程分析结果,分别作出四种模型的弯矩主梁弯矩曲线和位移曲线,来比较不同模型结果之间的差异。图 1-32 为模型之间最大弯矩值的对比图。

由图 1-32 以看出,在纵向+竖向的地震组合中,模型 C 主梁的竖向弯矩整体都偏大,四种模型的竖向弯矩在桥梁边跨的梁端的差异最明显。在左侧梁端,模型 C 的弯矩大于其他三种模型的弯矩,而在梁端右侧,模型 A 的弯矩最大。各模型的最大竖向弯矩均位于中跨 $2L/5$ 截面处,固结模型、模型 A、模型 B 和模型 C 的竖向弯矩分别为 39914kN·m、37979kN·m、37856kN·m 和 42535kN·m,模型 C 的竖向弯矩最大,其值比模型 A（B）增大 6.6%,固结模型比模型 A（B）增大 12.3%。

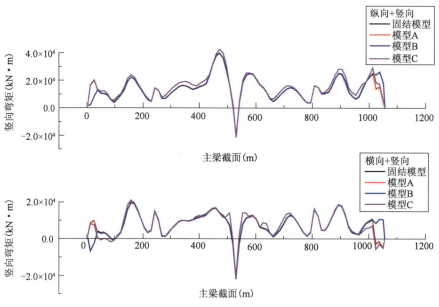

图 1-32 各模型主梁截面的竖向弯矩

在横向+竖向的组合方式中,全桥截面内各模型弯矩值之间相差很小,四种模型的最大弯矩值均出现在边跨 $3L/5$ 截面处,四种模型的弯矩值分别为 19907kN·m、19872kN·m、19575kN·m 和 20961kN·m,模型 C 的弯矩值最大。在梁端左侧,模型 B 的弯矩值最小,而在梁端右侧,模型 B 最大。各截面的弯矩值均小于同等级纵向+竖向的地震作用下的弯矩值。各模型主梁截面的竖向位移图如图 1-33 所示。

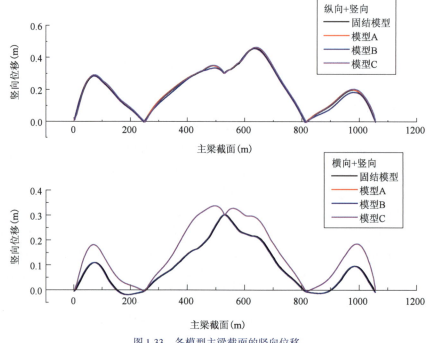

图 1-33 各模型主梁截面的竖向位移

在纵向+竖向工况中,四种模型的主梁各截面的竖向位移基本相同,这与谱分析结果相同。最大位移均位于中跨 17L/25 处,竖向位移为 45.6cm,该结果要大于谱分析的结果。

在横向+纵向的工况中,固结模型、模型 A、模型 B 三种模型的分析结果基本相同。最大竖向位移位于主跨跨中位置,位移值分别为 28.5cm、28.3cm、28.3cm。但考虑了土层液化的模型 C 的位移要明显大于其他三个模型,最大竖向位移在中跨 11L/25 截面处,位移值为 33.7cm,比其他三种模型增大了 18.5%。

(2)主塔时程分析。

选择桥塔塔底截面输出弯矩,作时程分析各工况塔底弯矩图,如图 1-34 所示。

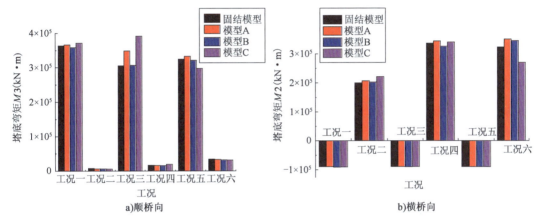

图 1-34 时程分析各工况塔底弯矩

当施加的地震力作用方向为纵向+竖向时,即工况一、工况三和工况五下,四种模型的 $M3$ 值均要比 $M2$ 值要大,不同地震波作用下模型之间的 $M2$ 值变化不大,但对四种模型的 $M3$ 值影响较明显。在 ChiChi 波地震作用下,四种模型的塔底弯矩在三条波中是最大的,四种模型之间的 $M3$ 值相差不大,弯矩值分别为 363717kN·m、366573kN·m、358880kN·m 和 371604kN·m,模型 B 的竖向弯矩 $M3$ 最小;在 Imperial 波的地震作用下,各模型的竖向弯矩 $M3$ 分别为 305438kN·m、348674kN·m、306952kN·m 和 391710kN·m,模型 A 比固结模型增大 14%,模型 B 比固结模型增大 0.5%,模型 C 比固结模型增大 28%;在 Loma 地震波作用下,模型 A 的塔底弯矩值最大,模型 C 的塔底弯矩值最小,四种模型的 $M3$ 值分别为 324129kN·m、332539kN·m、320875kN·m 和 297423kN·m,模型 B 的竖向弯矩最小。

在横向+纵向的地震作用下,四种模型中 Imperial 波地震作用使结构的响应最大,ChiChi 波对各模型之间的影响最小。四种模型在不同的地震波作用下,其反应也不一样,从图 1-34 可以得到,在 ChiChi 波地震作用下,各模型 $M2$ 值大小关系是:固结模型<模型 B<模型 A<模型 C;在 Imperial 地震波作用下,各模型 $M2$ 值大小关系是:模型 B<固结模型<模型 C<模型 A;在 Loma 的地震波作用下,各模型 $M2$ 值大小关系是:模型 C<固结模型<模型 B<模型 A。

由以上分析可知,用不同的地震波对同一组模型进行主塔塔底弯矩差异性分析,得到的结果不一样,且同一地震波按照不同的输入方式得到的模型之间差异也不一样。取四种模型的各种时程工况分析结果最大值,作为各自模型的时程分析结果,比较不同模型塔底弯矩的差异,结果如图 1-35 所示。

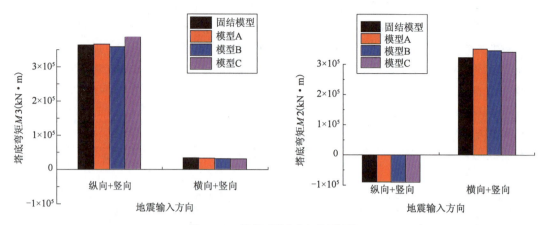

图1-35 四种模型塔底弯矩分析结果

在纵向+竖向的地震作用下,四种模型弯矩值的大小关系为模型C>模型A>固结模型>模型B,$M3$值分别为391710kN·m、366573kN·m、363717kN·m和358880kN·m,模型C比固结模型增大7.7%,模型A比固结模型增大0.8%,模型B比固结模型减少1.3%。四种模型的$M2$值差异不大,分别为-89564kN·m、-89598kN·m、-90646kN·m和-90223kN·m。

在横向+竖向的地震作用下,四种模型的$M3$值差异不大,分别为34273kN·m、33356kN·m、32068kN·m和31359kN·m;四种模型$M2$弯矩值的大小关系为模型A>模型B>模型C>固结模型,各模型$M2$弯矩值分别为323017kN·m、351237kN·m、345503kN·m和340619kN·m,模型A比固结模型增大8.7%,模型B比固结模型增大6.9%,模型C比固结模型增大5.4%。

在纵向+竖向的地震组合作用下,液化土层的模型塔底弯矩值最大;在横向+竖向的地震组合下,三种考虑桩基的模型塔底弯矩值均大于固结模型塔底弯矩值,模型A的塔底弯矩值最大。根据分析结果提取塔底剪力值绘制直方图(图1-36),查看不同模型塔底剪力的差异。

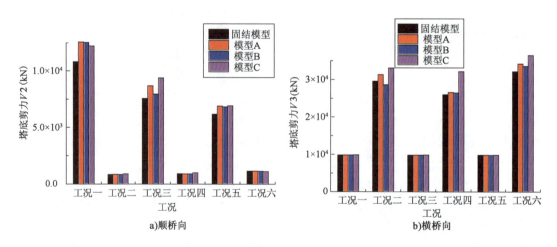

a)顺桥向   b)横桥向

图1-36 时程分析各工况下各模型塔底剪力

由图 1-36 可知,在不同的地震波作用下,各模型之间的差异是不一样的。在纵向 + 竖向的地震作用下,四种模型的塔底剪力 $V3$ 基本相同,分别为 9835kN、9834kN、9813kN 和 9847kN;三条地震波中,ChiChi 波引起的塔底剪力 $V2$ 最大。以该工况为例,通过时程分析四种模型之间的差异,四种模型的塔底剪力值分别为 10805kN、12556kN、12521kN 和 12203kN,模型 A 比固结模型增大 16.2%,模型 B 比固结模型增大 15.9%,模型 C 比固结模型增大 12.9%;在横向 + 竖向的地震作用下,Loma 波作用下结构的响应最大,四种模型的塔底剪力 $V3$ 分别为 32120kN、34200kN、33544kN 和 36489kN,模型 A 比固结模型增大 6.5%,模型 B 比固结模型增大 4.4%、模型 C 比固结模型增大 13.6%。总体上横向 + 竖向的地震作用要大于纵向 + 竖向的地震作用,在两种地震组合作用下固结模型的塔底剪力计算值最小。提取塔底位移值绘制时程分析各工况下各模型塔顶位移直方图(图 1-37),查看不同模型塔底位移的差异。

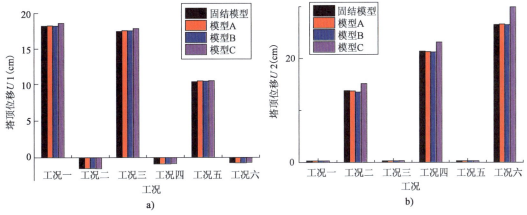

图 1-37 时程分析各工况下各模型塔顶位移

从图 1-37 中可以看出,各种工况下模型 C 的塔顶位移最大,选择各时程工况下结构的最大位移作为各自模型的位移值,比较不同模型的差别。在纵向 + 竖向地震作用下,ChiChi 波引起的各模型结构位移响应最大,模型 C 的塔顶位移 $U1$ 为 18.3m,其他模型较小,均为 17.9cm,增大 2.2%。各模型的 $U2$ 较小,均为 0.3cm[纵向 + 竖向为工况一,如图 1-37b)所示]。横向 + 竖向的地震作用下,Loma 地震波作用下的塔顶位移最大。

综上所述,横向 + 竖向组合作用下的塔顶位移要大于纵向 + 竖向组合下的塔顶位移,且在横向 + 竖向的组合作用下,考虑土基液化的塔顶位移增幅更大,而其他三种模型的相差不大。

(3)桩基时程结果分析。

取各自模型时程分析的最大值,作为其时程分析的结果,比较不同模型之间的差异。

从图 1-38 中可以看出,模型 A 和模型 B 在两种地震组合作用下,11 号桩基和 12 号桩基的弯矩值基本一致,但在桩顶处模型 C 的弯矩值要明显大于模型 A 和模型 B。在纵向 + 竖向的地震作用下,模型 A、模型 B、模型 C 的 11 号桩基弯矩值分别为 3838kN·m、3699kN·m 和 9798kN·m,模型 C 比模型 A 增大 155%,比模型 B 增大 165%,具有明显桩基弯矩的桩长分别为 16m 和 21m。12 号桩基的弯矩值分别为 3191kN·m、4581kN·m 和 10973kN·m,模型 C 比模型 A 增大 243%,比模型 B 增大 139%,具有明显桩基弯矩的桩长分别为 16m 和 21m,三种模型的11号桩基弯矩均大于12号桩基弯矩。在横向+竖向的地震作用下,模型A、模型B、模型C的11号桩基弯矩值分别为3214kN·m、3161kN·m和8202kN·m,模型C比模型A增大155%,比模型B增大159%,具有明显桩基弯矩的桩长分别为16m和21m。12号桩基的弯矩分别为2586kN·m、2903kN·m和9063kN·m,模型C比模型A增大250%,比模型B增大212%,具有明显桩基弯矩的桩长分别为16m和21m,但模型B的11号桩基弯矩要小于12号桩基弯矩。可见在时程分析中,地震波对桩基受力弯矩的长度基本没有影响,各模型之间12号桩基的变化比11号桩基明显要大。在两种地震组合作用下,模型A的11号桩基弯矩大于模型B的11号桩基弯矩,而对于12号桩基弯矩则相反。

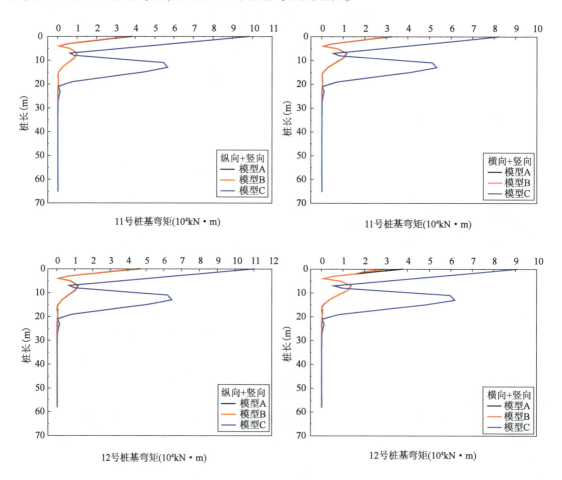

图1-38 时程分析下各模型11号、12号桩基弯矩

从图1-39中可以看出,模型A和模型B在两种地震组合作用下,11号桩基和12号桩基的位移值基本一致,但在桩顶处模型C的位移要明显小于其他两种模型。在纵向+竖向的地震作用下,模型A、模型B、模型C的11号桩基位移值分别为19.34×10^{-4}m、19.30×10^{-4}mm和18.94×10^{-3}m,模型C约为其他两种模型的8.8倍,具有明显桩基位移的桩长分别为11m和17m。12号桩基的位移值分别为22.38×10^{-4}m、22.30×10^{-4}m和21.57×10^{-3}m,模型C约为其他两种模型的8.6倍,具有明显桩基位移的桩长分别为11m和17m。在横向+竖

向的地震作用下,模型 A、模型 B、模型 C 的 11 号桩基位移值分别为 17.67×10^{-4}m、17.30×10^{-4}m 和 14.21×10^{-3}m,模型 C 约为其他两种模型的 7 倍,具有明显桩基位移的桩长分别为 10m 和 17m。12 号桩基的位移分别为 20.61×10^{-4}m、20.48×10^{-4}m 和 15.61×10^{-3}m,模型 C 约为其他两种模型的 6.5 倍,具有明显桩身弯矩的桩长分别为 11m 和 17m。可见,三种模型之间的位移变化要比弯矩变化明显,但具有明显位移的桩身要比具有明显弯矩的桩身短。在两种地震组合用下,11 号桩基位移均小于 12 号桩基位移,且纵向+竖向的地震组合要比横向+竖向的地震组合引起的结构位移响应大。各模型之间 11 号桩基的差别较大,就位移而言,三种模型的大小关系为模型 C>模型 A>模型 B。

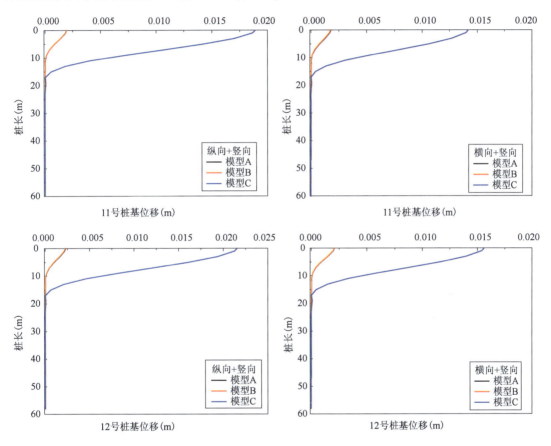

图 1-39 时程分析下各模型 11 号、12 号桩基位移

1.4 复杂场地无辅助墩斜拉桥地震响应分析

1.4.1 相干效应分析

对桥梁支承点进行激励的地震波除了具有自身特性外,还会被其他地震波干扰,使得不同激励点之间的地震波表现出一定的相关性。研究发现,传播到两支承点之间的地震波的相干

性与两支承点之间的距离以及对支撑点进行激励的地震波的频率有关。间距越小,地震波的相干程度越大,频率越低的部分,地震波的相干程度越强。为了研究这一效应对禹门口黄河公路大桥的影响,考虑完全不相干效应(工况一)、部分相干效应(工况二)和完全相干效应(工况三)对桥梁进行非一致激励,计算桥梁在不同工况下的位移的和内力响应。

本小节对桥梁采用三向地震动激励模式,选用 Hao 和 Olieverra 模型进行计算。由公式可知,在不考虑行波效应的情况下,视波速 v_{app} 为无穷大,则部分相干系数的大小只与两支承点之间的距离参数和地震波频率有关。本小节假设了地震波的传播方向,通过计算得到各墩之间的距离参数,见表1-16。

桥墩距离参数表(单位:m)　　　　　表1-16

距离	桥墩		
	10号—11号	11号—12号	12号—13号
两点在地震波传播方向上的投影距离 d_l	169	400	180
两点在垂直地震波传播方向上的投影距离 d_t	117	400	164

由于地震波的频率越强,相干程度越弱,因此,取频率为 0~25Hz 区间的相关系数,得到禹门口黄河公路大桥每两个相邻桥墩之间的相干函数曲线,如图1-40~图1-42所示。从图中可以看出,相干函数曲线在地震波频率较低的分段相干性较高,接近于1,而在频率较高的分段相干性较差,逼近于0。

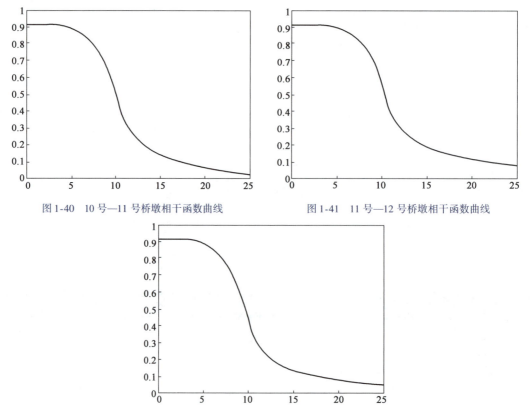

图1-40　10号—11号桥墩相干函数曲线　　　　图1-41　11号—12号桥墩相干函数曲线

图1-42　12号—13号桥墩相干函数曲线

对组合梁斜拉桥在空间相干效应作用下各关键截面的位移响应时程进行分析,可以发现:

(1)随着相干性的增加,桥梁各关键截面的位移响应逐渐增大,响应变化趋势表现基本一致。时程曲线表明,地震波对桥梁进行激励的前10s,三种工况的位移响应基本相同,但随着时间的增大,工况二和工况三的位移响应明显大于工况一。工况一在一次震动周期内波峰与波谷最大差值为18cm,而工况二和工况三在一次震动周期内波峰与波谷最大差值分别为25.4cm和26.7cm,工况三的位移响应略大于工况二。

(2)工况二和工况三的跨中纵向位移响应基本一致,跨中竖向位移响应有明显差距。

(3)考虑相干效应后,虽然桥梁左右主塔的响应最大值基本相等,但主塔随时间的响应变化并不相同,12号塔顶的位移相应变化幅度比11号塔顶位移响应变化幅度更为明显。通过比较可以发现,左右梁端的位移大小和随时间变化规律基本一致,当激励桥梁的地震波的相干性发生变化时,左右梁端的响应变化也基本相同,关键截面内力响应见表1-17。

关键截面内力响应 表1-17

截面	内力	工况一	工况二	工况三
主梁跨中	轴力(kN)	2897	3431	4225
	弯矩(kN·m)	2684	2755	2763
11号塔底	剪力(kN)	58179	82028	86830
	弯矩(kN·m)	1072939	1464546	1514124
12号塔底	剪力(kN)	57411	80811	85946
	弯矩(kN·m)	1027009	1495043	1588434

对组合梁斜拉桥在空间相干效应作用下各关键截面的内力响应时程进行分析,可以发现:

(1)考虑相干效应后,主梁跨中轴力时程响应变化趋势基本不变,随着相干性的增大,轴力响应也增大。在地震动作用初期,三种工况的轴力响应基本相同,但随着时间的增大,工况二和工况三的位移响应明显大于工况一,工况三的轴力响应略大于工况二。

(2)三种工况中主梁弯矩变化趋势和响应大小基本一致。

(3)考虑相干效应后,两主塔塔底内力响应变化趋势基本不变,而响应大小随相干性的增大而增大。在相干性相同的情况下,11号主塔和12号主塔的内力响应变化趋势和大小基本一致。通过对主塔底部的弯矩和剪力时程分析发现,三种工况主塔底部弯矩和剪力的变化趋势基本一致,一个周期内剪力响应变化最大幅值分别是53344kN、66842kN和70524kN,相对于完全不相干效应,工况二变化幅值增大1.25倍,工况三变化幅值增大1.32倍。弯矩变化最大幅值分别为893920kN·m、1190005kN·m和1230842kN·m,相对于完全不相干效应,工况二变化幅值增大1.33倍,工况三变化幅值增大1.37倍。

1.4.2 相干效应与行波效应综合分析

在之前的桥梁地震响应计算中,均忽略了地震波的传播速度,认为各个桥墩的支承点在同一时刻发生地震动激励。但现实中,地震波到达每个支承点的时间与地震波在不同土体中的传播速度以及各个支承点之间的距离有关。大跨径斜拉桥,由于各桥墩之间的距离比较远,地震波对远离震源的桥墩或主塔底部的激励延迟现象是不容忽略的。

按照禹门口黄河公路大桥的实际情况,假设地震波以不同速度从桥梁左侧 10 号辅助墩墩底传递到右侧 13 号辅助墩墩底,分别模拟大跨径组合梁斜拉桥在软土地基、中硬土地基、基岩地基以及理想条件下接受地震激励时的位移和内力响应。由于当地震波以无穷大的速度传播时,桥梁各支承点受到地震激励的时间间隔为无穷小,因此该工况用工况二代替。将地震波以有限速度传播的三种工况下各个关键截面的位移、内力以及时程响应分别与仅考虑部分相干效应的模型进行对比,从而研究同时考虑行波效应和相干效应的组合情况对大跨径组合梁斜拉桥地震响应的影响。

将考虑相干效应后的地震波按上述时间加载到各墩墩底,对禹门口黄河公路大桥进行多点非一致激励,获得桥梁关键截面位移响应最大值,见表1-18。

桥梁关键截面位移响应最大值表(单位:cm)　　　　表1-18

截面	位移	工况二	工况四	工况五	工况六
中跨跨中	纵向	33.2	23.2	31.3	33.5
	竖向	12.9	9.8	11	12.2
	横向	15.6	13.5	14.9	15.5
左梁端	纵向	31.3	27.4	29.3	31.0
右梁端	纵向	32.6	21.9	24.3	28.3
11 号塔顶	纵向	8.2	6.6	8.1	8.3
12 号塔顶	纵向	8.4	6.2	7.9	8.4

对组合梁斜拉桥在空间相干效应和行波效应同时作用下各关键截面的位移响应时程进行分析,可以发现:

(1)考虑行波效应后,各关键截面的位移响应变化趋势发生改变,地震波波速越低,截面的位移时程变化与不考虑行波效应相比相差越大。工况五、工况六与工况二的时程响应基本相同,但工况四与工况二有很大的差距。

(2)四种工况下,左梁端的位移峰值响应基本出现在同一时刻,而越远离左梁端,不同工况的位移峰值出现的时间间隔越长。将 12 号塔顶在工况二和工况四的时程曲线进行对比发现,工况四中位移峰值出现时间比工况二晚约 4s。

(3)行波效应对主塔顶部位移影响比其他截面更明显。工况四和工况二相比,截面运动规律、位移峰值和位移幅值均有较大差距,对地震动响应的延迟效果也更为明显。

(4)桥梁左梁端和右梁端在同一工况下的位移峰值有一定差异,右梁端的位移响应比左梁端略小,但两者的变化趋势基本相同。软土地基中地震波波速较小,梁端位移变化幅度较小,随后逐渐增大。说明在右梁端受到地震激励前,10 号墩底的地震波使左梁端产生振动的同时会带动整个梁体一起振动,使主梁的振动幅度远小于不考虑行波效应的工况,当桥梁所有支承点都接受地震激励时,主梁震动幅度将与无行波效应时相近,桥梁关键截面内力见表1-19。

桥梁关键截面内力表　　　　　　　　　　　　　　　　　　　　表 1-19

截　面	内　力	工　况　二	工　况　四	工　况　五	工　况　六
主梁跨中	轴力(kN)	3431	4642	4017	3618
	弯矩(kN·m)	2755	3647	3240	2990
11 号塔底	剪力(kN)	82028	40438	66981	76223
	弯矩(kN·m)	1464546	592617	1044789	1314779
12 号塔底	剪力(kN)	80811	52547	71515	78963
	弯矩(kN·m)	1495043	745834	1145222	1355237

对组合梁斜拉桥在空间相干效应和行波效应同时作用下各关键截面的内力响应时程进行分析,可以发现:

(1)考虑地震波在不同介质中不同的传播速度后,主梁跨中轴力时程响应变化趋势发生较大改变。当地基土体较软时,轴力变化周期明显缩短,一个周期内的峰值变化幅度明显增大,随着视波速的增加,轴力的变化周期和峰值响应逐渐表现出一定的规律性,并且逐渐趋于工况二。

(2)通过对 11 号和 12 号塔底内力时程响应分析,发现行波效应对 12 号主塔底部的内力影响比 11 号主塔更大。虽然两座主塔在四种工况下的内力响应趋势基本一致,但工况四中 11 号主塔塔底剪力一个周期内最大波动幅值为 32873kN,是工况二最大波动幅值的 0.49 倍,而工况四中 12 号主塔塔底剪力一个周期内最大波动幅值为 37728kN,是工况二最大波动幅值的 0.57 倍,12 号主塔塔底对视波速的变化更加敏感。

1.4.3　三类空间效应综合分析

为研究三类空间效应对大跨径组合梁斜拉桥的地震响应影响,前文中以禹门口黄河公路大桥为基础,分析了相干效应、行波效应和场地效应对桥梁分别作用和组合作用的影响规律。但现实中,这三类空间效应同时作用于同一座斜拉桥的可能性非常大,现对禹门口黄河公路大桥进行考虑三类空间效应的非一致激励分析,计算结果选取桥梁梁端、跨中、塔顶、塔底等关键截面的位移或内力作为对比分析对象。

将考虑三种空间效应后的地震波按上述时间加载到各墩墩底,对禹门口黄河公路大桥进行多点非一致激励,获得桥梁关键截面响应,见表 1-20。由于基岩对地震波没有放大作用,因此采用工况六作为考虑三种空间效应的基岩地基工况与其他工况进行对比。

桥梁关键截面位移响应表(单位:cm)　　　　　　　　　　　　表 1-20

截　面	位　移	工况六	工况十一	工况十二	工况十三	工况十四	一致激励
中跨跨中	纵向	33.5	50.6	45.2	48	50.1	22.4
	竖向	12.2	15.4	16.6	14.9	13.8	9.0
	横向	15.5	23.9	18.2	18.5	22.9	10.8
左梁端	纵向	31.0	54.7	43.5	46.2	47	22.4
右梁端	纵向	28.3	43.4	35.9	38.9	40.3	21.3
11 号塔顶	纵向	8.3	16.6	13.4	14	15.1	5.6
12 号塔顶	纵向	8.4	16.4	13.2	6.6	8.4	5.6

对组合梁斜拉桥在三种空间效应共同作用下各关键截面的位移响应时程进行分析,可以发现:

(1)考虑三种空间效应后,桥梁各关键截面位移响应变化趋势基本相同。位移响应峰值和幅值在地震开始时基本一致,但随着地震激励的持续,与一致激励相比均发生较大变化,单一软土场地条件下桥梁的位移响应最大,单一基岩场地条件下桥梁位移响应与一致激励最为接近。

(2)一致场地在三种空间效应共同作用下,两主塔顶部的位移响应最大值虽然基本相等,但位移响应幅值并不相同。工况十一中11号和12号主塔顶部的位移响应幅值分别为12.2cm和17.9cm,相比于工况七中的16.2cm和13.4cm,行波效应减小了11号主塔的摆动幅度,增大了12号主塔的摆动幅度。

(3)工况七与工况九在左右梁端的响应变化趋势基本一致,而考虑地震波在不同土体中的传播速度的变化后,工况十一与工况十二在左右梁端的响应变化峰值和达到峰值的时间不再一致。工况七在左右梁端的位移峰值始终大于工况九,考虑地震波波速变化后,工况十一在地震动激励初期的响应峰值均小于工况十三,随时间逐渐增大,最终超过工况十一。

(4)在地震波激励的前10s内,各种工况的位移响应相差不大,随着地震波激励时间的增加,各种工况的位移响应越来越大,而且土体越软,桥梁的位移响应变化越大。

关键截面内力响应结果见表1-21。

关键截面内力响应结果 表1-21

截面	内力	工况六	工况十一	工况十二	工况十三	工况十四	一致激励
主梁跨中	轴力(kN)	3618	10789	6668	5626	8019	2897
	弯矩(kN·m)	2990	13514	5475	7063	7602	2684
11号塔底	剪力(kN)	76223	165221	159364	159746	165134	58179
	弯矩(kN·m)	1314779	3456657	2761458	2786534	3454630	1072939
12号塔底	剪力(kN)	78963	187320	150493	146093	146490	57441
	弯矩(kN·m)	1355207	3698071	2784681	2752849	2760348	1027009

对组合梁斜拉桥在考虑三种空间效应作用下各关键截面的内力响应时程进行对比分析,可以发现:

(1)三种空间效应共同作用下,各工况的内力响应从一开始就表现出很大的差异。工况十一与一致激励相比,跨中轴力响应幅值增大3.7倍,轴力变化周期和大小表现出较强的无规律性。工况六与一致激励相比,跨中轴力响应幅值增大1.2倍,轴力响应周期基本不变。

(2)对比11号塔底和12号塔底内力时程变化可以发现,在六种工况下,塔底内力只有幅值发生了变化,而内力变化趋势基本相同。工况十二和工况十三的两主塔均位于中硬土地基上,两主塔塔底内力变化几乎完全相同,但受地震波传播速度的影响,工况十三的响应略有延迟。工况十一和工况十四的11号塔底内力响应几乎完全相同。六种工况下,12号塔底的内力变化规律基本完全一致。

1.5 结论与建议

（1）通过有限元软件 MIDAS 建模，利用支持向量机为研究手段并结合粒子群算法，对禹门口黄河公路大桥进行了参数敏感性分析。结合相关计算数据可得出影响斜拉桥结构性能的相关参数的主次顺序，初步判断主梁重量、拉索刚度是该桥结构的主要控制参数，主塔刚度、主梁刚度是次要控制参数。在此斜拉桥施工监控过程中，重点对主要控制参数进行修正，忽略次要控制参数的影响，以主要控制参数为重点分析对象，保证斜拉桥在施工阶段与使用阶段的安全性能。

（2）对禹门口黄河公路大桥正常运营情况下跨中挠度的可靠指标进行分析，利用可靠度方法构造适应度函数，计算随机变量的参数敏感性。汽车荷载、主塔弹性模量与可靠指标大致呈线性关系，拉索弹性模量、刚主梁面积、桥面板混凝土面积与可靠指标大致呈非线性关系。对可靠指标影响较大的随机变量依次为：拉索弹性模量、汽车荷载、主塔弹性模量、刚主梁面积等。在今后的无辅助墩斜拉桥运营过程中，应重点关注主要可靠指标对于结构的影响，并及时对桥梁施工监控模型进行修正，对于次要影响指标对于结构的影响，可近似忽略。

（3）场地土体的不同会导致斜拉桥地震响应的不同，其本质是不同的土体会产生不同的空间效应，进而影响斜拉桥的地震响应。从本书选取的几种土体组合中可以发现，修建于单一软土场地的斜拉桥产生的地震响应最大，单一中硬土场地次之，单一基岩场地最小。不同的空间效应对斜拉桥的地震响应影响是不同的，相干效应和场地效应均增大了斜拉桥的地震响应，但在相同土体条件下，场地效应的增大作用更为明显，而行波效应减小了斜拉桥的地震响应。对于不同土体，三种空间效应对斜拉桥地震响应的增大或减小在软土地基中最为明显，在基岩地基中最小。由于场地土体类型会对地震波的波速和放大系数产生影响，而地震波的波速又对行波效应和相干效应产生影响，因此场地土体的变化会对三类空间效应产生较大影响。对于场地条件变化较大的大跨径斜拉桥，应根据场地实际情况，结合不同场地条件下空间效应的变化，考虑场地变化对斜拉桥地震响应的影响，进行地震非一致激励响应分析。

第2章
主要受力构件的精细化分析和优化

现代斜拉桥的跨度大、主梁结构的横向宽度大、主梁的横截面形式多样，桥梁结构的整体或局部的受力状况都较为复杂，传统采用平面杆系结构分析的结果很难准确反映桥梁的整体结构或局部结构的实际受力情况。而且近年来常发的一些桥梁事故也告诉我们，传统的只关注桥梁结构整体受力的设计方法和理论需要一些相应的完善和改进。因此，在对全桥整体结构的静动力分析计算完成之后，在之后的技术设计阶段还需对一些受力复杂的结构和局部的细部构造进行相应的分析计算，或者进行相应结构细部的模型试验，明确结构细部的受力情况或承载能力，以便改进设计上的不足或优化施工过程，确保安全。对于组合梁斜拉桥而言，栓钉作为组合结构的关键部件，其主要作用是传递钢梁与桥面板间的纵向剪力，防止二者间出现竖向分离，研究其在钢—混凝土组合结构中的力学性能至关重要。在其拉索的锚固区段内，特别是由于拉索带来的很大集中力，同时预应力钢束在锚具处产生的集中力的作用，对结构的内力的状况、变形的情况以及应力的分布造成了极大的影响。在设计、计算以及工程的实际建设中，如果不进行此区域内有限元力学模型的建立、分析，则很难明确结构在实际工作下的受力状态和应力分布。在当前设计的背景下，根据对结构的力学性能和实际索面布置的要求，斜拉桥的主梁和索塔通常会采用不同的截面形式，并且由于功能要求和构造的受力需要，即使同一座桥梁的主梁和索塔可能也要根据需要采用不同的截面形式和材料，这些截面在结构中相对应的连接位置的应力传递及不同截面的构件的优化组合就不是仅仅依靠单个的梁单元分析就能够解决的。因此对于锚固区应力的分布特征进行有限元模型的计算并在此基础上对其进行抗疲劳研究就显得尤为必要。

2.1 剪力连接件抗剪性能研究及承载力分析

近年来,钢—混凝土组合梁以其优越的性能和良好的综合效益在工程结构中得到了广泛的应用。在钢—混凝土组合梁中,剪力连接件承担着在钢梁和混凝土板之间传递纵向剪力的功能,复杂的应力状态导致抗剪连接件容易发生破坏,进而影响整体受力。栓钉因其结构简单且价格低廉,往往作为最常用的钢—混凝土组合结构抗剪连接件。因此,为了保证钢—混凝土组合梁的安全,栓钉连接件的静力性能也成为国内外学者的研究热点。

目前,国内外学者对于栓钉连接件的研究,通常是利用推出试验来得出一些结论。Buttry 等通过推出试验表明,嵌入普通混凝土(NSC)的栓钉抗剪承载力主要受混凝土抗压强度和弹性模量的影响,提出了栓钉抗剪承载力的经验表达式和荷载-滑移曲线。此后,许多学者还对钢—NSC 组合梁中栓钉受力行为进行了更深入的研究,结果表明,栓钉连接件的抗剪承载力随着栓钉直径的增加而增加,而栓钉高度对其承载力无明显影响。此外,考虑到栓钉尺寸和混凝土性能,一系列的荷载-滑移曲线和抗剪承载力的经验公式已被提出。目前,钢—NSC 组合梁中栓钉的静力性能研究已经比较成熟,一些主流规范也给出了嵌入 NSC 的栓钉抗剪承载力的计算方法。然而,钢—NSC 组合梁在实际使用中,往往会出现如负弯矩区混凝土板开裂、抗疲劳性能差、极端环境下耐久性差等不利情况。许多研究人员提出用纤维增强混凝土(FRC)和超高性能混凝土(UHPC)代替 NSC,以提高钢—混凝土组合梁的工作性能。更换混凝土材料后,栓钉连接件的静力性能也会相应改变。Zhang 等人通过试验发现,与钢—NSC 试件相比,嵌入 FRC 的栓钉的抗剪承载力略有提高,FRC 板的抗裂性更好,当栓钉直径超过 23mm 时,破坏模式会发生变化。邵旭东等人得出结论,嵌入 FRC 的栓钉连接件的抗剪承载力和延性将随着推出试验中增强纤维占混凝土体积分数的增加而增加。对于钢—UHPC 组合梁,其破坏模式不同于钢—NSC 组合梁在推出试验期间的破坏模式,嵌入 UHPC 板中的栓钉连接件的抗剪承载力将显著增加,但延性将大大降低,无法满足相关规范的要求。此外,栓钉直径对 UHPC 中栓钉的静力性能有显著影响,长度短而直径大的栓钉,往往能在钢—UHPC 结构中发挥更好的作用。

虽然用 FRC 和 UHPC 代替 NSC 可以在一定程度上改善钢—混凝土组合梁的工作性能,但仍有一定的局限性。FRC 的抗压强度与 NSC 相似,因此钢—FRC 组合梁的性能改善效果不是很理想。UHPC 板比 NSC 板价格昂贵,且面临施工工艺复杂、养护条件严格、收缩大等问题,加之 UHPC 的强度不能在钢—混凝土组合梁中充分利用,考虑到这些问题,在钢—混凝土组合梁中使用 HSFRC(高强纤维增强混凝土)代替 NSC 可能是一个更好的选择。HSFRC 是一种新型混凝土,通过添加高效减水剂、矿物掺合料和钢纤维来改善其性能。其抗压强度通常为 80 ~ 150MPa,轴向抗拉强度为 10 ~ 20MPa。此外,HSFRC 的能量吸收能力和耐久性优于 NSC 和 FRC。HSFRC 的价格低于 UHPC,且施工和维护更方便。HSFRC 主要用于特殊防护结构和结构加固工程,对于钢—高强 FRC 组合梁的研究却很少。因此,有必要研究嵌入 HSFRC 中的栓钉连接件的静力性能和强度,以及其影响因素(例如栓钉直径、高度和混凝土性能),以增加对钢—HSFRC 组合梁的了解。

2.1.1 剪力连接件推出试验

为研究钢—HSFRC 组合梁中栓钉连接件的静力性能,对 4 个不同栓钉尺寸的钢—NSC 和 8 个钢—HSFRC 推出试件进行了试验,主要研究参数包括混凝土类型、栓钉直径和高度。根据欧洲规范和模型相似性原则,设计了如图 2-1 所示的缩尺试件。每个试件由一个 H 形钢梁、两个混凝土板和 8 个栓钉组成,除栓钉尺寸外,所有试件的结构相同。本书采用了尺寸为 HW 300mm × 300mm × 10mm × 15mm 的 H 形钢梁和 8 种尺寸的栓钉,高度分别为 80mm 和 120mm,直径分别为 13mm、16mm、19mm 和 22mm。栓钉与 H 形钢梁四周焊接固定,为保证加载过程中均匀分布载荷,在试件的 H 形梁顶部焊接了一块 300mm × 300mm 的钢板。为保证焊接强度,采用 J506 焊条进行焊接,H 形钢梁表面涂有润滑油,以防止黏结力影响试验结果。这些混凝土板由直径为 8mm 的热轧带肋钢筋加固,钢筋骨架绑扎完成后,制作模板。接下来,混凝土板分别由 NSC 和 HSFRC 两种类型的混凝土浇筑,在浇筑混凝土的同时进行振动。试样制作完成后,将试样放入温度为(20 ±2)℃、相对湿度≥95%的环境中养护 1d,移除模板,然后继续养护至 28d,以进行后续推出试验。每个试件都确定了唯一一个试件名称,试件名称和试件的具体参数见表 2-1。

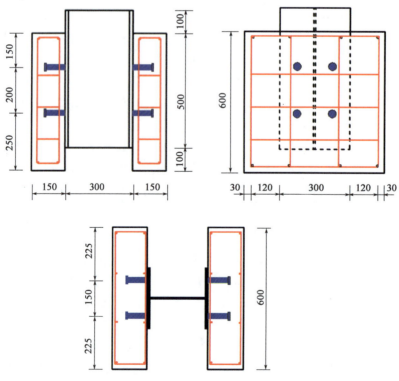

图 2-1　缩尺试件详情(尺寸单位:mm)

试件具体参数(单位:mm) 表 2-1

试件名称	混凝土类型	栓钉尺寸		
		长度	高度	纵横比
N80-13	NSC	80	13	6.15
N80-16	NSC	80	16	5.00
N80-19	NSC	80	19	4.21
N80-22	NSC	80	22	3.64
H80-13	HSFRC	80	13	6.15
H80-16	HSFRC	80	16	5.00
H80-19	HSFRC	80	19	4.21
H80-22	HSFRC	80	22	3.64
H120-13	HSFRC	120	13	9.23
H120-16	HSFRC	120	16	7.50
H120-19	HSFRC	120	19	6.32
H120-22	HSFRC	120	22	5.45

表 2-1 中,N 代表 NSC,H 代表 HSFRC,后面的数字代表栓钉高度。"-"后的数字表示栓钉的直径。例如,试件 H80-16 是指具有 HSFRC 和高度为 80mm、直径为 16mm 的栓钉试件。

1) 材料特性

表 2-2 总结了 NSC 和 HSFRC 的混合比例。NSC 和 HSFRC 的主要区别在于 HSFRC 中含有硅粉和钢纤维,而 NSC 中不含有硅粉和钢纤维。浇筑混凝土板时,对每种混凝土进行取样。根据 CECS 13:2009,制作了三组 100mm×100mm×100mm 立方体试件和 100mm×100mm×500mm³ 狗骨试件,以测试混凝土的抗压强度和抗拉强度。混凝土的弹性模量由 DT-2 型动弹性模量测试仪测得,混凝土的强度特性见表 2-3。试件顶部的 H 形钢梁和钢板由 Q345D 钢制成,其屈服强度、抗拉强度和弹性模量分别为 345MPa、470MPa 和 209GPa。混凝土板中的钢筋为直径 8mm 的 HRB400 钢筋,其屈服强度、抗拉强度和弹性模量分别为 400MPa、470MPa 和 200GPa。所有栓钉接头均为 ML15 级,但尺寸不同,其力学性能见表 2-4。

混凝土成分 表 2-2

成分	混合量(kg/m³)	
	NSC	HSFRC
水泥	444	687
水	160	160
碎石(5~20mm)	1163	960
砂(0~5mm)	626	517
高效减水剂	4.4	7.61
硅灰	—	75
钢纤维(%)	—	156(2%)

混凝土强度特性 表2-3

混凝土类型	极限抗压强度（MPa）	极限抗拉强度（MPa）	弹性模量（GPa）
NSC	53.4	1.9	37.5
HSFRC	105.5	18.9	46.0

栓钉力学性能 表2-4

长度（mm）	屈服强度（MPa）	抗拉强度（MPa）	弹性模量（GPa）
13	375	530	195
16	380	540	195
19	385	550	195
22	390	560	195

2）测试装置及仪器

试验装置和试件如图2-2所示。两个LVDT（位移计）安装在混凝土板上，背面相同位置也有两个LVDT。这些LVDT固定在混凝土板上，并连接至钢梁，以测量钢梁和混凝土板之间的界面相对滑移。将试样放在钢板上，试样底部铺上细砂。为了均匀地传递荷载，将顶部钢板打磨平整，并在荷载装置和试件之间放置应力分散板。

图2-2 测试仪器及试件

推出试验由微型计算机控制的压缩剪切疲劳试验加载系统（PLU-1000）进行，加载能力为1000t。在正式加载之前，试件在理论和有限元计算得出的弹性承载力的20%的荷载下预加载3次。在预加载期间，减小了非线性力的影响和试验系统各部分之间的间隙，并检查了加载系统和LVDT的工作条件。预加载10min结束后，记录每个测量点的数据作为试验的初始状态，并开始正式的试验加载。试件一般按15kN的增量加载，当试件进入弹塑性临界阶段时，加载增量减小到5kN，加载速率控制在5kN/min。在完成每个阶段的加载后，保持荷载5min，使试样完全变形。当混凝土断裂和栓钉断裂时，认为试样已损坏，试验结束。试件破坏后，观察试件的破坏表面，并标记混凝土板上的可见裂缝。最后，混凝土板断裂，取出栓钉，观察其变形情况。

3）试验结果

（1）破坏模式。

在本试验之前，相关学者关于推出试件的一些研究表明，带有栓钉连接件的组合梁有三种失效模式：混凝土断裂、栓钉失效和混凝土与栓钉的组合失效，其中栓钉失效可分为来自杆体的失效和来自焊缝的失效。在本试验中，观察到两种失效模式的组合失效和栓钉失效。图2-3显示了具有两种破坏模式的一些代表性试件的H形钢梁、混凝土板和栓钉表面。

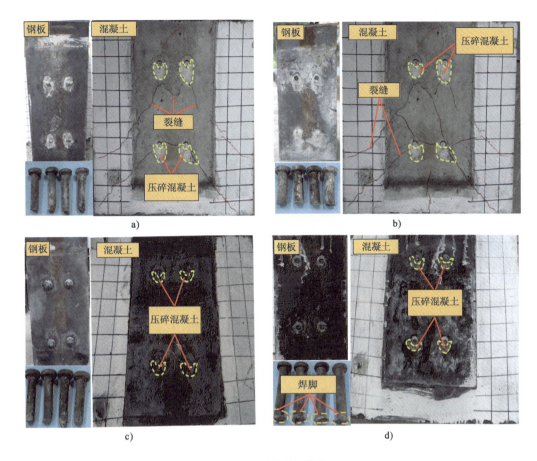

图 2-3　试件破坏模式

对于 NSC 试件，失效模式为混凝土和栓钉的组合失效。在加载过程中，NSC 板上出现了一些细微的裂缝，这些裂缝随着荷载的增加而不断扩展。试验结束时，栓钉被切断，此时，NSC 板上有一些裂缝，但没有完全断裂。NSC 板裂缝主要为斜裂缝，少量为水平裂缝和垂直劈裂裂缝。N80-16 和 N80-22 试样上的最大裂纹宽度分别为 3.2mm 和 4.8mm，在第一排左侧的栓钉下发现了两条最大的裂纹，还可以看出，H80-22 上的裂纹数量多于 H80-16 上的裂纹数量。这些现象表明，NSC 板在栓钉断裂前会发生损伤，且栓钉直径越大，NSC 板的损伤越严重。

从图 2-3c)、图 2-3d) 中可以看出，HSFRC 板上没有出现可见裂缝，其他 HSFRC 试件中也观察到同样的现象。因此，HSFRC 试件的失效模式为栓钉失效。这是因为 HSFRC 具有较高的强度和抗裂性，普通栓钉不足以破坏它。此外，由于钢纤维的存在，HSFRC 板具有比 NSC 更好的断裂韧性，因此 HSFRC 板能够承受大变形而不开裂。这说明，直径较大、强度较高的栓钉连接件更适合于高强钢—HSFRC 组合梁，以充分发挥高强钢—HSFRC 组合梁的优势。此外，值得注意的是，H120-22 试样中的栓钉因焊缝断裂，其他 HSFRC 试件中的栓钉均因栓钉柄断裂。造成这种现象的原因是，HSFRC 和大直径大长度的栓钉都具有高强度，这导致焊缝成为薄弱点。因此，在组合梁的施工中，必须保证焊缝具有足够的强度，以防止使用中的焊缝造成结构损伤。

此外,在 NSC 和 HSFRC 试件中观察到一些常见的损伤特征。所有混凝土板上的每个螺栓下方都有一个小区域混凝土被压碎,但 HSFRC 板上的压碎区域小于 NSC 板。这一现象表明,栓钉下方的混凝土将承受较大的压应力,且 HSFRC 比 NSC 具有更好的抗损伤性。此外还可以发现,所有栓钉仅在杆根部发生了小变形,嵌入混凝土板中的杆其余部分保持直立。结果表明,NSC 和 HSFRC 对栓钉均具有良好的嵌固效果,在一定程度上限制了栓钉的变形。

(2)荷载-滑移曲线。

荷载-滑移曲线是分析栓钉连接件力学性能的重要依据,它能全面地反映栓钉在推出试验过程中力学性能的变化。本试验中所有推出试件的荷载-滑移曲线如图 2-4a)所示。滑移值是四个 LVDT 读数的平均值,代表 H 形钢梁和混凝土板之间的界面相对滑移。可以看出,每条曲线具有相似的趋势,但顶点和端点的位置存在很大差异。这表明带栓钉的钢—混凝土组合梁具有相同的变形阶段,而几乎不受混凝土板类型和栓钉尺寸的影响。这些曲线在小滑移时线性上升得非常快,然后上升率逐渐降低并趋于平缓,在这些曲线达到峰值点后,荷载开始缓慢下降,而滑移量继续增加,直到试样失效。结果表明,这些钢—混凝土组合梁在破坏前会出现较大的变形,破坏模式为延性破坏。

根据应力下钢材和混凝土的特征点和变形过程,荷载-滑移曲线分为四个阶段。为了便于荷载-滑移曲线的表达,绘制了栓钉的理想荷载-滑移曲线,如图 2-4b)所示。理想荷载-滑移曲线包括四个阶段,即弹性变形阶段、屈服阶段、塑性强化阶段和破坏阶段。这四个阶段的描述和解释如下。

①弹性变形阶段(O—A):荷载与相对滑移成正比,相对滑移非常小。通常,该阶段的曲线斜率被视为栓钉的初始剪切刚度。所有试件均无明显变化和裂纹。由于试件的栓钉和混凝土板处于弹性阶段,故试件未达到正常使用状态。

②屈服阶段(A—B):荷载-滑移曲线斜率开始减小,由斜直线变为凸曲线。与根部接触的部分混凝土进入塑性变形阶段,导致混凝土对栓钉的横向支撑逐渐减小。随着荷载的不断增加,栓钉逐渐屈服,NSC 板出现裂缝。正是这些原因导致了相对滑动加速度的增加。该阶段终点处的割线斜率可视为栓钉整个变形过程的平均刚度。

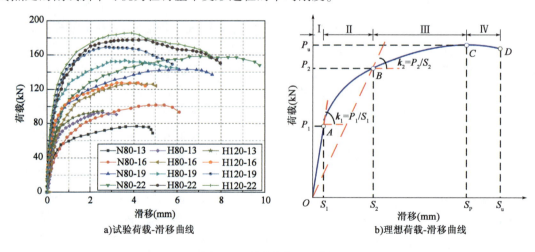

图 2-4 试件的荷载-滑移曲线

③塑性强化阶段(B—C):荷载—滑移曲线的上升速率进一步减小,曲线逐渐上升到峰值,然后趋于稳定。栓钉根部某一区域的混凝土已完全压碎,栓钉从屈服阶段进入塑性强化阶段,在此期间其变形量不断增加。在这一阶段,NSC 板上会出现并发展一些斜裂缝和劈裂裂缝,而 HSFRC 板上没有明显的裂缝。可以看出,H 形钢梁和混凝土板之间存在显著位移。

④失效阶段(C—D):在栓钉达到最大值后,随着相对滑移的增加,栓钉上的荷载逐渐减小,最后荷载突然急剧下降,表明试样发生了破坏。此处的荷载-滑移曲线并未显示最终的陡坡段,因为此时试样已发生破坏,不具有研究意义。所有的标本在断裂时都发出很大的声音,栓钉被切断。

2.1.2 剪力键静力行为参数分析

对这些荷载-滑移曲线进行处理,并获得试验结果,以分析这些栓钉的静力性能。在试验中,每个栓钉承受相同的力,因此,每个栓钉的抗剪承载力为试样极限荷载的 1/8。根据以往的研究,当滑移量为 0.2mm 时,推出试样处于弹性变形阶段;当滑移量达到 2mm 时,推出试样处于弹塑性变形阶段。因此,界面滑移为 0.2mm 和 2mm 时荷载滑移曲线的割线斜率可用于计算剪切刚度。以下从混凝土类型、栓钉直径和栓钉高度三个方面对栓钉抗剪连接件的静力性能进行分析。

1) 混凝土类型

从图 2-5 中可以看出,HSFRC 试样的荷载-滑移曲线的增长率和最大值均大于 NSC 试样,且 HSFRC 曲线始终在 NSC 曲线之前结束。这表明,与 NSC 板中的栓钉相比,HSFRC 板中栓钉的抗剪承载力和刚度增加,而延性下降。钢—HSFRC 试件中直径为 13mm、16mm、19mm 和 22mm 的栓钉的抗剪承载力 $[r(P_u)]$ 分别提高 21.24%、24.86%、7.22% 和 12.2%,抗剪刚度 $[r(k_2)]$ 分别提高 31.99%、33.75%、18.15% 和 32.28%,但极限滑移率 $[r(S_u)]$ 分别降低 34.29%、17.41%、21.42% 和 18.24%。这是因为 HSFRC 具有更好的机械性能,可以为栓钉提供更大的约束力,但也有效地限制了栓钉的变形。此外,所有 NSC 板均开裂,且栓钉越大,开裂越严重。然而,HSFRC 板表面没有可见裂缝。因此,采用 HSFRC 板可以更好地发挥栓钉抗剪连接件的性能,提高整个结构的抗剪承载力。值得注意的是,在设计 HSFRC 钢组合梁时,应重点考虑其延性,以确保其能够满足相关规范的要求。

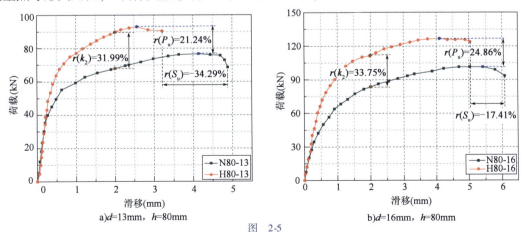

图 2-5

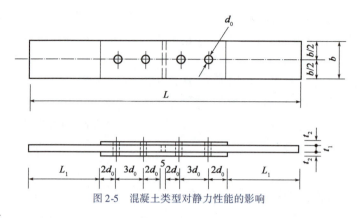

图 2-5 混凝土类型对静力性能的影响

2）栓钉直径

从图 2-6 中可以看出，荷载-滑移曲线的增长率、高度和横向延伸高度随栓钉直径显著增加。因此，增加栓钉直径可以显著提高栓钉的抗剪承载力、延性和抗剪刚度。以 H80-13～22 为例，H80-16、H80-19 和 H80-22 的抗剪承载力分别比 H80-13 高 36.29%、65.12% 和 91.01%。与 H80-13 相比，H80-16、H80-19 和 H80-22 的延性分别提高 56.70%、86.29% 和 148.60%，抗剪刚度分别提高 24.59%、58.93% 和 89.76%。栓钉抗剪承载力和刚度的增加是由于直径较大的栓钉横截面积较大。同时，大直径栓钉会对混凝土板造成更严重的破坏，从而增加最终滑移和延性。因此，在钢—混凝土组合梁施工中，可适当选择大直径栓钉抗剪连接件，以提高结构的整体力学性能。

3）栓钉高度

图 2-7 显示了嵌入 HSFRC 板中不同高度栓钉的荷载-滑移曲线比较。可以看出，120mm 高度栓钉的曲线通常高于 80mm 高度栓钉的曲线，延伸高度略小于 80mm 栓钉的曲线。这一现象表明，栓钉高度的增加会略微提高栓钉的抗剪承载力和刚度，但会略微降低栓钉的延性。与 80mm 高度的栓钉相比，120mm 高度栓钉的抗剪承载力和刚度平均分别增加 4.27% 和 6.35%，而极限界面滑移平均下降 9.70%。可以看出，三个静态性能指标的变化率均小于 10%。因此，当栓钉的纵横比合适时，通常可以认为栓钉的长度对栓钉的静态性能没有影响。

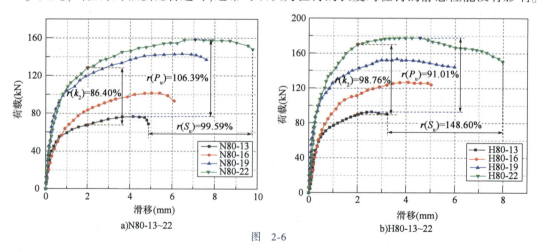

a) N80-13～22   b) H80-13～22

图 2-6

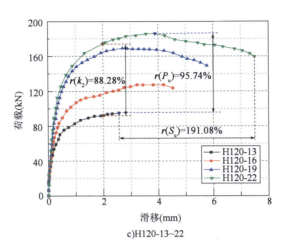

c) H120-13~22

图 2-6 栓钉直径对静力性能的影响

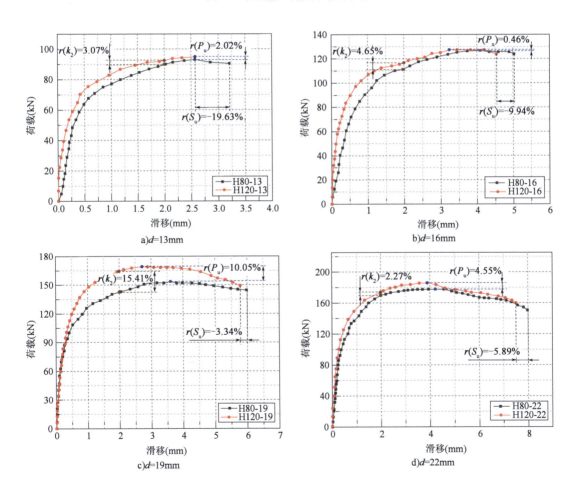

a) $d=13mm$

b) $d=16mm$

c) $d=19mm$

d) $d=22mm$

图 2-7 栓钉高度的影响

2.1.3 试验结果及理论分析

1）荷载-滑移曲线

荷载-滑移曲线是栓钉连接件静力抗剪性能的最重要表征,对分析栓钉的抗剪能力、刚度和延性具有重要意义。如果能够用数学表达式正确预测栓钉的荷载-滑移曲线,将极大地促进钢—混凝土组合梁设计的发展和现有类似结构的结构性能评价。目前,许多研究者在推出试验结果的基础上,通过数学拟合提出了一些表示栓钉连接件荷载-滑移曲线的方程,这些研究大多集中在嵌入 NSC 的栓钉上,少数给出了 HPC 和 UHPC 中栓钉的方程。然而,对于钢—HSFRC 组合梁中栓钉的研究却很少。

Ollgaard 等人对 48 个钢 NSC 复合梁试样进行了连续推出试验,并根据试验结果拟合了预测栓钉连接件荷载-滑移曲线的经典公式。荷载-滑移曲线公式如下：

$$\frac{P}{P_u} = (1 - e^{-18S})^{0.4} \tag{2-1}$$

式中：P——每个栓钉上的荷载；

S——界面滑移。

为了研究混凝土类型不同性能的影响,An 和 Cederwall 测试了 4 个钢 NSC 和 4 个钢 HPC 推出试样的剪切性能。此外,对试验结果进行了非线性回归分析,钢 NSC 和 钢 HPC 中栓钉荷载-滑移关系的经验表达式分别由以下两式给出：

$$\frac{P}{P_u} = \frac{2.24(S - 0.058)}{1 + 1.98(S - 0.058)} \tag{2-2}$$

$$\frac{P}{P_u} = \frac{4.44(S - 0.031)}{1 + 4.24(S - 0.031)} \tag{2-3}$$

薛冬燕等人进行了 30 次推出试验,以研究不同参数(例如栓钉直径、高度、混凝土强度、焊接技术等)对栓钉连接器静力性能的影响。根据试验结果,提出了更准确的栓钉荷载滑移曲线表达式：

$$\frac{P}{P_u} = \frac{S}{0.5 + 0.97S} \tag{2-4}$$

可以看出,在上述表达式中未考虑栓钉直径。然而,本研究发现,栓钉直径对荷载—滑移曲线的变化趋势有很大影响。同样,Wang 等人还通过测试 6 组钢 NSC 和 12 组钢 UHPC 推出试样,揭示了栓钉直径对栓钉连接件静力性能的显著影响。因此,他们提出了一个考虑栓钉直径的经验荷载-滑移表达式,该表达式可适用于 NSC 和 UHPC 试样：

$$\frac{P}{P_u} = \frac{S/d_{stud}}{0.006 + 1.02 \cdot S/d_{stud}} \tag{2-5}$$

式中：d_{stud}——栓钉直径,mm。

童乐为等人研究了栓钉布置对高强度钢 UHPC 组合梁中栓钉连接件静力性能的影响,得出了这种单栓钉布置梁的荷载-滑移曲线的经验表达式：

$$\frac{P}{P_u} = \frac{S/d_{stud}}{0.0092 + 0.93 \cdot S/d_{stud}} \tag{2-6}$$

在表达式(2-1)中,S 的单位为英寸(inch),而表达式(2-2)~式(2-6)中,S 的单位为 mm。

试验结果表明,混凝土类型对栓钉连接件的性能有重要影响。因此,上述 NSC 和 UHPC 试样的荷载滑移公式不能很好地应用于 HSFRC 试样。根据前人的研究成果和本书的试验结果,提出了钢—高强 FRC 组合梁中栓钉荷载-滑移曲线的经验预测公式。然后,通过线性回归分析得出相关系数,公式如下:

$$\frac{P}{P_u} = \frac{(5.664 - 0.0956 d_{stud}) \cdot S}{1 + (5.314 - 0.09116 d_{stud}) \cdot S} \tag{2-7}$$

值得注意的是,在式(2-7)的拟合中,仅使用 P/P_u 小于 1 的测试点。因为曲线的下降段对栓钉连接器的静力性能表征没有实际意义。

图 2-8 显示了 HSFRC 试件的试验荷载-滑移曲线和通过表达式(2-1)~式(2-7)计算的荷载—滑移曲线。可以看出,通过式(2-7)获得的曲线通常比其他表达式更接近试验曲线。表 2-5 列出了通过试验结果和式(2-1)~式(2-7)获得的一些关键点(P/P_u = 0.4、0.6、0.8 和 1.0)的比较。此外,该表还给出了试验数据和计算数据之间的相关系数。由式(2-7)计算的数据与每个 HSFRC 试样的试验值之间的差异较小,且式(2-7)的相关系数最接近于 1。因此,式(2-7)可以很好地用于计算钢 HSFRC 组合梁中栓钉连接件的荷载-滑移曲线。

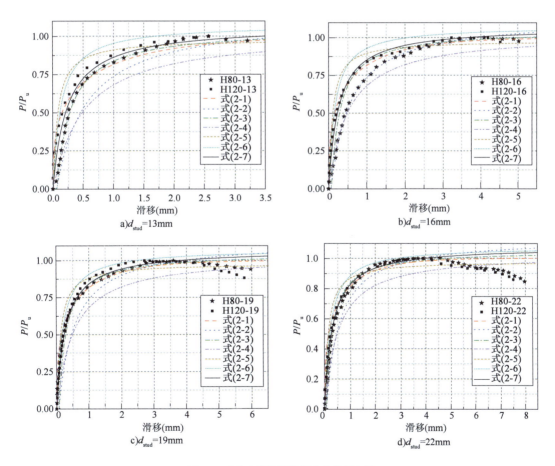

图 2-8 试验和计算荷载-滑移曲线的比较

通过试验结果和预测公式得出的荷载-滑移曲线的比较　　　　　　　表2-5

试件	P/P_u	S（mm）	P/P_u						
			式(2-1)	式(2-2)	式(2-3)	式(2-4)	式(2-5)	式(2-6)	式(2-7)
H80-13	0.4	0.207	0.550	0.258	0.405	0.295	0.716	0.663	0.493
	0.6	0.367	0.643	0.429	0.594	0.429	0.811	0.796	0.644
	0.8	0.827	0.784	0.683	0.801	0.635	0.897	0.931	0.828
	1.0	2.570	0.948	0.942	0.957	0.859	0.952	1.024	0.979
H120-13	0.4	0.095	0.441	0.037	0.070	0.131	0.485	0.396	0.302
	0.6	0.248	0.578	0.309	0.467	0.335	0.749	0.708	0.542
	0.8	0.596	0.726	0.584	0.728	0.553	0.869	0.884	0.761
	1.0	2.575	0.949	0.942	0.957	0.859	0.952	1.024	0.978
H80-16	0.4	0.333	0.626	0.399	0.564	0.405	0.764	0.729	0.603
	0.6	0.608	0.730	0.590	0.733	0.558	0.849	0.853	0.752
	0.8	1.234	0.850	0.791	0.872	0.727	0.911	0.953	0.886
	1.0	4.090	0.983	1.005	0.989	0.916	0.958	1.035	1.008
H120-16	0.4	0.121	0.472	0.125	0.221	0.196	0.551	0.466	0.341
	0.6	0.322	0.621	0.388	0.553	0.396	0.759	0.721	0.594
	0.8	0.823	0.783	0.681	0.800	0.634	0.863	0.875	0.815
	1.0	4.195	0.984	1.008	0.991	0.918	0.955	1.029	1.009
H80-19	0.4	0.125	0.477	0.132	0.232	0.201	0.518	0.429	0.331
	0.6	0.330	0.625	0.396	0.561	0.402	0.732	0.685	0.582
	0.8	0.900	0.798	0.707	0.818	0.655	0.872	0.889	0.820
	1.0	3.610	0.976	0.990	0.982	0.902	0.955	1.030	0.997
H120-19	0.4	0.163	0.514	0.195	0.322	0.248	0.582	0.499	0.395
	0.6	0.335	0.627	0.400	0.566	0.406	0.735	0.689	0.586
	0.8	0.723	0.760	0.643	0.773	0.602	0.849	0.853	0.775
	1.0	2.720	0.954	0.951	0.962	0.867	0.942	1.006	0.974
H80-22	0.4	0.217	0.557	0.271	0.422	0.305	0.614	0.537	0.450
	0.6	0.442	0.674	0.488	0.649	0.476	0.758	0.721	0.639
	0.8	1.062	0.826	0.753	0.848	0.694	0.874	0.892	0.838
	1.0	4.560	0.988	1.017	0.995	0.964	0.9533	1.026	1.009
H120-22	0.4	0.156	0.508	0.184	0.307	0.240	0.536	0.449	0.367
	0.6	0.329	0.624	0.395	0.560	0.402	0.704	0.647	0.561
	0.8	0.881	0.794	0.701	0.814	0.650	0.855	0.862	0.801
	1.0	3.895	0.980	1.000	0.986	0.910	0.949	1.018	0.999
相关度	—	—	0.940	0.890	0.906	0.907	0.895	0.933	0.982

2）抗剪承载力分析

栓钉连接件的抗剪承载力是钢—混凝土组合梁设计中的一个重要参数，一些国家的相关规范给出了钢—NSC组合梁中栓钉抗剪承载力的几种计算方法。许多研究人员还通过推出试验推出了不同类型钢—混凝土组合梁中栓钉的抗剪承载力预测公式。结合75个推出试样

的试验数据和 Ollgaard 等人提出的计算模型,欧洲规范-4 规定,应根据式(2-8)计算栓钉剪切能力:

$$P_u = 0.29\alpha d^2 \sqrt{f_{ck}E_c}/\gamma_v \leq 0.8A_s f_{uk}/\gamma_v \tag{2-8}$$

式中:d——栓钉直径;

f_{ck}——混凝土的标准抗压强度;

E_c——混凝土的弹性模量;

γ_v——分项安全系数;

A_s——栓钉的横截面积;

f_{uk}——栓钉的标准抗拉强度;

α——栓钉纵横比的影响系数,可通过式(2-9)计算:

$$\alpha = \begin{cases} 0.2\left(\dfrac{h_s}{d}+1\right), & 3 \leq \dfrac{h_s}{d} \leq 4 \\ 1.0, & \dfrac{h_s}{d} > 4 \end{cases} \tag{2-9}$$

h_s——栓钉高度。

在美国,规范 AASHTO LFRD 提供了式(2-10),用于计算钢—混凝土组合梁中单栓钉连接件的标准抗剪承载力:

$$P_u = \varphi_{sc} 0.5 A_s \sqrt{E_c f'_c} \leq \varphi_{sc} A_s f_u \tag{2-10}$$

式中:f'_c——混凝土圆柱体的抗压强度;

f_u——栓钉的抗拉强度;

φ_{sc}——栓钉的阻力系数,取 0.85。

在我国《钢结构设计规范》(GB 50017—2017)中,嵌入混凝土中的圆柱头焊接栓钉连接件的抗剪承载力定义为:

$$P_u = 0.43 A_s \sqrt{E_c f_c} \leq 0.7 A_s f_u \tag{2-11}$$

式中:f_c——混凝土的立方体抗压强度。

上述规范给出的栓钉抗剪承载力公式主要以混凝土抗压强度作为组合梁中栓钉的抗剪承载力,以栓钉杆的抗拉破坏强度作为栓钉抗剪承载力的上限。这些公式只考虑了混凝土挤压和桩柱断裂,而忽略了螺栓连接件与混凝土板之间的相互作用。因此,根据式(2-9)~式(2-11),NSC 和 HSFRC 试件中相同尺寸栓钉的抗剪承载力相等,这与实际试验结果不一致。鉴于这一缺陷,薛冬燕等人提出了以下改进公式:

$$P_u = \min\left\{0.43 A_s \sqrt{E_c f_c}, 3\lambda f_u \left(\dfrac{E_c}{E_s}\right)^{0.4} \left(\dfrac{f_c}{f_u}\right)^{0.2}\right\} \tag{2-12}$$

式中:λ——栓钉纵横比的影响系数,按式(2-13)计算:

$$\lambda = \begin{cases} 6 - \dfrac{h_s}{1.05d}, & \dfrac{h_s}{d} \leq 5 \\ 1, & 5 < \dfrac{h_s}{d} \leq 7 \\ \dfrac{h_s}{d} - 6, & 7 < \dfrac{h_s}{d} \end{cases} \tag{2-13}$$

根据带有短栓钉的钢制 UHPC 的试验结果,邵旭东等人提出了栓钉强度公式,该公式考虑了栓钉根部周围局部破碎混凝土的贡献。值得注意的是,所有试样的失效模式均为栓钉断裂。公式如下:

$$P_u = \left(0.85 + \frac{f_c}{f_u}\right) A_s f_u / \gamma \tag{2-14}$$

式中:γ——阻力系数。

上述公式主要用于 NSC 和 UHPC 内栓钉连接件的抗剪承载力计算,而未考虑混凝土的实际强度。事实上,由于纤维的存在,HSFRC 的抗拉强度明显大于 NSC,这可能会影响栓钉的抗剪能力。因此,本书提出了一个考虑混凝土抗拉强度的栓钉抗剪承载力计算公式,适用于不同类型混凝土中的栓钉。在此公式中,栓钉连接件的抗剪承载力分为无约束栓钉的抗剪承载力和混凝土引起的强度增加。将无约束栓钉的抗剪承载力定义为栓钉抗拉承载力的一半,强度的增加与栓钉直径、混凝土抗压强度、抗拉强度和混凝土弹性模量有关。结合前面的公式和本书提出的影响因素,给出了第二部分抗剪承载力公式的基本形式,然后通过线性回归分析得出公式中的未知系数。最后,提出了钢—混凝土组合梁中栓钉抗剪承载力的预测公式:

$$P_u = 0.5 A_s f_u + K \left[1 + \left(\frac{f_t}{f_u}\right)^{0.5}\right] \left(\frac{f_c}{f_u}\right)^{0.2} (E_c d)^{0.5} \tag{2-15}$$

式中:f_t——混凝土的抗拉强度;

K——常数,等于95.3。

表 2-6 显示了试验结果和计算结果之间的栓钉抗剪承载力比较。值得注意的是,为了更好地比较上述预测公式的精度,假设阻力系数 γ_v 和 γ 等于 1。可以发现,三个现行规范中的预测公式是保守的,薛冬燕等人高估了抗剪承载力。邵旭东等人提出的公式相对准确,但误差波动很大。显然,由式(2-14)计算的结果与试验结果更为吻合。因此,表达式(2-14)可以很好地用于预测钢 NSC 和钢 HSFRC 组合梁中栓钉的抗剪承载力。

栓钉抗剪承载力试验和计算结果的比较 表 2-6

试 件	荷载(kN)	公式(2-8)	公式(2-10)	公式(2-11)	公式(2-12)	公式(2-14)	公式(2-15)
N80-13	76.72	0.73	0.78	0.64	0.90	0.87	1.04
N80-16	101.52	0.86	0.91	0.75	1.21	1.01	1.02
N80-19	143.23	0.87	0.93	0.76	1.20	1.03	0.92
N80-22	158.34	1.08	1.14	0.94	1.46	1.27	1.03
H80-13	93.01	0.61	0.64	0.53	0.92	0.79	1.06
H80-16	126.76	0.69	0.73	0.60	1.29	0.90	0.98
H80-19	153.58	0.81	0.86	0.71	1.75	1.06	1.00
H80-22	177.66	0.96	1.02	0.84	2.03	1.24	1.06
H120-13	94.89	0.60	0.63	0.52	1.33	0.78	1.04
H120-16	127.35	0.68	0.72	0.60	1.50	0.89	0.98
H120-19	169.01	0.74	0.78	0.65	1.12	0.96	0.91
H120-22	185.74	0.92	0.97	0.80	1.38	1.19	1.01
平均值	—	0.79	0.84	0.70	1.34	1.00	1.00
标准差	—	0.15	0.16	0.13	0.32	0.17	0.05

3)结论

在本研究中,采用12个推出试件,测试参数为混凝土类型、混凝土强度、栓钉直径和栓钉高度,以研究钢—NSC和钢—HSFRC组合梁中栓钉连接件的静力性能。根据试验结果和上述分析,可以得出以下主要结论:

(1)在推出试验中,钢—NSC和钢—HSFRC组合梁显示出不同的失效模式。钢—NSC试件的破坏模式为混凝土和栓钉的组合破坏,钢—HSFRC试件的破坏模式为栓钉破坏。NSC板表面出现了一些斜裂纹和劈裂裂纹,裂纹数量随着栓钉直径的增加而增加,然而,HSFRC板上没有可见裂缝。这表明,钢—HSFRC组合梁的抗裂性能优于钢—NSC组合梁。

(2)栓钉连接件的静力性能受混凝土类型、栓钉直径和高度的影响。与嵌入NSC的栓钉相比,嵌入HSFRC的栓钉的抗剪承载力和刚度显著提高,但延性降低。随着栓钉直径和高度的增加,栓钉的抗剪承载力和刚度增加,而抗剪强度降低。其中,栓钉高度的影响较小,当栓钉直径合理时可以忽略。

(3)根据试验结果,提出了钢—HSFRC组合梁中栓钉连接件的荷载—滑移曲线和抗剪承载力的经验公式。其中,荷载-滑移曲线公式考虑了栓钉直径,抗剪承载力公式将栓钉的抗剪承载力分为无约束栓钉的抗剪承载力和混凝土引起的强度增加。此外,抗剪承载力公式还考虑了混凝土抗拉强度的影响。这两个公式更符合实际情况,能够更准确地预测钢—HSFRC组合梁的静力性能。

2.2 钢锚梁结构力学行为研究

斜拉索塔端采用钢锚梁—钢牛腿的锚固方式,钢锚梁主要承受斜拉索的平衡水平力,并通过浇筑在索塔内部的钢牛腿将作用力均匀地传递到桥塔上,索塔锚固区的主要结构如图2-9所示。

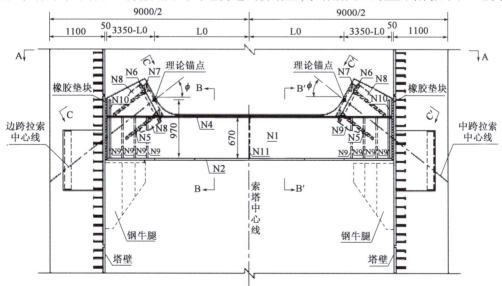

图2-9 索塔锚固区主要构造图(单位:mm)

钢锚梁共由 11 个构件组成,其中,N1 为横桥向的腹板,作为主要的结构传力构件,负责平衡拉索造成的水平力。N6、N7 为承压板和锚垫板,主要承受来自拉索与平面垂直的压力,通过 N5 锚下腹板、N6 承压板与 N1 腹板的焊缝连接将力传递到 N1 构件上,N2 底板与 N1 以及钢牛腿上部将力传递至钢牛腿再传递至索塔区域。整个钢锚梁区域为了增加整体的稳定性,采用了加劲板等构件增强整体的连接。

2.2.1 有限元模型

1)单元选择

(1)Shell63 单元。Shell63 是 ANSYS 中的一种弹性壳单元,考虑了弯曲能力,可以承受来自平面内部的荷载和垂直于面方向的荷载。Shell63 单元与空间梁单元类似,每个节点具有 6 个自由度,分别为沿坐标系三个方向的平动和绕坐标系三轴的转动,可以进行应力刚化和大变形的计算,主要用于曲面结构或者薄板结构的模拟。在钢锚梁模型中均采用 Shell63 板单元来模拟各板。

(2)Solid65 单元。Solid65 单元是 ANSYS 中专门用于模拟钢筋混凝土结构的实体单元,具有拉裂与压碎的性能,在此模型中用来模拟锚固区的索塔混凝土。

(3)Beam188 单元。Beam188 是一个两节点的三维线性梁,基于 Timoshenko 梁理论,适用于分析细长的梁,在本小节中用于全桥模型的钢主梁、小纵梁等结构的模拟。

(4)Solid185 单元。Solid185 单元是 ANSYS 中用于模拟实体的 8 节点实体单元,具有拉裂与压碎的性能,在本小节中用来模拟索梁锚固区的锚垫板。

2)接触分析

由于钢牛腿与钢锚梁通过索塔混凝土浇筑在一起,并通过剪力连接件进行连接,故应当采用接触分析方法进行模拟。由于接触问题存在高度的非线性,在本模型中,采用面—面接触方式来模拟接触状态,利用接触面和目标面生成接触单元。计算时采用这种接触单元,ANSYS 中进行接触分析不需要使目标面与接触面保持一致的网格划分,也不需要明确接触的位置,接触类型为保证结果与实际情况相符,选择为摩擦接触。摩擦系数采用研究者们常用的 0.15;为了方便结果收敛,接触算法采用增强拉格朗日算法以及高斯节点法,同时将两接触面的法向刚度调小,以及采用非对称接触的接触模式。

在索塔钢锚梁的接触分析中,共设置两种面—面接触方式,分别是钢牛腿与索塔的接触、钢牛腿与钢锚梁的接触。钢牛腿浇筑在索塔内,接触面主要承受来自拉索的压力,忽略两者在接触面的相对位移以及侵入,忽略对剪力键的分析,认为两者是协同变形,钢牛腿与钢锚梁两者紧压密贴,在接触面上无相对滑移,故采用 MPC 算法进行连接。

3)模型的建立

由于钢锚梁区域主要承受来自拉索的水平分力,因此选取成桥索力最大的第 23 节段的索塔锚固区建立有限元计算模型,具体包括钢锚梁、钢牛腿以及对应索塔节段。为了便于对比,采用全实体单元和板单元来分别建立钢锚梁区域的模型。在板单元模型中,钢锚梁与钢牛腿区域均采用 Shell63 单元进行模拟,索塔节段采用 Solid65 单元进行模拟。为了保证计算结果的精度与准确性,Shell63 单元划分网格时,设定网格划分长度为 0.02m,使用自由的四边形网格进行划分,以尽力避免三角形常应变单元的产生。而在索塔区域采用体网格的扫略划分,网格尺寸采用 0.05m,最终生成 6 面体单元,尽量减少四面体常应变单元的产生。最终生成的板单元索塔锚固区有限元模型如图 2-10 所示。

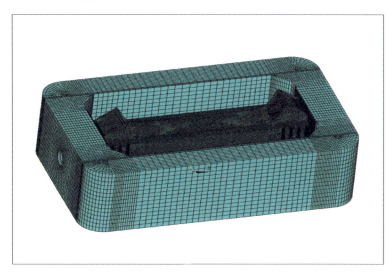

图 2-10　索塔锚固区板单元计算模型

实体单元模型采用 Solid185 单元来建立钢锚梁与钢牛腿结构,不同实体采用黏接操作来处理之间的连接,对于锚固区的复杂结构,无法手动划分网格,故采用自动划分网格的方式进行单元的划分。忽略混凝土桥塔的作用,仅考虑钢锚梁与钢牛腿区域,最终得到 177494 个单元。钢锚梁区域实体单元模型如图 2-11 所示。

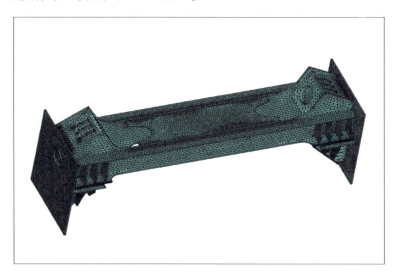

图 2-11　钢锚梁区域实体单元模型

2.2.2　钢锚梁结构受力分析

为了得到精确的索力值,采用 ANSYS 建立全桥模型,如图 2-12 所示。施加成桥索力、自重以及二期荷载,查看全桥模型在此三种荷载作用下的最不利组合,得到全桥拉索的索力分布如图2-13所示,其中11号桥塔23号索两端最大索力分别为5316kN和5153kN,采用此索力作为有限元分析的索力。另外,准确设定有限元模型的边界条件是有限元模型计算准确的保证,由于索塔为主要受压结构,采用约束板单元模拟索塔节段底部所有节点X,Y,Z三个方向的自由度,在锚固区域N7板施加垂直于面内的压力荷载。根据实际的结构组成材料,钢锚梁和钢牛腿使用Q345结构钢,Q345钢材的弹性模量为206GPa,材料的泊松比为0.3。桥塔材料采用C50混凝土,材料参数为弹性模量为34.5GPa,混凝土泊松比为0.2。

图2-12 采用ANSYS建立的全桥模型

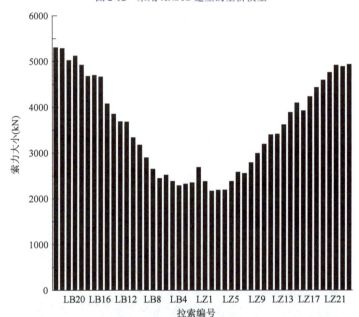

图2-13 成桥状态下各拉索的索力值

根据有限元计算结果,分别对钢锚梁和钢牛腿的各个构件进行拉应力与压应力统计,钢锚梁结构应力统计结果见表2-7。

钢锚梁结构应力统计(单位:MPa)　　　　　表2-7

板件名称	范式等效应力	拉(压)应力	
		应力	应力最大位置
腹板(横桥向)N1	272.5	217.1	N1板的弧线过渡处
底板 N2	122.6	153.3	与N1板的焊缝起始处
顶板 N3	173.6	267.9	与N1板的焊缝起始处
加劲板 N4	143.1	166.4	与N9、N1板的焊缝处
锚下腹板 N5	120.1	94.1	与承压板焊缝处

续上表

板件名称	范式等效应力	拉(压)应力	
		应力	应力最大位置
承压板 N6	120.8	200.9	与 N5 板焊缝处
锚垫板 N7	82.8	49.4	锚固位置
锚下加劲板 N8	84.2	70.1	与 N6、N5 的焊缝处
腹板加劲板 N9	168.0	128.4	与 N1、N2 板的焊缝处
腹板(顺桥向)N10	164.2	104.1	与 N1、N2 的焊缝处
隔板 N11	163.9	−35.0	与 N1、N3 的焊缝处

钢牛腿应力统计结果见表 2-8。

钢牛腿结构应力统计(单位:MPa)　　　　表 2-8

板件名称	范式等效应力	拉(压)应力	
		应力	应力最大位置
上承板 N1	180.7	326.4	与 N6、N2 的焊缝处
腹板 N2	167.7	227.3	与 N1 板的焊缝处
加劲板 N3	31.14	35.9	与 N1、N2 的焊缝处
加劲板 N4a	41.9	84.2	与 N2、N1 的焊缝处
加劲板 N4b	38.74	83.1	与 N2 板焊缝处
壁板 N6	95.95	119.3	与 N1、N2 板焊缝处

通过查看钢锚梁和钢牛腿区域的总体 Von Mises 应力云图可知,锚固区最大应力为 272.5MPa。索塔锚固区的传力路径为从锚垫板 N7 将压力传递给承压板 N6,承压板 N6 在承受索力时,将索力通过锚下垫板 N5 共同传递给横桥向的腹板 N2,在 N2 传递力的过程中,通过顶底板以及加劲板抵消大部水平力,从而将竖向力通过钢牛腿的上承板传递到索塔上,使索塔仅承受竖向的力。分析可知,由于腹板区域为多个板件的焊接区域,故 N1 板上存在最大应力。

2.3 / 锚拉板结构力学行为研究

2.3.1　锚拉板结构应力分析

1)基于 ANSYS 的索梁锚固区模型建立

本桥索梁锚固区采用锚拉板式结构进行锚固,锚拉板区域主要由锚拉板、锚拉筒、锚垫板、加劲板等构件组成,锚拉板区域主要构造如图 2-14 所示。锚垫板与锚拉筒焊接,斜拉索穿过锚拉筒,最终在锚垫板上锚固。加劲板焊接于锚拉板上以增加锚拉板抵抗外力的刚度,锚拉板底部和加劲板底部焊接于钢主梁上。该结构的传力路径为:索力通过锚固于锚垫板上将索力传递给锚拉筒,同时锚拉筒通过两侧焊接的剪应力将索力传递给锚拉板,再通过锚拉板底部与钢主梁的焊缝将索力传递至钢主梁。

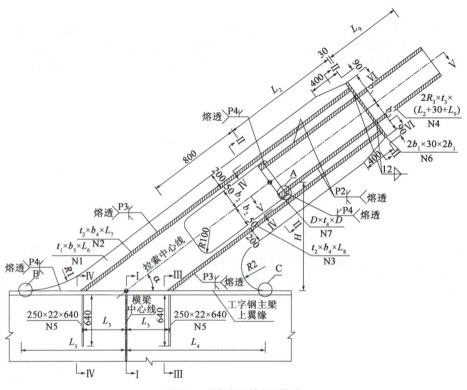

图 2-14 锚拉板区域主要构造

锚拉板式索梁锚固区锚拉板与锚拉筒连接焊缝的圆弧过渡处存在严重的应力集中,容易发生疲劳破坏,是设计中需要关注的点,也是后续进行疲劳分析的关注点。

与前文所述相同,在锚拉板区域采用 Shell63 单元与 Solid185 单元,锚拉板、锚拉筒、加劲板等构件采用 Shell63 单元来进行模拟,由于锚垫板结构厚度不可忽略,故采用 Solid185 单元进行模拟。为了保证结构受力的准确性,对钢主梁区域选取相应的一段采用 Shell63 进行模拟,最终锚固段划分板壳单元 107859 个,实体单元 1024 个。锚拉板区域有限元模型如图 2-15 所示。

图 2-15 锚拉板区域有限元模型

2)基于 ANSYS 的索梁锚固区受力分析

根据有限元计算结果,分别对锚拉板区域的各个组成构件进行拉、压应力的统计,统计结果见表2-9。

锚拉板区域主要构件受力状态(单位:MPa)　　　　表2-9

板件名称	范式等效应力	拉(压)应力	
		应　　力	应力最大位置
锚拉板 N1	333.8	358.4	截面的圆弧处
上加劲板 N2	114.1	124.1	与 N1 板的焊缝处
下加劲板 N3	96.6	104.8	与 N1 板的焊缝处
锚拉筒 N4	296.8	311.1	与 N1 的焊缝起始处
锚垫板 N5	231.1	266.2	与锚拉筒焊缝处

通过查看锚拉板区域的 Von Mises 等效应力结果可知,在锚拉板上存在最大 Von Mises 应力,达到333.8MPa。查看全锚拉板区域的应力,可知其传力路径为:拉索力作用于锚垫板区域,由锚垫板与锚拉筒的连接处传递至锚拉筒,随后由锚拉筒与锚拉板上的焊缝传递剪应力至锚拉板并传递至主梁上。与前文所述相同,在锚拉板与锚拉筒连接焊缝的圆弧过渡处存在严重的应力集中,是后续进行疲劳分析的关键点之一。

3)构件参数对结构受力的影响分析

(1)锚拉板应力分析。

根据前文所述,锚拉筒主要传递剪应力至锚拉板,同时锚拉筒上最大剪应力位置在与锚拉板的焊缝的起始处。选取锚拉筒与锚拉板焊缝处的节点,具体位置如图2-16所示;提取其剪应力结果,剪应力的分布如图2-17所示。

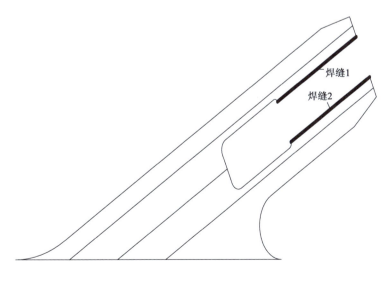

图2-16　焊缝位置选择

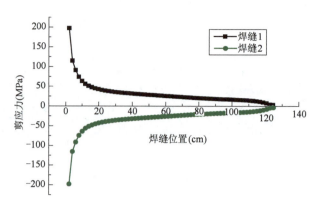

图2-17 焊缝处剪应力分布

由图2-17可知,剪应力在焊缝的起始处最大,达到197MPa,随后急剧减小。对焊缝1区域的应力作详细分析,按照节点间应力作近似的积分求解,并根据相邻两节点之间的应力占总应力的百分比作图,结果如图2-18所示。

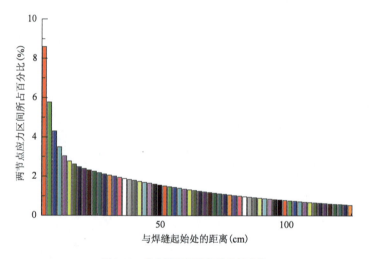

图2-18 应力随距焊缝起始处的变化

结果表明,在距焊缝起始位置,约为焊缝总长度的12%处,总应力所占比例达到30%,应力变化明显。在后续章节中,我们将针对这一区域进行结构的具体分析。

(2)锚拉板厚度对应力影响。

根据前文所述,国内外对于锚拉板式锚固区设计研究表明,锚拉板区域的厚度通常介于40~60mm之间。以本小节所述的结构为例,锚拉板在结构的不同区域采用了不同的厚度:在Z1~Z6段内,锚拉板厚度为40mm;在Z7~Z15段内,锚拉板厚度为50mm;在Z16~Z23段内,锚拉板厚度为60mm。根据成桥索力对Z23梁段内的锚拉板结构应力分析可知,锚拉板处应力集中明显,等效应力偏大。为此,采用不同厚度的锚拉板探究对结构应力的影响。同时为了控制变量的改变,采用相同的网格对结构进行划分,并选用相同的节点进行对比。

当锚拉板厚度分别为40mm、45mm、50mm、55mm、60mm时,选取图2-19中的1~4节点来分析节点Von Mises等效应力的变化情况,以此来显示锚拉板厚度对于结构受力的影响。等效应力随锚拉板厚度的变化曲线如图 2-20 所示。

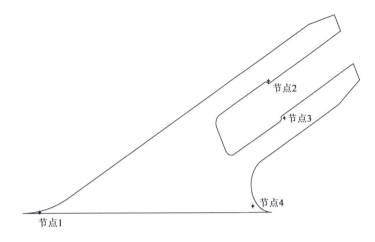

图 2-19　锚拉板上选用的节点位置

从图 2-20 中可以看出,锚拉板厚度的增加有利于结构的受力,在等效应力 Von Mises 较大的节点 2、3,增加锚拉板的厚度对其应力的减小幅度较大,锚拉板厚度从 40mm 增加到 60mm 的过程中,节点的等效应力 Von Mises 减少了 27%。而对于节点 1 和节点 4,其厚度的增加,使得其节点处的等效应力 Von Mises 减少了 15%。从整体趋势来看,其各点的等效应力随着锚拉板的厚度趋近于直线降低。从设计角度来看,在索力较小的区域可以采用较小的锚拉板厚度,而在索力较大的区域建议采用较大的锚拉板厚度以降低应力。

(3) 锚拉筒厚度对结构受力影响。

锚拉筒作为结构的主要传力构件,在与锚拉板的焊缝处主要传递剪力到锚拉板上,其厚度基本介于 30～50mm 之间,本桥采用的锚拉筒厚度为 40mm。为了明确锚拉板厚度对于结构受力的影响,采用前文建立的有限元分析模型,探究不同的锚拉筒厚度对于剪力的传递机理的影响。选用锚拉筒厚度分别为 30mm、35mm、40mm、45mm 和 50mm,为了保证除锚拉筒厚度外的其他因素相同,采用相同的网格划分。计算结果如图 2-21 所示。

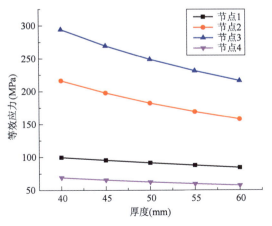

图 2-20　节点等效应力随锚拉板厚度的变化曲线

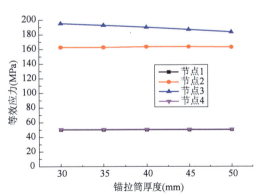

图 2-21　节点等效应力随锚拉筒厚度的变化曲线

由图 2-21 可知,在锚拉筒区域附近的节点 2 和节点 3 对于锚拉筒厚度的变化所带来的应力影响较为明显,呈现出随锚拉筒厚度增加而略微减小的趋势,但是此作用效应有限;而远离锚拉筒的节点 1 和节点 4,锚拉筒厚度的变化对其应力基本没有影响。因此,改变锚拉筒的厚度并不能较好地改善锚拉板区域的结构受力情况,且由于锚拉筒主要传递剪力,在实际的设计中需要考虑其应具有一定的厚度来抵抗剪切带来的不利影响。

(4)锚拉板厚度对于结构受力影响。

对国内外采用锚拉板锚固形式的斜拉桥进行统计,通常斜拉桥锚拉板式锚固结构的锚拉板厚度通常为 20~40mm,本工程的锚拉板厚度为 40mm。为明确锚拉板厚度对于结构受力的影响,故采用前面所建立的有限元模型并以不同的锚拉板厚度研究其对于前文锚拉板上所选 4 个点的应力影响。参考其他桥型以及相关文献,选用的锚拉板厚度分别为 20mm、25mm、30mm、35mm 和 40mm,为保证除锚拉板厚度外的其他因素相同,采用相同的网格划分。根据计算结果,绘制 4 个节点的等效应力的变化情况,如图 2-22 所示。

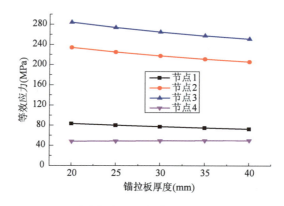

图 2-22 节点等效应力随锚拉板厚度的变化曲线

从图 2-22 可知,锚拉板的厚度对于节点 2 和节点 3 的影响较为明显,具体表现为随着锚拉板厚度的增加呈现近似线性递减的规律。对于节点 1 和节点 4,由于其位置处于距离锚拉板较远的区域,锚拉板厚度的变化对其应力的变化影响不明显。总体上,锚拉板的厚度变化对于其所处位置附近的节点应力影响较大,而远离其范围的节点等效应力影响较小。对于结构的实际受力,为了降低锚拉板区域的应力集中,可以考虑将锚拉板设置在易应力集中的区域附近。

2.3.2 基于 ANSYS 的锚拉板疲劳寿命研究

疲劳损伤是钢结构中常见的问题,也是钢桥领域中的一项重要的研究课题,我国多数采用钢结构的桥梁为铁路桥梁,而这些桥梁多建设于中华人民共和国成立前,受当时的设计水平、材料的性能以及施工的技术等限制,加上车辆等级的提高,疲劳问题成为钢结构领域不能忽视的问题。

索梁锚固结构和拉索的疲劳试验研究是疲劳研究中重要的一部分,对于斜拉桥或者悬索桥这种以索结构作为主要支撑结构的大跨度桥梁,索梁的连接可靠与否关系到结构的安全,特别是斜拉桥较长的拉索,相应会承受更大的索力,因此索梁连接形式一定要可靠。现代有限元技术的发展,使其在一定程度上可以与实际的疲劳试验进行相互对比,以确保工程实际应用的准确性与可靠性。

下面以国内外不同的疲劳设计规范作为疲劳设计荷载,采用前文建立的锚拉板区域的有限元模型进行加载得到循环应力的计算结果,参照规范进行计算。随后根据大桥桥址处可能的交通量状况,采用相应的重车模型进行计算,并分别考虑满载、超载20%、超载40%、超载60%、超载80%以及超载100%的情况下,锚固区的受力变化,将ANSYS获得的静力加载结果带入FE-SAFE软件中,采用相应的焊接细节,进行FE-SAFE的疲劳验算。

1)国内外不同规范中的疲劳荷载

(1)美国ASSHTO规范。

美国规范中采用无限寿命设计或安全寿命设计方法,并采用了一辆三轴、重325kN的货车作为疲劳验算的荷载。该货车前轮轴重为35kN,两个后轴轴重均为145kN;前轴与中轴的轴距为4.3m,中轴与后轴的间距可在4.3~9m的范围内变化,以便使桥梁产生最大的荷载效应。此车辆的荷载图式如图2-23所示,同时该规范规定,该车辆荷载应仅在一个车道上加载。

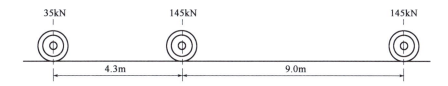

图2-23 ASSHTO规范疲劳荷载图式

(2)我国《公路钢结构桥梁设计规范》(JTG D64—2015)。

我国是生产钢材的大国,我国于2015年颁布了《公路钢结构桥梁设计规范》(JTG D64—2015),并在其中加入了疲劳荷载的计算模型。在我国,钢结构疲劳计算采用损伤容限设计或安全寿命设计。

①疲劳荷载计算模型Ⅰ对应无限寿命设计,使用等效的车道荷载来计算结构的疲劳性能,与设计中的车道荷载相比,取集中荷载值为$0.7P_k$,均布荷载值为$0.3q_k$。使用本模型时,应考虑多车道的影响,选取相应的横向车道布载系数。

②疲劳荷载计算模型Ⅱ对应安全寿命设计,采用双重车模型,同时规定两辆模型车的轴距、轴重均应相同。其中单车的轴重、轴距如图2-24所示,在使用此模型加载计算时,两模型车的中心距应大于40m。

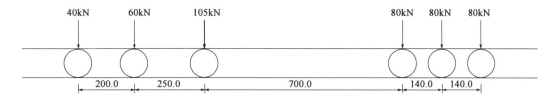

图2-24 疲劳荷载计算模型Ⅱ(尺寸单位:cm)

③疲劳荷载计算模型Ⅲ在桥面系构件的验算中被采用,此荷载模型采用单车模型加载,单车模型的轴载及布置规定如图2-25所示。

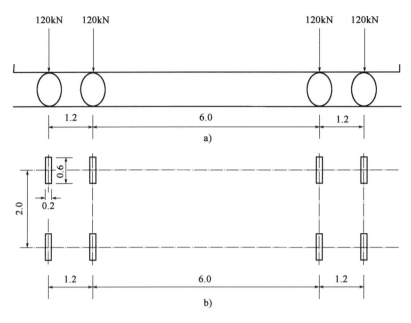

图 2-25 疲劳荷载计算模型Ⅲ(尺寸单位:cm)

2)疲劳试验荷载设计

(1)设计寿命和对应索力循环次数。

根据我国规范规定,桥梁设计使用年限即设计寿命,是指"在正常设计、正常施工、正常使用和正常养护条件下,桥涵结构或结构构件不需要进行大修或更换,即可按其预定目的使用的年限。"对于桥梁设计寿命,我国规范规定对于高速公路或一级公路上的大桥、特大桥,其主体结构的设计使用年限为 100 年。

根据陕西省交通运输厅的统计数据,2017 上半年陕西省高速公路省界主线站出入口年平均日交通量如图 2-26 所示。

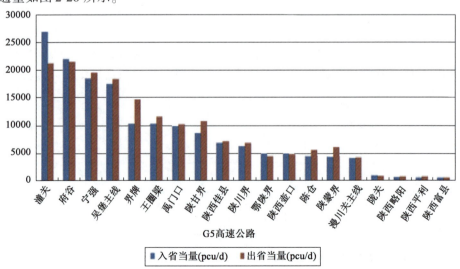

图 2-26 2017 年上半年陕西省高速公路省界主线站出入口年平均日交通量

由图 2-26 可知,2017 年上半年本地通过的车辆流量近似为 20000pcu/d,且禹门口两岸工矿业发达,煤炭矿产等重载交通需求较大。考虑到疲劳多数由大型车辆造成,此处采用 ASSHTO 规范中对于交通量的计算方法。由于本桥址处地处山区,且桥址处存在另一通道,考虑大桥建成之后的分流,进行相应的日交通量的折减,故采用大型车辆的所占比例为 20%,即重车数量为 $10000 \times 20\% = 2000$,单向单车道通车量为 $2000/4 = 500$,则重车在设计寿命周期内的平均数量为 $AADT_{SL} = p \times AADT$,考虑到本桥为双向 4 车道,选用 $p = 0.85$,即 $AADT_{SL} = 0.85 \times 500 = 425$。

由于本桥跨度大,故认为在重车单车过桥时,只在斜拉索上造成一次数值较大的索力循环,因此,可以得出在 100 年的设计寿命里,疲劳车辆仅在一个车道内作用时,斜拉索所承受的索力循环次数 $N = 100 \times 365 \times 425 = 15512500$。

(2)疲劳荷载位置的确定。

根据前文所得 Von Mises 应力结果分析,锚拉板与锚拉筒连接焊缝的圆弧过渡处存在严重的应力集中,容易发生疲劳破坏,是设计中需要关注的点。故选取圆弧过渡处应力最大的节点以及锚拉筒焊接的焊缝 2 起始处作为疲劳计算的节点,具体位置如图 2-27 所示。

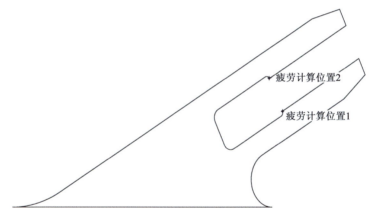

图 2-27 疲劳计算选用节点图

3)美国 ASSHTO 规范

(1)疲劳荷载。

为了方便后续计算,根据线性疲劳损伤累积准则,将每个车道的作用荷载对应的索力变化量作为同一个值进行计算,而对循环次数进行换算。根据前述 ASSHTO 规范规定,采用 325kN 重车进行单车道加载得出最不利荷载。在本书中,采用全桥模型根据影响线加载,得出在四个车道上作用 325kN 重车时对拉索 Z23 号产生的索力,见表 2-10。

荷载作用不同车道的索力 表 2-10

荷载作用车道 i	荷载作用于第 i 个车道时拉索 Z23 号的索力 T_i (kN)	$c_i = T_i/T_1$
1	116.6076	1.0000
2	106.0429	0.9094
3	95.5483	0.8194
4	85.0652	0.7295

则相应的换算荷载总循环次数为：

$$N_T = \sum C_i^3 N_i \tag{2-16}$$

式中：N_T——换算荷载总循环次数；

　　　N_i——第 i 车道的换算荷载循环次数。

本桥 $N_T = N_1 + 0.8194^3 \times 15512500 = 24046834$。

根据 ASSHTO 规范，对于锚拉板锚固区域，按照 Miner 线性疲劳损伤累积理论，如果用一辆 325kN 的货车产生的 116.6kN 作为试验荷载，若在 24046834 次循环加载后还没有产生疲劳破坏，就可以认为该结构满足疲劳强度要求。

但是常规的疲劳荷载试验耗时耗力，有限元计算虽然应力循环次数仅是个数量，但是疲劳的计算结果受限于计算时所提供的 S-N 曲线。由于 ASSHTO 规范仅提供了 $10^5 \sim 10^8$ 之间的大概结果，因此，需将此疲劳荷载转化为 2×10^6 次作用下等效的疲劳荷载。根据 ASSHTO 规范，疲劳荷载幅值为原有荷载幅值的 n 倍。n 的值按照下式计算：

$$n = \left\{\frac{24046834}{2000000}\right\}^{\frac{1}{3}} = 2.29$$

同时结合 ASSHTO 规范，取动荷载冲击系数 15%，考虑有限寿命状况下的荷载组合系数取为 0.75，于是可得相应的荷载幅值为：

$$\Delta P = 116.6 \times 1.15 \times 0.75 \times 2.29 = 230.29 \text{kN}$$

（2）疲劳细节的确定。

根据 ASSHTO 规范中表 6.6.1.2.3-1，疲劳应力计算点 1 对应的疲劳细节为 B，其中常数 A 为 120×10^8，应力门槛为 $\Delta F = 16 \text{ksi}$。

疲劳应力计算点 2 对应的疲劳细节为表 6.6.1.2.3-1 中的 3.1，对应疲劳细节为 B，常数 A 为 120×10^8，应力门槛为 $\Delta F = 16 \text{ksi}$。

4）我国《公路钢结构桥梁设计规范》（JTG D64—2015）

（1）试验荷载。

我国《公路钢结构桥梁设计规范》（JTG D64—2015）规定，采用等效的疲劳荷载模型 Ⅰ 即车道荷载，采用影响线加载方式将疲劳荷载模型 Ⅰ 的荷载施加在全桥模型上。根据计算得出，在等效车道荷载作用下，斜拉索 Z23 的索力增量为 1423.53kN。根据规范规定，若结构在此疲劳试验幅值作用 2×10^6 次能保持强度不低于规范规定强度，则认为结构满足疲劳验算规定。

（2）S-N 曲线的确定。

根据《公路钢结构桥梁设计规范》（JTG D64—2015）给出的构造细节确定相应的 S-N 曲线。对于验算疲劳节点 1，选取规范附录表 C.0.2 中的焊接截面中的④号截面来作为具体的构造细节，因此采用在 2×10^6 次疲劳荷载作用下的应力强度 $\sigma_D = 100 \text{MPa}$ 作为疲劳强度验算值。

对于验算疲劳节点 2，选取规范附录表 C.0.2 中的包含起焊/终焊位置的⑪号构造细节，验算强度为 $\sigma_D = 90 \text{MPa}$，具体的 S-N 曲线如图 2-28 所示。

5）有限元计算结果分析

通过 ANSYS 的疲劳分析模块对 Z23 处锚拉板的疲劳位置进行计算，与前述静力分析相似,将索力作为面荷载施加在锚垫板上,输入具体的 S-N 曲线,根据实际的应力循环次数设定 ANSYS 的疲劳参数。

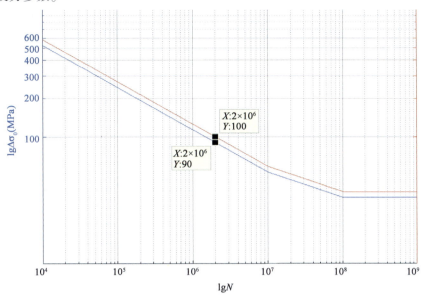

图 2-28 JTG D64—2015 对应疲劳的 S-N 曲线

(1)根据 ASSHTO 规范计算。

将规范提供的 S-N 曲线输入 ANSYS 中,分别选择两处疲劳荷载位置作为验算点,计算结果表明在等效的疲劳荷载作用下应力应满足 $\gamma(\Delta F) \leqslant (\Delta F)_n$,其中 $(\Delta F)_n = \left(\dfrac{120 \times 10^8}{24046834}\right)^{\frac{1}{3}} = 7.9\text{ksi} = 54.4705\text{MPa}$,计算可知 $\Delta F = 11.23\text{MPa}$。取 $\gamma = 1.5$,则 $\gamma(\Delta F) = 1.5 \times 11.23 = 16.845 < 54.4705\text{MPa}$,故符合 ASSHTO 规范的要求。

(2)根据《公路钢结构桥梁设计规范》(JTG D64—2015)计算。

将设计的 S-N 曲线输入 ANSYS 中,分别选择两处疲劳荷载位置作为验算点,计算结果表明在等效车道荷载作用下,经过 2×10^6 次疲劳作用后,计算结果显示在循环索力作用下,位置 1 处有:

$$\Delta\sigma_p = (\sigma_{p\max} - \sigma_{p\min}) = 44.039 - 0 = 44.039\text{MPa}$$
$$\Delta\tau_p = (\tau_{p\max} - \tau_{p\min}) = 41.431 - 0 = 41.431\text{MPa}$$

位置 2 处有:

$$\Delta\sigma_p = (\sigma_{p\max} - \sigma_{p\min}) = 37.671 - 0 = 37.671\text{MPa}$$
$$\Delta\tau_p = (\tau_{p\max} - \tau_{p\min}) = 37.376 - 0 = 37.376\text{MPa}$$

根据规范 4.5.4 条,取两处 $\gamma_{Ff} = 1.0, \gamma_{Mf} = 1.35$,则位置 1 处,正应力 $\gamma_{Ff}\Delta\sigma_p = 1.0 \times 44.039\text{MPa} < \dfrac{0.737 \times 100}{1.35} = 54.59\text{MPa}$,剪应力为 $\gamma_{Ff}\Delta\tau_p = 1.0 \times 41.431\text{MPa} < \dfrac{0.737 \times 100}{1.35} = 54.59\text{MPa}$。位置 2 处,正应力 $\gamma_{Ff}\Delta\sigma_p = 1.0 \times 37.671\text{MPa} < \dfrac{0.737 \times 90}{1.35} = 49.13\text{MPa}$,剪应力为 $\gamma_{Ff}\Delta\tau_p = 1.0 \times 37.376\text{MPa} < \dfrac{0.737 \times 100}{1.35} = 54.59\text{MPa}$。

以上结果均满足规范要求,同时根据 ANSYS 输入的 S-N 曲线,基于 Miner 线性损伤累积理论计算得到的结构损伤度见表 2-11。

结构损伤度 表 2-11

验算疲劳节点位置	损 伤 度	验算疲劳节点位置	损 伤 度
位置 1	0.22273	位置 2	0.16123

计算结果表明,这两处易发生疲劳的区域具有较大的安全储备,符合我国现行规范的疲劳验算要求。

(3)基于重车模型及超载计算疲劳。

由于本桥位于山西省与陕西省交界处,根据文献研究表明,山西侧由于运煤车较多,其车类多为重车,故采用单辆的标准荷载车模型Ⅲ来进行构件的计算,并考虑车辆超载情况下对结构的受力以及寿命的影响。

为详细研究拉索 Z23 区域的索力变化情况,根据全桥模型提取 Z23 号拉索的影响线数据,编制 MATLAB 相关程序根据影响线进行标准荷载车的车辆荷载的加载。分别计算标准车辆在其满载以及不同超载状态下通过全桥时索梁锚固区最大应力点的应力变化,将计算结果导入 FE-SAFE 软件,采用 BS5400 规范的焊缝验算细节 F 对锚固区满载和超载状态下的疲劳状态进行验算,超载作用下结构应力与寿命对比见表 2-12。

超载作用下结构应力与寿命对比 表 2-12

荷载状态	位置 1 处应力 (MPa)	与满载相比应力增大比例(%)	计算得到的结构寿命(对数形式)	计算寿命所占满载寿命的比例(%)
满载	11.6	0.0	8.82108	100
超载 20%	13.9	23.0	8.42513	40.2
超载 40%	16.2	43.4	8.09042	18.6
超载 60%	18.5	63.7	7.80045	9.54
超载 80%	20.8	84.1	7.54470	5.29
超载 100%	24.6	111.3	7.22417	2.53

由表 2-12 可以得出,在满载状态下,锚固区的整体寿命较大,为 10^{15} 次寿命。焊缝处具有最小的寿命,为 $10^{8.821}$ 次,超过规范所要求的 2×10^6 次寿命。在超载 20% 的状态下,焊缝处寿命减小为 $10^{8.42513}$ 次寿命,与满载状态相比焊缝处寿命减小为 1/2.5;在超载 40% 的状态下,焊缝处寿命减小为 $10^{8.09042}$ 次,与满载状态相比,焊缝处寿命减小为 1/5.377;在超载 60% 的状态下,焊缝处的寿命减小为 $10^{7.80045}$ 次,与满载状态相比,焊缝处寿命减小为 1/10.48;在超载 80% 的状态下,焊缝处的寿命减小为 $10^{7.5447}$ 次,与满载状态相比,焊缝处寿命减小为 1/18.893;在超载 100% 的状态下,焊缝处的寿命减小为 $10^{7.22417}$ 次,与满载状态相比,焊缝处寿命减小为 1/39.52。

研究结果表明,超载对于结构的寿命危害极大,在超载 200% 的状态下,寿命可降低为满载状态的 1/40,虽然结构仍有较高的寿命,但超载对疲劳的影响不可忽略,且根据寿命降低的幅度,超载对结构寿命的降低作用近乎呈指数形式。故应在桥梁锚固区域疲劳寿命较小的焊缝处设置监测点,并在桥头处设立相应的称重站,加强对超载车辆的监控,以维护结构的整体安全性。

2.3.3 基于断裂力学的锚拉板疲劳寿命评估

焊接结构,由于初始缺陷,裂纹的萌生期寿命无法估算,疲劳寿命主要包含裂纹的扩展寿命。根据研究表明,应力强度因子幅值 ΔK 与疲劳裂纹的扩展速率 da/dN 的关系近似如图 2-29 所示。

由图 2-29 可见,疲劳裂纹扩展速率与应力强度因子幅值之间的关系可以分为 3 个区域。区域 1 为低速率区,在该区域内随着应力强度因子幅值的下降,裂纹的扩展速率也下降,如果应力强度因子幅值低于特定值,则认为裂纹不发生扩展,即 $\Delta K < \Delta K_{th}$。区域 2 为中速率区,在此区域内裂纹扩展速率一般位于 $10^{-9} \sim 10^{-5}$ m/C 范围内,根据实验研究表明,在此区域内两者具有良好的对数线性关系,对此区域内的裂纹扩展研究是本书的重点。区域 3 为高速率区,此区域内的寿命对疲劳寿命的贡献可以忽略不计。而中速率区,应力强度因子幅值与裂纹扩展速率的对数线性关系可以近似为:

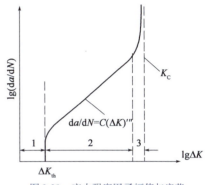

图 2-29 应力强度因子幅值与疲劳
裂纹扩展速率关系曲线
K_c-断裂韧性

$$da/dN = C(\Delta K)^m \tag{2-17}$$

式(2-17)即为 Paris 公式。Paris 公式认为,控制裂纹扩展的关键因素在于应力强度因子幅值 ΔK,而式中的 C,m 则为描述疲劳裂纹扩展性能的相关参数。值得注意的是,与前述的 S-N 曲线不同,裂纹的扩展仅与拉应力有关,故选取 $R=0$(脉冲循环)的曲线作为计算的基本曲线。

若计算构造细节的疲劳裂纹扩展寿命,则需要具体确定初始裂纹的尺寸、临界裂纹尺寸、材料参数以及计算强度因子幅值 ΔK。

1)初始裂纹尺寸

初始裂纹尺寸 a_0 通常采用两种情形获得:

(1)采用桥梁上的无损检测方法进行获得。无损检测方法通常包含使用超声波探测、借助 X 光探测等,各种检测方法都有其各种的使用范围和其局限性,且各种检测方法都有其裂纹检测的上限。而新的钢材结构,通常其初始裂纹长度较小,检测手段很难检测到,此时通常采用第二种方法。

(2)由于裂纹尺寸太小,难以被检测,所以在裂纹扩展寿命中引入一个虚拟的裂纹尺寸。一般针对钢桥上拟定的初始裂纹研究较少,而在船舶上研究较多,根据各国的船舶社的研究表明,一般认为前述 4 处焊接细节处裂纹起源于焊趾处,且多呈半椭圆形的表面裂纹,认为其深度 $a_0 = 0.2$mm,在疲劳荷载作用下沿焊缝深度扩展为主。

2)临界裂纹尺寸

临界裂纹尺寸 a_f 即构件发生断裂时或者不能再承受荷载时裂纹的尺寸,一般可以通过材料的断裂韧性以及应力条件计算获得。

使用材料的断裂韧性 K_C 计算公式如下:

$$a_{f1} = \frac{1}{\pi}\left(\frac{K_C}{f\sigma_{max}}\right)^2 \tag{2-18}$$

式中：a_{f1}——临界裂纹尺寸；

　　　f——抗拉强度标准值。

根据相关研究表明，Q420qd 钢材的断裂韧性 K_C 在常温环境下近似为 $275\mathrm{MPa}\sqrt{m}$。根据前述研究，考虑计算点位置如图 2-27 所示，锚拉板区域各点在疲劳荷载车作用下的最大应力见表 2-13。

表 2-13　采用断裂韧性计算的临界尺寸

点 位 置	应力(MPa)	a_{f1}(m)
1	12.75	118
2	12.31	126

使用合适的承载准则，可以采用贯穿板的厚度方向作为断裂的依据，因此取板的厚度作为 a_{f2}。

最终选取的裂纹尺寸 a_f 为：

$$a_f = \min(a_{f1}, a_{f2}) \tag{2-19}$$

则 $a_f = 60\mathrm{mm}$。

3) 材料参数

从前文中可以明确，若使用 Paris 公式计算裂纹扩展寿命，需要确定材料的裂纹扩展速率，而材料的裂纹扩展速率与 C, m 相关。由于国内尚无相关针对 Q420qd 钢材的关于裂纹扩展速率的研究，在此选用英国 BS7910 规范中关于钢材在空气和无侵蚀环境中的相应参数，即 $C = 8.32 \times 10^{-12}, m = 2.88$。

4) 疲劳寿命计算

结构的焊接细节，一般会由于存在较高的焊接残余的拉应力，导致 ΔK_{th} 较低。由于无法获得该细节的准确资料，故偏安全考虑，设定 $\Delta K_{th} = 0$，由此根据 Paris 公式进行计算，可得疲劳寿命：

$$N = \int_{a_0}^{a_f} \frac{1}{C(\Delta K)^m} da \tag{2-20}$$

由于 ΔK 是与裂纹长度 a 有关的函数，根据相关文献，采用式(2-21)进行计算：

$$\Delta K = f(a)\Delta\sigma\sqrt{\pi a} = f_e f_s f_t f_g \Delta\sigma\sqrt{\pi a} \tag{2-21}$$

式中：f_e——裂纹形状修正系数；

　　　f_s——自由表面修正系数；

　　　f_t——有限板厚修正系数；

　　　f_g——修正系数，采用式(2-22)计算。

$$\left.\begin{aligned}
f_e &= 1 \Big/ \int_0^{\pi/2} \left(1 - \frac{c^2 - a^2}{c^2}\sin^2\theta\right)^{0.5} d\theta \\
f_s &= 1.211 - 0.186\sqrt{c/a} \\
f_t &= \left[1 - 0.025(a/t)^2 + 0.06(a/t)^4 \sqrt{\sec(\pi a/2t)}\right] \\
f_g &= \upsilon(a/t)^\omega \\
\upsilon &= 0.8086 - 0.1554(h/t) + 0.0429(h/t)^2 + 0.0784(h/t)\tan\theta \\
\omega &= -0.019 - 0.1839(h/t) + 0.0495(h/t)^2 + 0.0815(h/t)\tan\theta
\end{aligned}\right\} \tag{2-22}$$

式中：a——裂纹深度；

c——裂纹半长度,且 $a/c = 0.1$;
t——板的厚度;
h——焊缝高度;
θ——焊缝角度;
v、ω——焊接接头的形状系数。

根据 Paris 公式计算不同位置在荷载作用下的积分结果见表2-14。

根据 Paris 公式计算得到的裂纹扩展寿命 表2-14

位置	应力(MPa)	临界裂纹(mm)	疲劳寿命(年)
1	12.75	60	117.12
2	12.31	60	129.56

两处位置的应力强度因子随裂纹尺寸增长的变化情况如图 2-30 所示。计算结果表明,应力强度因子随着裂纹尺寸的增长而增大,且增长速率也在大幅增加。各位置点的裂纹扩展随时间变化的增长曲线如图 2-31 所示。从图 2-31 中可以看出,裂纹在初期的扩展速度较慢,当裂纹尺寸达到 10mm 时,各位置在疲劳寿命达到 73%,而此时位置 1 处寿命仅达到 85 年,位置 2 处寿命达到 94 年。基于 Paris 公式的裂纹扩展寿命计算表明,结构在预设初始裂纹为 0.2mm 情况下的,应加强对裂纹的监测,设定临界值达到即应进行相应的修复。

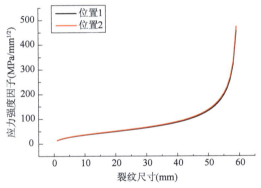

图 2-30 裂纹强度因子随裂纹尺寸的变化

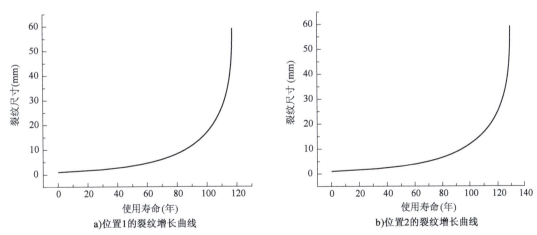

a) 位置1的裂纹增长曲线　　b) 位置2的裂纹增长曲线

图 2-31 两处位置的裂纹增长曲线

2.4　结论与建议

（1）通过对钢—混凝土组合结构中的栓钉进行推出试验、参数化分析以及承载力研究,可知钢—NSC 梁和钢—HSFRC 梁在试验过程中,结构出现不一样的破坏模式。NSC 出现明显的斜裂缝以及劈裂裂缝,多为栓钉和混凝土的协同破坏,而钢—HSFRC 梁的表面并没有出现明显裂缝,可见后者的强度和刚度要大于前者。在对栓钉进行参数化分析的同时,发现试件强度对栓钉高度、栓钉直径以及混凝土强度的参数敏感性排序依次为:混凝土强度、栓钉高度、栓钉直径。在栓钉直径合理的情况下,栓钉高度对结构承载力以及刚度的影响几乎可以忽略。在今后工程中的钢—混凝土组合结构中,为了有效提高结构的承载力和刚度,可将普通强度等级的混凝土替换为高强混凝土,同时将大直径的栓钉运用在钢—混凝土组合结构以及钢—高强度混凝土结构中,可以使混凝土的强度得到有效的利用,大大提高结构的承载力。

（2）通过采用壳单元和实体单元建立了斜拉索索塔锚固区的有限元模型,网格划分长度为 0.03m,随后通过全桥成桥阶段整体模型进行静力计算,得到最不利的索力为 5300kN。在此基础上,对索塔锚固区应力的分布进行计算和分析。通过对索塔锚固区的模型分析,明确了索塔锚固区钢锚梁—钢牛腿的传力路径。

（3）通过分析可知,在腹板区域 N1 板上存在最大应力,由于此处为多个板件的焊接区域,建议增加腹板 N1 的厚度来减小其应力集中的现象。按照 ASSHTO 设计规范进行的设计研究表明,锚拉板区域具有较大的应力安全储备,符合 ASSHTO 的规范要求。按照我国《公路钢结构桥梁设计规范》(JTG D64—2015)疲劳荷载模型Ⅰ进行加载,计算结果表明,锚拉板区域正应力和剪应力均符合我国《公路钢结构桥梁设计规范》(JTG D64—2015)中关于疲劳荷载模型Ⅰ的计算结果,即满足我国《公路钢结构桥梁设计规范》(JTG D64—2015)中规定的无限寿命的设计方法。

（4）考虑到桥址处多重车,故在标准重车模型加载的基础上考虑可能出现的超载现象采用 BS5400 规范对锚拉板区域的焊缝进行疲劳设计。将满载与超载车辆按影响线加载在桥上,计算对应荷载下锚固区的应力时程变化曲线,并将该结果导入 FE-SAFE 软件进行疲劳计算。计算结果表明,在满载以及超载车辆的作用下,锚拉板区域仍有较大的疲劳寿命,但超载带来的结构寿命急剧下降不可忽略。因此,建议在疲劳寿命较小的锚固区域增加监测,同时加强对超载车辆的监管,以保证结构的安全。

第3章
复杂风场环境下大跨径组合梁斜拉桥抗风技术

在风环境研究方面，山区桥梁与平原地区跨江、跨海的桥梁不论是从结构形式、桥址环境还是运营期间需要考虑的影响因素等方面都存在显著的差异。与平原区的桥梁工程相比，山区桥梁风工程研究中涉及的结构局限性增多，外部环境具有复杂性、不确定性：山区桥梁常穿越不良地质地段，周围环境条件极为复杂；其风况又与附近地表处的风况有较大的不同，地表的粗糙度类别不能简单地归类；平原地区的气流攻角、取值、风速风剖面分布规律对山区而言没有参考价值；在高山、峡谷间容易形成山谷风效应和狭管效应；此外山地风场上游山峰或植被等因素对紊流特性有着不可忽视的影响。西部地区的这些地理特点决定了桥梁风环境比其他地区更加复杂：①受到复杂地形效应的影响，风速会增大10%～20%，风压会增大20%～40%；②气流攻角比平原区大；③风速轮廓线比平原地区复杂，不能直接按规范取用；④阵风因子和紊流度变化规律和平原区变化规律不同，受特征尾流影响较大。特别是伴随着我国山区桥梁和大型结构建设项目的增多，山区风特性的特殊性和复杂性成为结构风工程研究的新热点。这些新的挑战，需要对现行的理论和方法继续进行精细化的改进和发展，甚至需要探索新的理论和新的抗风设计方法。

复杂山区大跨度桥梁抗风设计具有风特性分布复杂、山区风对桥梁结构作用效应复杂等特点，因此复杂山区大跨度桥梁抗风性能研究逐渐成为近年来桥梁风工程领域研究的热点问题之一。目前桥址处风环境的研究方法主要有现场实测、地形模型风洞试验和数值模拟（CFD）等。现场实测是通过在现场安置风速风向传感器等仪器来获得风特性参数和结构响应的资料，是研究风环境最直接也是最真实的一种手段。现场实测可为桥梁设计提供基本的风速数据，为桥梁的施工控制提供必要的数据支撑，为成桥后的运营管理提供气象服务。国外现场风环境观测的工作开展较早，加拿大的达文波特（DvanePort）对世界各地不同地点的强风记录进行数理统计分析而得到的风速谱，被多个国家的规范采用。其提出的"地表粗糙度"的概念和风剖面分布模型，奠定了风环境研究的基础。我国风环境观测的研究工作开展比较晚，早期研究者对气象学和结构风工程等领域进行了一定的研究，积累了风特性研究的经验。例如王立治研究了城市大气近地层的湍流特征，王介民对山谷城市的大气边界层湍流进行了观测，王存忠分析了天津市郊大气边界层的湍流谱，陈伟和卞建春等利用风观测资料研究了近地层湍流。风环境现场实测具有投资大、成本高和测量周期长的局限性，但是现场实测获得资料比较直接、真实和准确，从而在实际工程中得到了广泛的应用。目前桥梁风环境实测在贵州北盘江大桥、湖北四渡河大桥、杭州湾大桥、苏通长江公路大桥等工程上得到了应用。

  随着我国桥梁建设事业的快速发展，桥梁抗风设计在大跨度桥梁建设中越来越受到重视，地形模型风洞试验应用也越来越广泛。风洞试验技术在 20 世纪 50 年代开始应用于风工程领域，地形模型风洞试验通过在风洞试验室内模拟桥位地形及其风场环境和结构物来研究风致响应问题。地形模型风洞试验是获取桥位风特性参数比较有效的一种途径，在大型桥梁的抗风研究中应用较多，如我国的贵州北盘江大桥、湖北四渡河大桥和湘西矮寨大桥等桥梁都进行了地形模型风洞试验，部分风洞试验结果还与现场观测结果进行了对比，验证了风洞试验结果的合理性。虽然地形模型风洞试验是获取风特性参数的重要手段，也是得到风荷载的一种有效途径和方法，但风洞试验毕竟只是对实际情况的一种模拟，加之来流风速大小难以确定，准确模拟近地风非常困难，在风洞试验中也无法再现结构细部对风的响应，在某些情况下还无法满足试验要求的相似性原理，并且风洞的造价高、周期长，因此单纯地依靠风洞试验进行桥梁抗风研究还有一定局限性。因此，为全面了解山区桥址处的风场特性，有必要采用数值模拟计算作为有益补充。数值模拟是用计算流体力学方法，用数学模型模拟风场与结构的相互作用，借助计算机技术以图形或数值的形式将模拟结果形象地描述出来从而实现仿真模拟。数值模拟也被称为数值风洞试验。随着计算机技术的迅猛发展，近年来，利用数值模拟技术来模拟风环境日益盛行。数值模拟的结果虽然受所选计算模型的影响，但数值模拟具有直观、快速和成本低等优点，将是风环境研究中最具发展潜力的一种方法。

  "龙门一阵风，年初到年终"，禹门口附近的风场集山地风效应、狭管效应和水面风效应于一体，桥面高度处的设计基准风速达到 41.9m/s，大跨度斜拉桥对此作用敏感。禹门口黄河公路大桥位于禹门口出口附近的黄河主河道内，常年大风，同时由于黄河峡谷出口与桥位形成一定的夹角，周边有蜿蜒的黄土高坡，使得桥位各里程上风速和风向不尽相同，有涡流现象。河道在桥位上游 420m 处由峡谷地带骤然开阔变宽，特殊的地理位置，使得桥址位置冬季风力较大，每年 10 月底开始起风，每天下午 18:00 至次日 12:00 均处于大风时段，瞬时风力可达 10 级。禹门口黄河公路大桥是主梁为钢结构，桥面系为混凝土结构，主梁与桥面系通过连接件连接共同受力的斜拉桥，主跨 565m，斜拉桥的跨径越大，桥塔的高度也变得越高，桥塔振动问题变得十分突出。禹门口黄河大桥位于西北大温差、风力较强地区,容易受到外界强风荷载的影响,大桥在施工和运营期间进行抗风稳定性研究尤为重要。

3.1 桥位风特性观测与研究

为了掌握禹门口黄河公路大桥桥位的风速实测资料,于2017年11月底在桥位处安置VT-1相控阵多普勒雷达系统,用以进行风观测及数据采集。从2017年11月底开始,进行了风环境的实地观测,利用风速资料进行风特性分析。同时在声雷达位置处安装一台英国Gill Instruments Limited制造的Wind Sonic二维超声风速仪,风速的采样频率4Hz,连续记录的二维水平风速可直接存入计算机。该风速仪可用作风谱和阵风特性分析。

3.1.1 风特性观测及分析方法

1) 测量仪器和设备

(1) VT-1相控阵多普勒雷达风廓线仪。

本项目风特性观测仪器为VT-1相控阵多普勒雷达系统。VT-1由ART(Atmospheric Research & Technology)公司开发,提供了相当于一个"实际的测风塔",可获取最大高度大约为300m的风廓线测量数据。这种独立、便携的系统包含一个相控阵声波发射机和接收器,通过电子部件、笔记本电脑、软件等支持配置,实现运行和数据存储。全部的系统不需要工具在几分钟内即可完成组装。该雷达是多功能的,也是持久耐用的,所有的零部件均采用不锈钢材料或PVC塑料材料。VT-1需要一个12V DC电源或者一个电池供电,系统的功率约为40W。因此,系统可以在远离供电单位的任意位置工作。VT-1相控阵多普勒雷达系统现场布置示意图如图3-1所示。

图3-1 VT-1相控阵多普勒雷达系统现场布置示意图

其具体设备参数见表3-1。

VT-1相控阵多普勒雷达系统参数表 表3-1

参　数	规　格	参　数	规　格
最大测量高度	300m	风速测量精度	±0.25m/s
最小测量高度	15m	风向测量精度	±2°
有效采样高度	10～40m	功率	40W(无加热器)
发射频率	4504Hz	电压输入(名义上的)	12V DC
脉冲持续时间	0～200ms(可调节)	质量	135kg
平均间隔	2～60min(可调节)	尺寸(长,宽,高)	1.8m,1.5m,1.5m
风速测量范围	0～25m/s		

一般的风速采集系统以 w、v 和 u 来表示风速分量,其中 w 表示垂直分量,v 表示南北方向水平分量,u 表示东西方向水平分量。

在 VT-1 相控阵多普勒雷达系统中,风速的三个分量被定义为 W、V 和 U,其中 W 代表风速的垂直分量,与 w 含义相同。但是,只有当标杆 V 正对北方时,V 和 U 分量的风速才与通常意义上的 v 和 u 分量方向相同,具体方向示意如图 3-2 所示。

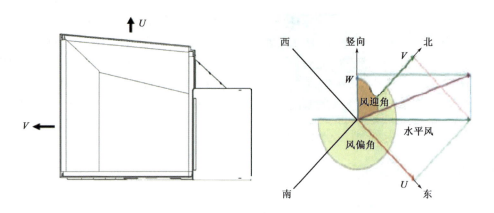

图 3-2　VT-1 模型风速方向示意图

VT-1 相控阵多普勒雷达系统中,W、V 和 U 分量的风速可分别由以下公式计算得出:

$$W = \frac{-fS}{2F} \tag{3-1}$$

$$V = \frac{-fS}{2F\sin\theta} - \frac{W}{\tan\theta} \tag{3-2}$$

$$U = \frac{-fS}{2F\sin\theta} - \frac{W}{\tan\theta} \tag{3-3}$$

式中:W——竖向分量风速,m/s;
　　　V——水平分量风速,m/s;
　　　U——水平分量风速,m/s;
　　　f——多普勒频移,Hz;
　　　θ——标杆倾角,(°);
　　　S——声速,约 340m/s。

实测数据参数包括 10min 平均风速、水平风向角、u、v 和 w 三方向风速分量以及观测时间。

(2)Gill 二维超声风速仪。

同时在 VT-1 相控阵多普勒雷达系统位置处安装一台英国 Gill Instruments Limited 制造的 Wind Sonic 二维超声风速仪(图 3-3),风速的采样频率为 4Hz,该风速仪可用作风谱和阵风特性分析。

图 3-3　Wind Sonic 二维超声风速仪

2）实测方案及实施

（1）测站描述。

为了掌握禹门口黄河公路大桥桥位的风速实测资料，于 2017 年 11 月底在桥位处设置临时气象观测塔三座，主桥附近安置 VT-1 相控阵多普勒雷达系统，另外设两座超声风速仪在主梁高度处，用以进行风观测及数据采集。从 2017 年 11 月底开始进行风环境的实地观测。

测站由二维超声风速仪和声雷达风廓线仪、数据采集器、计算机、供电系统、降雨探测传感器、无线上网模块等组成。二维超声用于测量桥面高度附近的实时风速，以及风功率谱和紊流强度计算，并与当地附近气象站数据进行比对，得到桥址处的设计基准风速。声雷达风廓线仪用于测量从离地 30～200m 高度间的 10min 平均风速、相应的风向角随高度的变化情况，用于确定桥址附近的风速剖面。远离桥址的计算机通过中国电信的 4G 网络对测站进行远程监视与控制、数据备份等工作。

（2）测站组成。

测站测量系统的组成如图 3-4 所示。

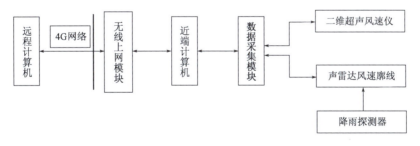

图 3-4　测站测量系统的组成

3）风特性分析方法

湍流是近地层自然风的重要特征，在结构风工程分析中涉及的湍流风特性典型参数包括以下几个方面。

（1）平均风速与风向。

运用 VT-1 多普勒雷达风廓线仪所采集的数据进行平均风速计算。实测三维风速是定义在 VT-1 多普勒雷达风廓线仪坐标下的三个实数序列，以 10min 为基本时距，仪器自动处理并记录各高度三维风速值、总风速及水平风向角。

该仪器采集三个方向分量 x、y、z 的风速值,其中 x、y 为水平方向分量,z 为竖直方向分量。经仪器处理,各方向分量为水平方向分量 u、v 和竖直方向 w,再将 u、v、w 三者合成为总风速值。

$$u = \frac{1}{T}\int_0^t x(t)\,\mathrm{d}t \tag{3-4}$$

$$v = \frac{1}{T}\int_0^t y(t)\,\mathrm{d}t \tag{3-5}$$

$$w = \frac{1}{T}\int_0^t z(t)\,\mathrm{d}t \tag{3-6}$$

三维仪器处理的总风速 V 是三个方向分量的均方根,即:

$$V = \sqrt{u^2 + v^2 + w^2} \tag{3-7}$$

记录时间为 2017 年 11 月到 2018 年 7 月,由于数据量庞大,而且受到雨天等因素影响,有些数据可靠度低。经筛选整理,决定先按月划分数据,忽略风向,得出每个月各高度处的最大平均风速。为留出足够的安全储备,再选取 10 个月中各高度处出现的最大平均风速作为年各高度最大平均风速。

实测风向角 θ 为:

$$\theta = \arccos\frac{u}{\sqrt{u^2+v^2}} \tag{3-8}$$

其中,θ 为仪器显示的读数。将平面等分为 16 个区间,取每个区间的角平分线,定义每两个相邻的角平分线之间构成的区间为一个风向。根据风向角的实测结果在图中选取与其对应的区间来确定其风向,并统计每个月各风向出现的次数 k,记观测总量为 n,得出每月各方向角频率为:

$$m = \frac{k}{n} \tag{3-9}$$

根据该频率绘制玫瑰图,如图 3-5 所示。

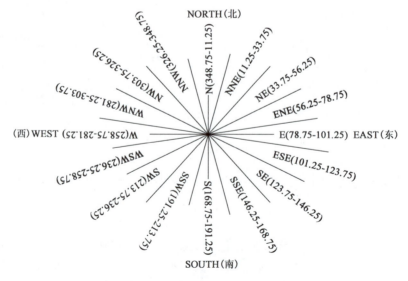

图 3-5　风向与风向角取值范围

(2)风剖面。

平均风速随高度变化而变化,这一变化规律称为平均风速梯度,也称风剖面,它是自然风的重要特性之一。由于地表摩擦的结果,使接近地表的风速随离地表的高度减小而降低,只有在离地表达 300~500m 以上时才不受地表影响。把受地表影响的一层称为摩擦层,或叫边界层。

在桥位处建立临时气象观测塔,在不同的高度处设置风速仪,得到不同高度处的来流平均风速。冷空气来临时,利用风剖面观测雷达得到范围更大的风剖面轮廓图,作为风荷载计算主要依据,再通过数值模拟推算桥位周边一定范围的风剖面特性。

(3)湍流度和阵风因子。

湍流度和阵风因子分析方法采用矢量分解法,其思路是:首先确定一定基本时距内的主风向,然后通过矢量分解法将水平脉动风速分解为沿主风向的纵向分量和与其正交的横向分量。设水平平均风速和风向角分别为 U 和 Φ,$u_x(t)$ 和 $u_y(t)$ 为仪器坐标下的时间序列,则有:

$$U = \sqrt{\overline{u_x(t)}^2 + \overline{u_y(t)}^2} \tag{3-10}$$

$$\cos\Phi = \frac{\overline{u_x(t)}}{U} \tag{3-11}$$

其中,$\overline{u_x(t)}^2$ 和 $\overline{u_y(t)}^2$ 表示基本时距内脉动风速平均值,Φ 可以通过 $\overline{u_x(t)}$ 和 $\overline{u_y(t)}$ 的符号确定其所在的风向区域。

在 10min 时距内,纵向脉动风速 $u_x(t)$、横向脉动风速 $u_y(t)$ 可根据以下公式计算,结果作为脉动风速统计分析的数据基础:

$$u(t) = u_x(t)\cos\Phi + u_y(t)\sin\Phi - U \tag{3-12}$$

$$v(t) = -u_x(t)\sin\Phi + u_y(t)\cos\Phi \tag{3-13}$$

湍流度反映了风的脉动强度,是确定结构脉动风荷载的关键参数。定义湍流度为 10min 时距的脉动风平均最大风速的均方根与 10min 时距水平平均最大风速的比值,即:

$$I_i = \frac{\sigma_i}{U}(i = u,v) \tag{3-14}$$

其中,σ_i 分别表示对应于脉动风速 $u(t)$、$v(t)$ 的均方根,σ_i^2 相当于湍流脉动风速在 i 方向上的动能。

风的脉动强度也可用阵风因子表示,阵风因子通常定义为阵风持续期 t_g 内平均风速的最大值与 10min 时距平均最大风速之比,即:

$$G_u(t_g) = 1 + \frac{\overline{u}(t_g)}{U} \tag{3-15}$$

结构风工程中定义阵风持续期为 2~3s,本书 t_g 取 3s。一般说,t_g 越大,对应的阵风因子越小,当 $t_g = 10\text{min}$,$G_u = 1$。

(4)湍流功率谱密度。

湍流功率谱密度函数 $S_i(i = u,v,w)$ 能够更准确地描述脉动风的特性,它在频域上的全积分等于脉动风对应方向上的湍流动能,即:

$$\int_0^\infty S_i(n)\mathrm{d}n = \sigma_i^2 \tag{3-16}$$

其中，n 为频率，S_i 在频域上的分布可以描述湍流动能在不同尺度水平上的比例。

湍流功率谱密度函数的经验模型多种多样，根据 Kolmogorov 相似原理，在大气边界层近地区域，湍流功率谱应当满足以下条件：

$$\begin{cases} S_i \to n^{5/3}, & n \to \infty \\ S_i \to \text{const}, & n \to 0 \end{cases} \tag{3-17}$$

实际上，基本所有的实用经验模型都满足低频段 S_i 为常数、高频段 S_i 与 n 为对数线性关系的原则。我国结构风工程采用的模型如下：

Simiu 谱：

$$\frac{nS_u(n)}{u_*^2} = \frac{200f}{(1+50f)^{5/3}} \tag{3-18}$$

Panofsk 谱：

$$\frac{nS_w(n)}{u_*^2} = \frac{6f}{(1+4f)^2} \tag{3-19}$$

Panofsk 谱：

$$\frac{nS_u(n)}{u_*^2} = \frac{4f^2}{(1+f^2)^{4/3}} \tag{3-20}$$

式中：f——莫宁坐标，Davenport 谱中 $f = 1200n/u(10)$；Panofsk 谱中 $f = nZ/U$；

n——风的频率，Hz；

u_*——摩阻速度，m/s；

S_u、S_w——水平方向、垂直方向的功率谱密度函数。

(5) 湍流积分尺度。

涡旋的尺度及湍流脉动能量在不同尺度水平上的分布决定了湍流的结构特征，紊流积分尺度就是脉动风中湍流涡旋平均尺寸的量度。由于涡旋具有三维特性，因此对应脉动风速和空间各包含 3 个方向：u、w、v 是脉动风速的纵向、横向和垂直方向；x、y、z 是空间的 3 个方向。因此，共有 9 个湍流积分尺度：L_u^x、L_u^y、L_u^z、L_w^x、L_w^y、L_w^z、L_v^x、L_v^y、L_v^z，分别度量与纵向脉动速度有关的涡旋在纵向、横向和垂直方向的平均尺寸。湍流积分尺度 L_a^r 的数学表达式定义为：

$$L_a^r = \frac{1}{\sigma_a^2} \int_0^{+\infty} C_{a_1 a_2}(r) \mathrm{d}r \tag{3-21}$$

其中，$a = u, w, v$；$r = x, y, z$；σ_a^2 为脉动风速分量 a 的方差；$C_{a_1 a_2}(x)$ 为相距为 r 的两点上的脉动风之间的互协方差函数。

纵向脉动风速 u 在 x 方向上的湍流积分尺度 L_u^x 为：

$$L_u^x = \frac{1}{\sigma_u^2} \int_0^{+\infty} C_{u_1 u_2}(x) \mathrm{d}x \tag{3-22}$$

其中，$C_{u_1 u_2}(x)$ 为 2 个纵向脉动速度 u_1、u_2 的互协方差函数；$u_2 = (x_1, y_1, z_1, t)$，$u_1 = (x_1 + x, y_1, z_1, t)$，$t$ 为时间，σ_u^2 为纵向脉动风速的方差。

湍流积分尺度是气流中湍流旋涡平均尺寸大小的度量，由于结构风荷载对湍流尺度特性的敏感性,湍流积分尺度通常是一项重要的但容易被忽略的风特性指标。积分尺度分析方法的选择对结果的稳定性非常重要,比较有效的方法包括利用 Taylor 假设自相关函数积分法和稳态随机信号自拟合的方法等,本书拟采用前者。设脉动风的自相关函数为 $R(\tau)$,则有:

$$L_u^x = \frac{U}{\sigma_u^2} \int_0^\infty R(\tau) \mathrm{d}\tau \tag{3-23}$$

3.1.2 风特性观测结果及分析

1)平均风速与风向

根据实测结果,得到在测站位置从 2017 年 11 月至 2018 年 7 月,声雷达的风廓线仪从离地 30~200m 各高度的各月平均风速。统计得到桥位处 12 号桥塔的日最大值、风向、风时(以 2017 年 11 月的实测值为例,见表 3-2),表中的最大值为 10min 平均风速。

12 号桥塔 2017 年 11 月各高度月最大平均风速 表 3-2

高度(m)	风速(m/s)	风向(°)	具 体 时 间
30	16.90	315	2017/11/14,05:00 AM
40	17.90	315	2017/11/30,11:10 AM
50	18.00	328	2017/11/17,10:00 AM
60	15.70	317	2017/11/17,06:40 AM
70	17.80	301	2017/11/29,02:50 PM
80	18.70	332	2017/11/15,06:50 AM
90	17.30	324	2017/11/14,04:00 AM
100	16.50	120	2017/11/13,04:40 AM
110	18.10	120	2017/11/13,04:40 AM
120	19.60	125	2017/11/13,04:40 AM
130	16.30	269	2017/11/13,03:10 PM
140	15.80	91	2017/11/13,01:10 AM
150	17.30	325	2017/11/28,07:50 AM
160	17.80	269	2017/11/13,03:10 PM
170	19.20	269	2017/11/13,03:10 PM
180	23.60	8	2017/11/15,04:00 PM
190	13.40	303	2017/11/30,02:50 AM
200	19.30	336	2017/11/15,04:50 PM

以表 3-3 为例,其中攻角 α 为风的主流方向与水平面产生的夹角,如图 3-6 所示,按 $\alpha = \arcsin\left(\frac{u_z}{\sqrt{u_x^2 + u_y^2}}\right)$ 计算,其中 u_z 为竖向风速,$\alpha \in (-90° \sim 90°)$。规定由下向上吹至水平面的来风为正攻角,由上向下吹至水平面的来风为负攻角。

12 号塔 40m 高度处各月最大风速、风向、攻角　　　　　　　　表 3-3

日　期	时　间	时　段	速度（m/s）	风向（°）	攻角（°）
2017/11/14	5:00	AM	17	315	0
2017/11/30	11:10	AM	18	315	0
2017/12/11	9:00	AM	17	318	0
2018/1/4	9:40	AM	24	249	0
2018/2/9	6:20	AM	15	320	0
2018/3/17	12:40	PM	25	15	0
2018/4/12	10:10	PM	31	20	0
2018/5/10	7:50	PM	25	9	0
2018/6/9	9:10	PM	20	22	0
2018/7/16	8:10	PM	21	335	0

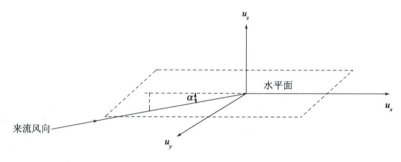

图 3-6　攻角示意图

根据实测结果，得到测站位置从 2017 年 11 月至 2018 年 7 月桥面高度处的各月风向玫瑰图，如图 3-7～图 3-11 所示。

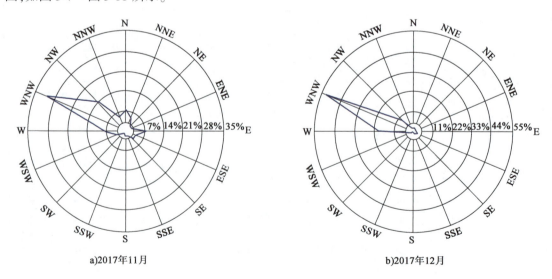

a) 2017 年 11 月　　　　　　　　　　b) 2017 年 12 月

图 3-7　桥面高度处 2017 年 11 月、12 月风向玫瑰图

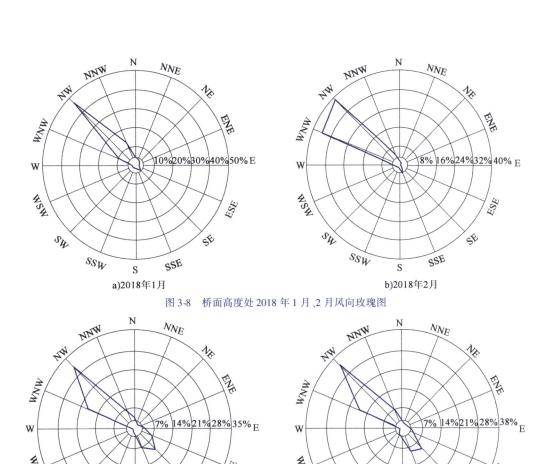

a) 2018年1月　　　　　　　　　　b) 2018年2月

图3-8　桥面高度处2018年1月、2月风向玫瑰图

a) 2018年3月　　　　　　　　　　b) 2018年4月

图3-9　桥面高度处2018年3月、4月风向玫瑰图

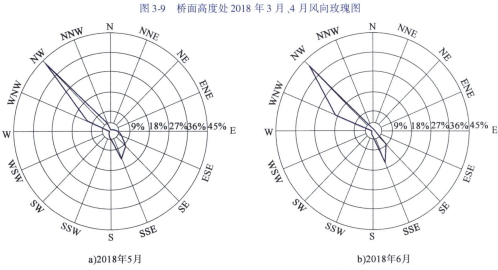

a) 2018年5月　　　　　　　　　　b) 2018年6月

图3-10　桥面高度处2018年5月、6月风向玫瑰图

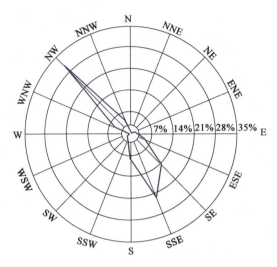

图 3-11　桥面高度处 2018 年 7 月风向玫瑰图

现有观测数据持续时间从 2017 年 11 月 13 日至 2018 年 8 月 4 日,共计 265d。分析各测点的平均风速、风向计算结果,可以发现桥位脉动风特性观测数据及其平均风特性有如下特点:

(1)在冬季冷空气影响下,2017 年 11 和 12 月,风向主要集中在 WNN 向;在 2018 年 1、3～7 月均测到了较大的平均风速,风向集中在 NW 向。

(2)强风时段平均风速的风向主要集中在西北面,在 NW 向与 WNW 向来回波动,并伴以少量 SE 风。随着时间由秋冬季向春夏季推移,SE 风的成分逐渐增多。根据山西省气象站历年来每月最大 10min 平均风速对应的风向统计分布图可知,桥位所在地区的风向以 NW 风和 SE 风为主,其次在 SSE 至 SE 的南面,类似的结果也反映在桥位现场观测风速资料的分析结果上。

(3)大风时段的气流攻角大约在 0°左右,这说明由于河两岸山体的遮挡以及河道的开阔平坦构成的特定地貌下,来流风攻角多呈水平方向,这一点在大风天气时尤为显著。

2)极大风速与风向

对于桥梁结构,当瞬时风力(数据来自超声风速仪,0.25s 时距)大于六级(风速大于 10.8m/s)时,风对结构的影响便会显著。表 3-4 以 2017 年 11 月陕西侧极大风速为例,列出主梁高度处日极大风速及对应时间的数据。

2017 年 11 月陕西侧极大风速　　　　　　表 3-4

时间		极大风速(m/s)	风向(°)
2017/11/12	11:36 AM	14.3	339
2017/11/13	4:24 AM	14.02	288
2017/11/14	5:36 AM	18.82	320
2017/11/15	7:09 AM	18.51	320
2017/11/16	5:51 AM	10.91	322
2017/11/17	3:20 PM	28.9	343

续上表

时间		极大风速(m/s)	风向(°)
2017/11/18	5:13 AM	28.01	328
2017/11/19	6:07 AM	15.95	323
2017/11/20	8:05 AM	17.6	318
2017/11/21	1:22 PM	24.81	336
2017/11/22	10:53 PM	14.26	319
2017/11/23	8:43 AM	14.57	322
2017/11/24	2:06 AM	16.35	324
2017/11/25	7:47 AM	17.88	322
2017/11/26	9:36 PM	8.52	96
2017/11/27	11:58 PM	11.53	318
2017/11/28	12:58 PM	24.29	329
2017/11/29	12:18 AM	15.75	322
2017/11/30	9:24 AM	19.79	324

2017年11月陕西侧极大风速在一天24h中的分布情况如图3-12所示。

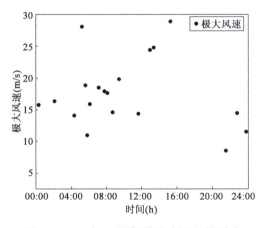

图3-12　2017年11月陕西侧极大风速时间分布

通过陕西、山西两侧月极大风速实测结果的对比,可得出如下结论:

(1)极大风速的变化与季节有关。秋冬季风速值普遍较大,随着时间由秋冬季向春夏季推移,极大风速平均值均逐渐降低。以陕西侧为例,2017年11月风速均值为17.62m/s,2017年12月风速均值为17.90m/s,2018年1月风速均值为16.89m/s,2018年2月风速均值为17.58m/s,2018年3月风速均值为14.92m/s,2018年4月风速均值为14.75m/s,2018年5月风速均值为15.71m/s,2018年6月风速均值为14.16m/s,2018年7月风速均值为10.77m/s,表明风速随当地季节变化较大。

(2)极大风速的分布与每日时刻有关。极大风速出现在凌晨(有时延长至上午时段)以及傍晚的概率较大,下午出现强风的概率较小。同时随着季节的推移,极值风速分布时间由集中向均匀变化。以2018年2月、4月、7月为例,在2018年2月,全月极大风速集中分布在凌晨2时至上午10时;到了2018年4月,极大风速仍集中分布于凌晨2时至上午10时,但下午4时后极大风速仍会出现;到了2018年7月,极大风速在全天各时段均有分布。

(3)两个测点在相同时段内测量结果相似度较高,以2017年12月、2018年2月、2018年4月为例,2017年12月,陕西侧的均值为17.90m/s,均方差为3.84,同月山西侧均值为19.33m/s,均方差为4.03;2018年2月,陕西侧的均值为17.58m/s,均方差为3.66,同月山西侧均值为17.90m/s,均方差为3.55;2018年4月,陕西侧的均值为14.75m/s,均方差为4.34,同月山西侧均值为14.76m/s,均方差为4.21。表明两测点间风速变化波动较小,桥面高度处风速极值顺桥向变化较为稳定。

3)风速剖面实测分析

根据VT-1多普勒雷达风廓线仪所采集得到不同高度处来流平均风速,利用风剖面观测雷达得到范围更大的风剖面轮廓图,作为风荷载计算主要依据,再通过数值模拟推算桥位周边一定范围的风剖面特性。工程中常用幂函数描述近地层风速剖面:

$$\frac{U}{U_r} = \left(\frac{z}{z_r}\right)^\alpha \tag{3-24}$$

式中:U——z高度处的风速;

U_r——z_r高度处的风速;

α——风速高度变化幂指数,其值的大小即表明了风速垂直切变的强度。

对式(3-24)可作变换,得:

$$\ln\left(\frac{U}{U_r}\right) = \alpha\ln\left(\frac{z}{z_r}\right)^\alpha \tag{3-25}$$

令

$$y = \ln\left(\frac{U}{U_r}\right), x = \ln\left(\frac{z}{z_r}\right) \tag{3-26}$$

则得到线性方程$y = \alpha x$。将实测的资料序列代入式(3-24),得到序列$y_1, y_2 \cdots y_n; x_1, x_2 \cdots x_n$,用最小二乘法拟合回归系数,得到指数$\alpha$的计算公式:

$$\alpha = \frac{\sum \overline{x_i}\,\overline{y_i}}{\sum x_i^2} \tag{3-27}$$

其中,指数α的大小与地表粗糙度直接相关。显然,在各向同性地貌和机械湍流边界层(中性)条件下,指数律和对数律不可能精确一致,但是在一定高度范围内,指数律能够较好地拟合风速剖面。对工程应用而言,通过单一的指数α描述一定高度范围内的风速剖面是可以接受的。

(1)规范依据。

近地层风速垂直切变指数值是结构设计中十分重要的参数,特别对高耸构筑物的抗风安全和工程造价都十分关键。根据《建筑结构荷载规范》(GB 50009—2012)、《公路桥梁抗风设计规范》(JTG/T D60-01—2004),地面粗糙度为A类(海面、海岸、开阔水面、沙漠),则α取值为0.12;地面粗糙度为B类(田野、乡村、丛林、平坦开阔地及低层建筑物稀少地区),α取值为0.16;地面粗糙度为C类(树木及低层建筑物等密集地区、中高层建筑稀少地区、平缓的丘陵地),α取值为 0.22;地面粗糙度为 D 类(中高层建筑物密集地区、起伏较大的丘陵地),α 取值为 0.30。

(2)α 值的确定。

根据 2017 年 11 月至 2018 年 7 月的实地观测数据,选取桥面高度处风速达到月最大值时不同高度处同一观测时段的风速进行风剖面指数 α 拟合。2018 年 7 月的拟合曲线如图 3-13 所示。

由图 3-14 可以看出,风剖面指数分布在一定的范围内,集中在 0.10~0.20 之间。参考国家规范并考虑山区地形等影响因素,综合考虑测风环境,可以推断桥位处的地表粗糙度近似为 Ⅱ 类场地。由图 3-15 可以看出,该地区的风向分布的范围较为集中,且同一个时刻不同高度的风向角较为一致。

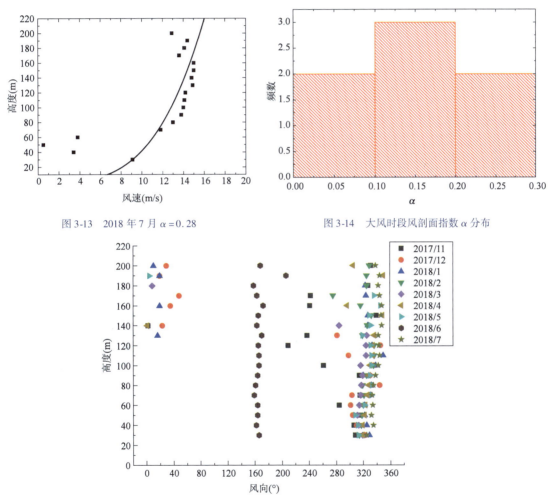

图 3-13　2018 年 7 月 α = 0.28　　　　图 3-14　大风时段风剖面指数 α 分布

图 3-15　各月最大风速对应的风向随高度变化图

4)湍流度与阵风因子

与平均风速、风向分析方法相同,根据 2017 年 11 月到 2018 年 7 月实测数据中出现大风时段的实测数据,对湍流度和阵风因子分别按式(3-10)、式(3-11)进行计算分析,以 2017 年 11 月陕西侧主梁为例,计算结果见表 3-5。

2017 年 11 月陕西侧主梁高度处湍流度与阵风因子 表 3-5

湍 流 度	阵 风 因 子	具 体 时 间
1.12	9.23	2017/11/12,9:31 AM
0.19	1.50	2017/11/13,3:50 AM
0.24	1.59	2017/11/14,2:20 AM
0.22	1.64	2017/11/15,10:10 AM
0.11	1.24	2017/11/16,5:50 AM
0.25	1.67	2017/11/17,10:10 PM
0.23	1.66	2017/11/18,5:50 AM
0.21	1.51	2017/11/19,7:20 AM
0.22	1.49	2017/11/20,8:20 AM
0.24	1.69	2017/11/21,2:00 PM
0.18	1.56	2017/11/22,11:30 PM
0.18	1.44	2017/11/23,7:20 AM
0.20	1.43	2017/11/24,2:30 AM
0.22	1.67	2017/11/25,7:40 PM
0.13	1.29	2017/11/27,11:30 PM
0.23	1.65	2017/11/28,2:00 PM
0.21	1.47	2017/11/29,4:30 AM
0.21	1.93	2017/11/30,7:40 PM

分析计算结果中,陕西侧与山西侧(桥面高度)各月的湍流度和阵风因子特性,结果见表 3-6 与表 3-7。

主梁高度处湍流度均值及标准差 表 3-6

月 份	测点位置	均 值	标 准 差
2017/11	山西侧	0.32	0.22
	陕西侧	0.26	0.22
2017/12	山西侧	0.28	0.17
	陕西侧	0.22	0.03
2018/1	山西侧	0.33	0.23
	陕西侧	0.22	0.03
2018/2	山西侧	0.27	0.16
	陕西侧	0.21	0.04
2018/3	山西侧	0.25	0.18
	陕西侧	0.19	0.04
2018/4	山西侧	0.26	0.24
	陕西侧	0.20	0.05

续上表

月　份	测点位置	均　值	标　准　差
2018/5	山西侧	0.23	0.14
	陕西侧	0.20	0.05
2018/6	山西侧	0.21	0.16
	陕西侧	0.19	0.06
2018/7	山西侧	0.21	0.20
	陕西侧	0.15	0.04

主梁高度处阵风因子均值及标准差 表3-7

月　份	测点位置	均　值	标　准　差
2017/11	山西侧	2.47	1.44
	陕西侧	1.98	1.82
2017/12	山西侧	2.04	1.00
	陕西侧	1.68	0.18
2018/1	山西侧	2.56	1.97
	陕西侧	1.66	0.13
2018/2	山西侧	2.02	1.16
	陕西侧	1.59	0.15
2018/3	山西侧	2.08	1.38
	陕西侧	1.49	0.12
2018/4	山西侧	2.16	2.05
	陕西侧	1.59	0.25
2018/5	山西侧	1.80	1.18
	陕西侧	1.54	0.20
2018/6	山西侧	1.73	1.21
	陕西侧	1.51	0.21
2018/7	山西侧	1.81	1.61

（1）我国《公路桥梁抗风设计规范》(JTG/T D60-01—2004)规定，Ⅱ类场地10~20m高度纵向湍流度为0.17，20~30m高度纵向湍流度为0.16，30~40m高度纵向湍流度为0.15，40~50m高度纵向湍流度为0.15，50~70m高度纵向湍流度为0.14；《桥梁抗风设计指南》规定，Ⅱ类场地的阵风因子取1.38。由表3-6可知，各高度处大风湍流度的平均值均大于规范规定值；由表3-7可知，各高度处大风对应的阵风因子平均值与湍流度的变化基本一致，均大于指南规定值。

（2）图3-16~图3-19分别给出了实测数据湍流度和阵风因子的分布情况。由图中可以看出，虽然总体统计平均值趋于稳定，并且均高于规范取值，但在不同的气候条件下，湍流度和阵风因子相差较大，且某些较强的湍流脉动持续较长的时间（数个小时）。经统计，山西侧的最大阵风因子出现在2018/04/15，02：00AM左右，最大值达到10.83；陕西侧的最大阵风因子出现在2018/04/06，08：00AM左右，最大值达到2.41。

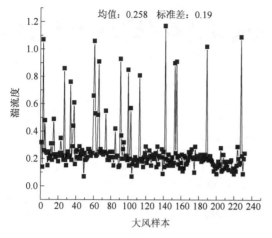

图 3-16 山西侧主梁高度处大风时的湍流度　　图 3-17 陕西侧主梁高度处大风时的湍流度

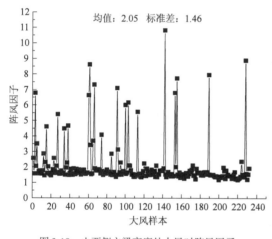
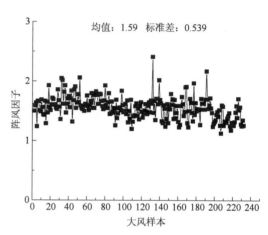

图 3-18 山西侧主梁高度处大风时阵风因子　　图 3-19 陕西侧主梁高度处大风时阵风因子

5) 湍流功率谱密度

湍流功率谱密度公式[式(3-16)]是用摩阻速度的平方进行无量纲化的,而摩阻速度的测量数值很不稳定,如此无量纲化的功率谱密度曲线在幅值上波动很大,很难作相互比较或归纳为统一的经验模型,因此,许多功率谱密度函数模型采用相应的脉动速度分量的方差进行能量归一化。

如果大气边界层是稳定的,则摩阻速度主要与地面粗糙程度和平均风速大小有关,此时它与纵向脉动速度的均方差也存在较好的比例关系。如果大气湍流脉动速度的功率谱密度函数满足 Kaimal 谱,那么摩阻速度和纵向脉动速度均方差之间的关系为:

$$\sigma_u^2 = 6u_*^2 \tag{3-28}$$

则式(3-18)可改写为:

Simiu 谱:

$$\frac{nS_u(n)}{\sigma_u^2} = \frac{200f}{6(1+50f)^{5/3}} \tag{3-29}$$

同理,很容易推出:
$$\sigma_w^2 = 1.5u_*^2 \tag{3-30}$$

将式(3-30)代入式(3-19),有:

Panofsky 谱:
$$\frac{nS_w}{\sigma_w^2} = \frac{4f}{(1+4f)^2} \tag{3-31}$$

以 2017 年 11 月 14 日的数据为例,经上述处理,分别给出了山西与陕西两侧桥面高度典型强风时段的功率谱密度统计平均曲线,如图 3-20 和图 3-21 所示,即把每个时段的子样本所计算的功率谱密度进行算术平均,所得结果即代表了该时段的湍流功率谱特性,由此消除了因离散 Fourier 运算带来的随机误差。

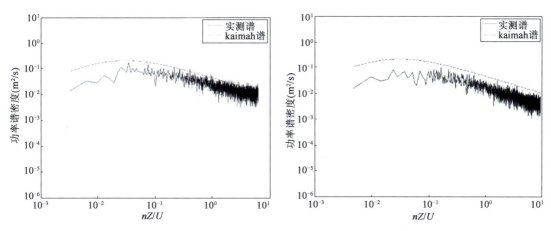

图 3-20　2017 年 11 月 14 日陕西侧功率谱密度曲线　　图 3-21　2017 年 11 月 14 日山西侧功率谱密度曲线

分析比较 2017 年 11 月至 2018 年 8 月期间实测获得的湍流功率谱密度函数曲线,可得如下结论:

(1) 两个测点处大多数实测功率谱曲线与理论谱接近。实测功率谱曲线与理论曲线在变化趋势上基本一致,实测曲线在高频段与理论曲线吻合度较高,在低频段理论曲线普遍要略高于实测曲线,推测原因为脉动风速中低频成分较低,从而使计算结果产生误差,具体原因有待进一步研究。

(2) 对比实测谱和理论谱能量峰值对应的频率范围可以看出,实测谱峰值能量有向高频段偏移的趋势,但是偏移量较小,其中秋冬季实测谱偏移较为明显,说明脉动风能量分布随季节变化,但脉动风能量主要集中在低频部分。

(3) 脉动风高频段能量随季节有较大变化。例如从 2017 年 11 月至 2018 年 2 月底,高频段能量较大;2018 年 3 月至 2018 年 5 月底,高频段能量减小;2018 年 6 月至观测结束,高频段能量逐渐增大。这期间每月强风风速变化为由秋冬季向春夏季变化过程中逐渐降低,因此,可以认为强风时段高频段能量大小与风速存在一定关系,即风速越大,其高频段能量越高。至于进入秋季后能量未随风速降低而变化,具体原因有待进一步研究。

(4) 部分实测谱与理论谱拟合较好,例如 2018 年 1 月 4 日、2018 年 4 月 6 日、2018 年 1 月 7 日的数据;少数时段的实测结果与理论曲线差异较大,例如 2018 年 5 月 5 日、2017 年 11 月

14日的数据,实测得到风谱的湍流能量较理论谱偏低,原因可能为地表黏性对脉动风谱的能量耗散显著,也侧面反映了实际风特性受地形影响较大。

(5)陕西与山西两侧在相同时间段的测量结果基本保持一致,可基本认为脉动风所携带的能量在两个测点附近分布规律相似。

6)湍流积分尺度

通常湍流积分尺度的实测计算数值比较分散,许多研究者把这种数据的分散性归结于大气边界层的不稳定性。从物理上讲,大气湍流涡团总是三维的、随机的和间歇的,反映在积分尺度上自然也是随机的和间歇的。这种大气湍流涡团的本征特性不仅受到地球表面摩擦作用的影响,而且与天气系统特征密切相关,所以湍流积分尺度在不同观测日的计算结果有时相差很大。表3-8中给出了陕西侧主梁面高度典型强风时段的积分尺度实测计算结果,陕西侧与山西侧湍流积分尺度对比如图3-22所示,陕西侧与山西侧湍流积分尺度频数图如图3-23所示。

陕西侧主梁高度处2017年11月至2018年7月典型强风时段
湍流积分尺度实测计算结果　　　　　　　　　　　　表3-8

日期	湍流积分尺度(m)	日期	湍流积分尺度(m)	日期	湍流积分尺度(m)
2017/11/14	54.749	2018/1/18	378.136	2018/3/14	334.689
2017/11/16	1167.89	2018/1/22	615.19	2018/3/15	175.55
2017/11/17	47.773	2018/1/23	183.933	2018/3/16	179.978
2017/11/18	137.245	2018/1/28	82.496	2018/3/22	88.559
2017/11/19	96.203	2018/1/30	70.91	2018/3/23	143.437
2017/11/21	264.885	2018/1/31	301.903	2018/3/24	1062.672
2017/11/24	1473.136	2018/2/2	101.198	2018/3/25	589.251
2017/11/25	25.961	2018/2/3	29.939	2018/3/28	28.653
2017/11/28	86.14	2018/2/5	966.117	2018/3/29	123.869
2017/11/30	52.993	2018/2/8	209.488	2018/4/2	563.11
2017/12/3	597.505	2018/2/9	482.368	2018/4/3	80.257
2017/12/7	39.403	2018/2/12	1476.274	2018/4/4	196.542
2017/12/8	117.427	2018/2/13	76.237	2018/4/9	125.895
2017/12/10	458.993	2018/2/14	334.68	2018/4/10	448.519
2017/12/11	13.038	2018/2/16	76.284	2018/4/17	115.525
2017/12/16	33.485	2018/2/17	85.892	2018/4/18	394.393
2017/12/19	47.276	2018/2/20	224.223	2018/4/28	233.407
2017/12/20	144.251	2018/2/22	469.066	2018/5/3	14.492
2017/12/23	117.091	2018/2/23	265.235	2018/5/17	40.314
2017/12/26	210.594	2018/2/24	403.345	2018/5/26	60.408
2017/12/27	1066.268	2018/2/25	53.55	2018/6/6	26.388
2017/12/31	24.402	2018/3/1	61.246	2018/6/8	217.816
2018/1/2	49.449	2018/3/3	187.688	2018/6/11	136.745
2018/1/7	40.547	2018/3/4	44.35	2018/6/13	412.147
2018/1/8	101.878	2018/3/8	453.871	2018/7/7	796.449
2018/1/9	31.535	2018/3/10	198.013		
2018/1/17	36.657	2018/3/13	233.464		

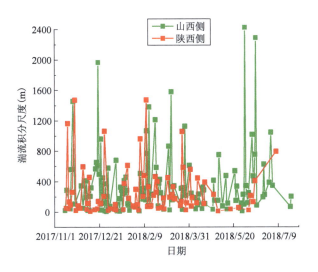

图 3-22 陕西侧与山西侧湍流积分尺度对比

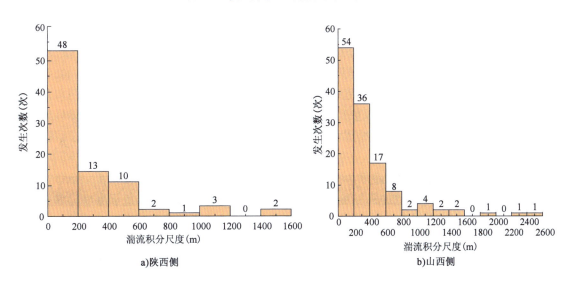

a)陕西侧　　　　　　　　　　　b)山西侧

图 3-23 陕西侧与山西侧湍流积分尺度频数图

由图 3-22 可以看出,陕西侧主梁高度处 2017 年 11 月至 2018 年 7 月典型强风时段湍流积分尺度实测计算结果最大值为 $L_{max}=1476.274\mathrm{m}$,出现在 2018 年 2 月 12 日;最小值为 $L_{min}=13.038\mathrm{m}$,出现在 2017 年 12 月 11 日;总体平均值为 $L_{mean}=268.240\mathrm{m}$,总体均方差为 $L_{min}=322.098\mathrm{m}$,大多数结果集中在 0~600m 之间,占总体样本点的 89.9%。

山西侧主梁高度处 2017 年 11 月至 2018 年 7 月典型强风时段湍流积分尺度实测计算结果最大值为 $L_{max}=2429.922\mathrm{m}$,出现在 2018 年 6 月 2 日;最小值为 $L_{min}=10.011\mathrm{m}$,出现在 2017 年 12 月 29 日;总体平均值为 $L_{mean}=367.218\mathrm{m}$,总体均方差为 $L_{min}=428.978\mathrm{m}$,大多数结果集中在 0~800m 之间,占总体样本点的 83.6%。由此可见湍流积分尺度是非常分散,充分反映了其随机特征。

3.1.3 小结

"禹门口黄河公路大桥桥位风特性观测分析"项目,利用 VT-1 相控阵多普勒雷达系统和 Gill 二维超声风速仪在桥位附近观测塔上进行湍流脉动风速观测,从 2017 年 11 月至 2018 年 8 月近 1 年的时间,采集到大量的现场脉动风速资料,从中选取能够具有强风代表性的有效数据,按照 10min 基本时距划分子样本。从 2017 年 11 月开始,山西侧和陕西侧同步记录脉动风速数据,并对各个测点对应的同步强风有效数据划分为 10min 子样本。

(1)本项目风特性观测仪器为 VT-1 相控阵多普勒雷达系统,可以获取最大高度大约为 300m 的风廓线测量数据,同时在声雷达位置处安装一台 Wind Sonic 二维超声风速仪,该风速仪可用作风谱和阵风特性分析。

(2)通过现场观测可知,强风时段平均风速的风向主要集中在西北面,在 NW 向与 WNW 向来回波动,并伴以少量 SE 风。极大风速与季节的变化呈现出明显的相关性,秋冬季风速值普遍较高,随着时间由秋冬季向春夏季推移,极大风速平均值均逐渐降低。极大风速在一天不同时段的分布表现出明显的规律性,出现在凌晨(有时延长至上午时段)以及傍晚的概率较大,下午出现强风的概率较小。同时随着季节的推移,极值风速分布时间由集中向均匀变化,脉动风高频段能量随季节有较大变化。

(3)由统计分析知风剖面指数分布在一定的范围内,且在 0.01~0.28 之间波动,平均值为 0.13,分布在 0.10~0.20 之间的频数较高。参考国家规范并考虑山区地形等影响因素,综合考虑测风环境可以推断桥位处的地表粗糙度近似为Ⅱ类场地。通过观测可知禹门口黄河公路大桥桥位地形特殊,它形成的风场具有典型的西部山区风环境特点,西北方的山体以及禹门口出山口形成的风场对成桥状态桥梁稳定非常不利,建议主梁及拉索采取有效的抗风措施。

3.2 桥塔气动弹性模型风洞试验

禹门口黄河公路大桥作为缆索承重桥梁,跨径布置为 245m+565m+245m,桥塔高度达 171.3m,阻尼和刚度因此降低,桥塔风致振动问题不容忽视。尤其是当桥塔在缺少缆索约束下处于刚度和阻尼较小的自立状态时,桥塔风致振动问题会成为设计、施工的关键控制因素。桥塔横桥向刚度远大于顺桥向刚度,风致振动分析应以顺桥向为主。桥塔在自立状态下,风致振动的主要表现为涡振、驰振和抖振,其中涡振几乎不可避免,其不会导致结构直接破坏,但具有风速低、频率大的特点,会造成桥塔疲劳损伤,可能会形成严重的施工隐患。桥塔自立状态一般具有足够的驰振稳定性,但驰振应取决于湍流强度、气动阻尼、平均迎风角随阻尼大小的变化程度。桥塔自立状态抖振响应最大值可能出现在非正交风向作用下,在施工阶段设计基准风速下,塔顶抖振位移虽在工程可接受范围内,不会引起结构失稳破坏,但过大的抖振响应在桥塔施工期间可能危及施工人员和机械设备安全,需采取必要措施。

禹门口黄河公路大桥是目前我国西北地区主跨最大的斜拉桥,其施工阶段抗风安全性是关键控制因素。以大桥桥塔为例,通过进行桥塔自立状态气动弹性模型风洞试验,分析桥塔施工期抗风性能及风致振动响应规律,以验证桥塔结构抗风设计的可靠性,确保桥塔在施工阶段的抗风安全性。

3.2.1 桥塔风速

1）桥位地区基本风速、基准风速

根据《禹门口黄河公路大桥初步设计说明》，桥位地区100年重现期基本风速值为$V_{10}=36.3\text{m/s}$，桥塔塔顶高度为171.3m，65%桥塔高度为111.345m，桥位偏于安全取A类风场。根据《公路桥梁抗风设计规范》(JTG/T D60-01—2004)第3.2.4条,得：

成桥状态65%桥塔高度设计基准风速为：

$$V_d = V_{10}\left(\frac{Z}{10}\right)^\alpha = 36.3 \times \left(\frac{111.345}{10}\right)^{0.12} = 48.5\text{m/s}$$

成桥状态桥塔塔顶高度设计基准风速为：

$$V_d = V_{10}\left(\frac{Z}{10}\right)^\alpha = 36.3 \times \left(\frac{171.3}{10}\right)^{0.12} = 51.0\text{m/s}$$

施工阶段抗风计算按重现期20年取系数值$\eta=0.88$，则施工阶段的设计风速由《公路桥梁抗风设计规范》(JTG D60-01—2004)中第3.3.1条,得：

施工状态65%桥塔高度设计基准风速为：

$$V_{sd} = \eta V_d = 0.88 \times 48.5 = 42.7\text{m/s}$$

施工状态桥塔塔顶高度设计基准风速为：

$$V_{sd} = \eta V_d = 0.88 \times 51.0 = 44.9\text{m/s}$$

2）驰振检验风速

桥塔的驰振检验风速由下式确定：

$$V_{cg} = 1.2V_d \tag{3-32}$$

式中：V_{cg}——桥塔的驰振检验风速；

V_d——设计基准风速。

从而得到：

成桥状态桥塔塔顶的驰振检验风速为：

$$V_{cg} = 1.2 \times 51.0 = 61.2\text{m/s}$$

成桥状态65%桥塔高度处的驰振检验风速为：

$$V_{cg} = 1.2 \times 48.5 = 58.2\text{m/s}$$

施工状态桥塔塔顶的驰振检验风速为：

$$V_{cg} = 1.2 \times 44.9 = 53.9\text{m/s}$$

施工状态65%桥塔高度处的驰振检验风速为：

$$V_{cg} = 1.2 \times 42.7 = 51.2\text{m/s}$$

3)设计基准风速及检验风速

禹门口黄河公路大桥的设计基准风速及检验风速见表3-9。

设计基准风速及检验风速　　　　　　表3-9

设计基准风速(m/s)	桥塔	成桥塔顶	$V_d=51.0$
		成桥65%桥塔高度	$V_d=48.5$
		施工塔顶	$V_{sd}=44.9$
		施工65%桥塔高度	$V_{sd}=42.7$
检验风速(m/s)	桥塔驰振	成桥塔顶	$V_{cg}=61.2$
		成桥65%桥塔高度	$V_{cg}=58.2$
		施工塔顶	$V_{cg}=53.9$
		施工65%桥塔高度	$V_{cg}=51.2$

3.2.2　桥塔动力特性计算

1)有限元模型

禹门口黄河公路大桥桥塔的动力特性分析采用三维有限元方法,根据禹门口黄河公路大桥的结构特点,在保证其质量和刚度与实际结构一致的前提下进行了一定的简化,其建模的具体步骤如下:

(1)采用BEAM4单元模拟塔柱、横梁、承台等;

(2)采用MASS21单元模拟集中质量等。

在此基础上,采用大型通用有限元程序ANSYS的模态分析模块进行动力特性分析。塔底承台处约束为全约束,重力系数选取9.806。桥塔自立状态的消隐化和实体化的有限元模型如图3-24、图3-25所示。

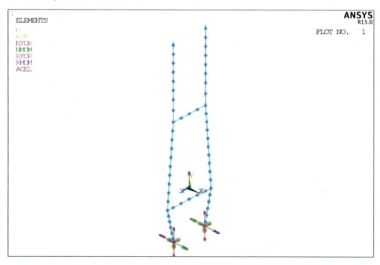

图3-24　桥塔自立状态消隐化的有限元模型

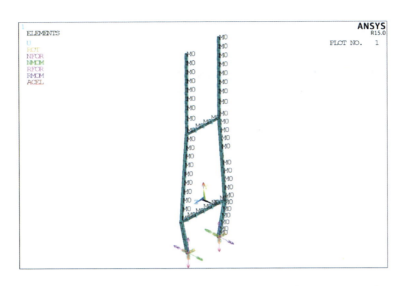

图 3-25 桥塔自立状态实体化的有限元模型

2）主要构件的截面特性

禹门口黄河公路大桥桥塔计算模型部分主要构件截面特性见表 3-10。

主要构件的截面特性　　　　　　　　　　　　　表 3-10

参　数	面　积	惯性力矩 I_{yy}	惯性力矩 I_{zz}	扭转惯矩	弹性模量	泊松比	密　度
单位	m^2	m^4	m^4	m^4	N/m^2	—	kg/m^3
主塔 1	2.08×10^1	6.55×10^1	1.62×10^2	1.35×10^2	3.45×10^1	0.2	2.55×10^3
主塔 2	2.01×10^1	6.68×10^1	1.72×10^2	1.58×10^2	3.45×10^1	0.2	2.55×10^3
主塔 3	2.28×10^1	7.16×10^1	1.76×10^2	1.68×10^2	3.45×10^1	0.2	2.55×10^3
主塔 4	2.35×10^1	7.66×10^1	1.80×10^2	1.78×10^2	3.45×10^1	0.2	2.55×10^3
主塔 5	2.42×10^1	8.18×10^1	1.84×10^2	1.87×10^2	3.45×10^1	0.2	2.55×10^3
主塔 6	2.49×10^1	8.73×10^1	1.88×10^2	1.97×10^2	3.45×10^1	0.2	2.55×10^3
主塔 7	2.56×10^1	9.29×10^1	1.92×10^2	2.08×10^2	3.45×10^1	0.2	2.55×10^3
主塔 8	2.63×10^1	9.87×10^1	1.96×10^2	2.18×10^2	3.45×10^1	0.2	2.55×10^3
主塔 9	2.70×10^1	1.05×10^2	2.00×10^2	2.28×10^2	3.45×10^1	0.2	2.55×10^3
主塔 10	2.77×10^1	1.11×10^2	2.04×10^2	2.39×10^2	3.45×10^1	0.2	2.55×10^3
主塔 11	2.84×10^1	1.18×10^2	2.08×10^2	2.49×10^2	3.45×10^1	0.2	2.55×10^3
主塔 12	3.05×10^1	1.26×10^2	2.21×10^2	2.67×10^2	3.45×10^1	0.2	2.55×10^3
主塔 13	3.53×10^1	1.92×10^2	3.45×10^2	4.08×10^2	3.45×10^1	0.2	2.55×10^3
主塔 14	4.02×10^1	2.79×10^2	5.09×10^2	5.91×10^2	3.45×10^1	0.2	2.55×10^3
主塔 15	4.37×10^1	3.56×10^2	6.56×10^2	6.70×10^2	3.45×10^1	0.2	2.55×10^3
塔座	2.42×10^2	4.32×10^3	6.26×10^3	8.59×10^3	3.45×10^1	0.2	2.55×10^3
中横梁	1.86×10^1	9.93×10^1	1.02×10^2	1.44×10^2	3.45×10^1	0.2	2.55×10^3
下横梁	2.23×10^1	1.12×10^2	1.15×10^2	1.62×10^2	3.45×10^1	0.2	2.55×10^3

3）动力特性的计算结果

禹门口黄河公路大桥桥塔自立状态的前 6 阶频率及其振型描述见表 3-11。

前 6 阶频率及振型描述（单位：Hz）　　　　表 3-11

振型号	频率	振型描述
1	0.307	一阶顺桥向弯曲
2	0.479	一阶侧弯
3	0.663	塔顶局部对称
4	0.668	扭转
5	1.0693	二阶侧弯
6	1.465	二阶顺桥向弯曲

3.2.3 桥塔风洞试验

（1）试验设备。

桥塔气弹模型试验在长安大学风洞实验室 CA-1 大气边界层风洞中进行，试验流场的风速用皮托管和微压计来测量和监控。大气边界层模拟风场的调试和测定采用丹麦 DENTEC 公司的 Streamline 热线/热膜风速仪，该系统可测量风洞流场的平均风速、风速剖面、湍流度以及功率谱。

位移测量系统由北京东方振动和噪声技术研究所 DASPv11 数据采集分析仪、日本松下公司激光位移计、加速度计、PC 机和自编数据处理软件组成。

（2）模型设计。

气动弹性模型风洞试验除了要求模型与实桥之间满足几何外形相似外，还需满足惯性参数、弹性参数、黏性参数和阻尼参数的一致性条件。在制作禹门口黄河公路大桥桥塔气弹模型时，模型满足了几何参数、惯性参数和阻尼参数的相似条件。考虑到桥塔气动弹性模型试验的要求及风洞试验段尺寸，选取桥塔气动弹性模型的缩尺比为 1：145。表 3-12 列出了桥塔气动弹性模型模拟的相似性条件，其中，Reynolds 数一致性通常难以满足，考虑到试验的桥塔为具有明显折角的钝体断面，雷诺数效应较弱，因此，放松对 Reynolds 数一致性的要求。表 3-13 为桥塔模型各部件的相似要求，表 3-14 为桥塔模型与实桥的相似关系，由此计算出的桥塔气动弹性模型控制参数见表 3-15。

桥塔气动弹性模型模拟的相似性条件　　　　表 3-12

无量纲参数	表达式	力学意义
弹性参数（Cauchy）	$\dfrac{E}{\rho U^2}$	结构物弹性力/气动惯性力
惯性参数（密度比）	$\dfrac{\rho_s}{\rho}$	结构物惯性力/气动惯性力
黏性参数（Reynolds 数）	$\dfrac{\rho U L}{\mu}$	气动惯性力/空气黏性力
阻尼参数（阻尼比）	ζ	一个周期的耗散能量/振动总能量

注：表中各参数意义见 3.3.1 节。

气弹模型设计时各部件的相似要求　　　　　　　　　　表 3-13

构　件	形状相似	刚度相似			气动力相似
		EA	EI_x	EI_y	
塔柱	√		√	√	√
连接杆	√		√	√	√

桥塔模型与实桥的相似关系　　　　　　　　　　　　表 3-14

相似参数	相似参数	相似关系	相似参数	相似参数	相似关系
长度	C_L	$1/n$	弯曲刚度	C_{EI}	$1/n^5$
面积	C_F	$1/n^2$	拉伸刚度	C_{EF}	$1/n^3$
密度	C_ρ	1	频率	C_f	n/m
单位长度质量	C_M	$1/n^2$	风速	C_v	$1/m$
单位长度质量惯性力矩	C_{I_m}	$1/n^4$	时间	C_t	m/n

桥塔气弹模型控制参数　　　　　　　　　　　　　　表 3-15

名　称	单　位	实桥值	缩尺比	模型要求值
高度	m	171.3	1∶145	1.18
质量	kg	34666572	1∶1453	11.37

(3) 模型制作。

桥塔模型由钢芯梁、外衣和配重构成。桥塔实际高 171.3m,按照几何缩尺比 1∶145,换算到模型上的高度为 1.18m。其中钢芯梁模拟结构刚度、外衣模拟桥塔外形,湍流、均匀流工况下的模型试验照片分别如图 3-26、图 3-27 所示。

图 3-26　湍流工况下模型试验照片

图 3-27　均匀流工况下模型试验照片

塔柱的钢芯梁按设计的尺寸制作、焊接完成后,在设计的位置包裹模拟质量的铅皮,而后进行频率的反复调试。基本满足要求后,将多段 2mm 厚、由有机玻璃制作的节段外衣按桥塔外形逐次连接于芯梁上,并在芯梁的预定位置粘贴传感器。各节段间留有 2mm 左右的空隙,不使外衣提供刚度。气弹模型制作完成并进行模型的动力特性及模态测试后,进行风洞试验。

(4)测点布置和模型测试。

测振试验选用加速度计测量响应,测点布置及风向角示意图如图3-28所示,测点布置明细见表3-16,气弹模型动力特性测试各项参数见表3-17。

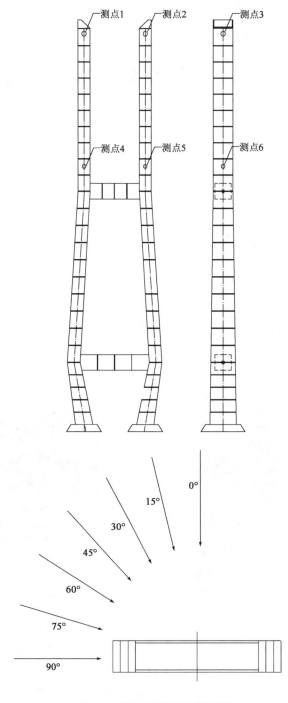

图3-28 测点布置及风向角示意图

测点布设明细表 表 3-16

测点号	测量仪器	测点位置	测量桥塔变形形式	
1	加速度计	塔顶顺桥向	顺桥向弯曲	塔柱扭转
2	加速度计	塔顶顺桥向	顺桥向弯曲	
3	加速度计	塔顶横桥向	横桥向弯曲	
4	加速度计	桥塔65%高度处顺桥向	顺桥向弯曲	塔柱扭转
5	加速度计	桥塔65%高度处顺桥向	顺桥向弯曲	
6	加速度计	桥塔65%高度处横桥向	横桥向弯曲	

气弹模型动力特性测试各参数 表 3-17

阶数	振型特征	实桥频率（Hz）	模型目标频率（Hz）	实测频率（Hz）	频率误差（%）	阻尼比（%）
1	一阶顺桥向弯曲	0.307	3.698	3.66	-0.99	1.67
2	一阶横桥向弯曲	0.479	5.768	5.67	-1.70	1.47
3	一阶桥塔扭转	0.668	8.044	8.18	1.69	1.18

（5）试验工况。

在模拟的均匀流、湍流场中分别测量了桥塔的涡振和抖振响应。由于桥塔左右前后对称，所以风的角度定为0~90°，每隔15°设置一种工况，试验工况详见表3-18。

桥塔气弹模型风洞试验工况一览表 表 3-18

风场类型	风向角	试验内容	试验风速(m/s)
均匀流	0°	驰振和涡激共振	0~50
	15°		
	30°		
	45°		
	60°		
	75°		
	90°		
湍流	0°	抖振	0~60
	15°		
	30°		
	45°		
	60°		
	75°		
	90°		

（6）试验方法。

为考虑不利的风向影响，本试验通过转动模型模拟了模型与来流之间的7种水平风向角。把风向角β定义为风向和塔平面间的夹角，在均匀流和湍流场试验中模拟了β为0°、15°、30°、45°、60°、75°、90°共7种情况。模型置于CA-1风洞β机构转盘上。试验风速范围为

0~6.0m/s。

风洞风场模拟主要考虑以下几方面的相似:风速剖面、湍流度剖面和风谱。根据对桥址处的风环境分析,在长安大学 CA-1 大气边界层风洞中,采用尖劈、加挡板、粗糙元模拟了缩尺比为 1:145、风剖面指数 $\alpha=0.12$ 的湍流风场。图 3-29 和图 3-30 分别为实测风速度剖面及湍流度剖面图。

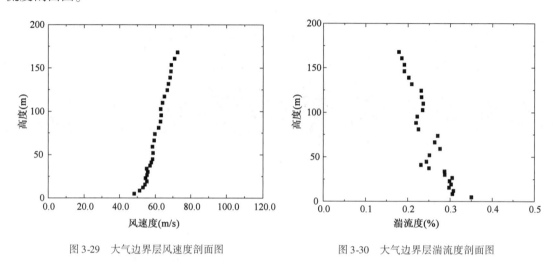

图 3-29　大气边界层风速度剖面图　　　　图 3-30　大气边界层湍流度剖面图

3.2.4　试验结果

1) 均匀流场试验结果

图 3-31 给出了禹门口黄河公路大桥桥塔在均匀流场作用 0°风向角下桥塔振动位移根方差响应随风速的变化曲线,其中风速和位移响应已按相似关系换算为实桥值(后同)。

2) 湍流场试验结果

图 3-32 给出了禹门口黄河公路大桥桥塔在湍流场作用下 0°风向角下桥塔振动位移根方差响应随风速的变化曲线,其中风速和位移响应已按相似关系换算为实桥值(下同)。

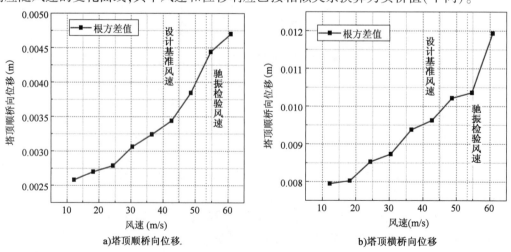

a) 塔顶顺桥向位移　　　　　　　　　　　b) 塔顶横桥向位移

图　3-31

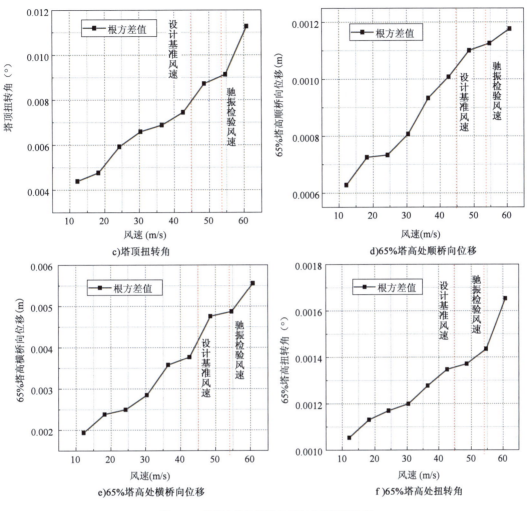

图 3-31 桥塔在均匀流场 0°风向角的振动响应

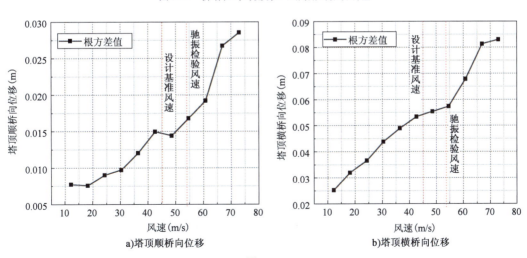

图 3-32

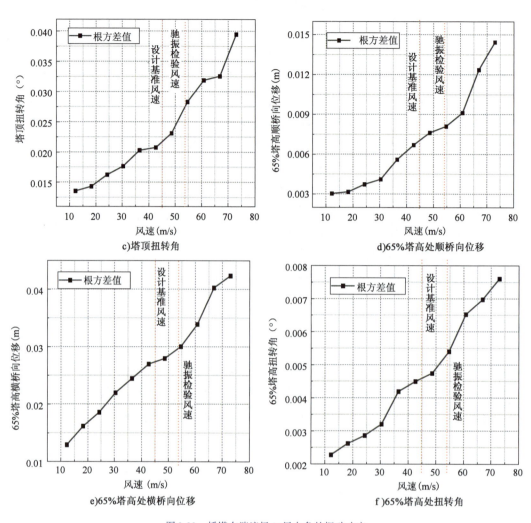

图 3-32 桥塔在湍流场 0°风向角的振动响应

3.2.5 小结

(1)在对应于实桥风速 0~60.8m/s 范围内,在 0°、15°、30°、45°、60°、75°风向角情况下均未观察到涡振现象,在 90°风向角情况下观察到扭转涡振现象。在均匀流场下,风速在 31.6~41.3m/s 区间出现扭转涡振,塔顶最大扭转角根方差为 0.243°,65%塔高处最大扭转角根方差为 0.086°。

(2)试验中桥塔在设计基准风速附近,塔顶紊流场抖振响应位移最大值出现在 0°风向角时,为横桥向位移根方差 0.055m,扭转角最大抖振响应出现在 90°,最大扭转角根方差为 0.084°。

3.3 最大双悬臂气动弹性模型风洞试验研究

随着桥梁跨度的增加,桥梁结构柔性也相应增大,桥梁结构的风致振动问题越来越受到工程人员的重视。施工的最大双悬臂阶段是桥梁结构在风作用下最不利状态,因此,需要对禹门口黄河公路大桥进行气动弹性模型风洞试验。本节根据禹门口黄河公路大桥主桥设计资料,对该桥施工阶段最大双悬臂状态进行气动弹性模型风洞试验研究,具体内容包括:

(1)均匀流场内颤振及静风稳定性试验。在均匀流场法向风作用下,检验最大双悬臂状态的颤振、静风稳定性,试验风攻角分别取 −3°、0°和 3°。

(2)湍流场内风振响应测试。测试湍流场中法向风作用下该桥的风振响应;风攻角分别取 −3°、0°和 3°。

3.3.1 最大双悬臂风洞试验

1)试验工况

本次试验针对禹门口黄河公路大桥主桥最大双悬臂气动弹性模型施工状态均匀流场进行了颤振稳定性和涡激共振性能测试,在湍流场中进行了风振响应测试。共有12个工况,试验工况和试验内容的详细信息见表3-19。

全桥气弹模型风洞试验工况　　　　表3-19

工况编号	结构状态	流场类型	风向角 β	风攻角 α
1	最大双悬臂施工状态 无临时墩	均匀流场	0°	+3°
2		均匀流场	0°	0°
3			0°	−3°
4		湍流场	0°	+3°
5			0°	0°
6			0°	−3°
7	最大双悬臂施工状态 加临时墩	均匀流场	0°	+3°
8			0°	0°
9			0°	−3°
10		湍流场	0°	+3°
11			0°	0°
12			0°	−3°

2)模型设计原则

最大双悬臂气动弹性模型风洞试验除了要保证模型与实桥主要部件的几何外形相似外,原则上还应该满足表3-20中部分关键参数的一致性条件。显然,常规低速风洞试验,模型和原型之间的流体密度比 $\lambda_\rho = 1$,流体的黏性系数比 $\lambda_u = 1$,重力加速度比 $\lambda_g = 1$。由表3-12中的定义可知,在上述无量纲参数中,只有当几何缩尺比 $\lambda_L = 1$ 时,重力参数和黏性参数才有可能同时满足。由于该气弹模型的几何缩尺比 $\lambda_L \leqslant 1$,因此,在最大双悬臂气弹模型低速风洞试验中,黏性参数的一致性条件一般很难得到满足。由此,按照通常的做法,在禹门口黄河公路大桥主桥气动弹性模型设计时,放松了对黏性参数的相似性要求。

一般说来,气动弹性相似性包括结构的长度、密度、弹性和内摩擦的相似条件以及气流的密度和黏性、速度和重力加速度等的相似条件,这些物理量可以用几个无量纲参数来表示,如 Reynolds 数、Froude 数、Strouhal 数、Cauchy 数、密度比、阻尼比等。因此,最大双悬臂气弹模型风洞试验必须满足的相似性条件可以用这些无量纲参数来表示。表中参数 ρ 表示空气质量密度,一般可取 $\rho=1.225 kg/m^3$,U 表示平均风速,B 表示结构特征尺寸,最大双悬臂气弹模型风洞试验一般取桥面宽度,μ 表示空气运动黏性系数,g 表示重力加速度;f 表示结构固有频率,E 表示结构材料弹性模量,ρ_s 表示结构材料质量密度,ζ 表示结构阻尼比。

3)模型设计和制作

禹门口黄河公路大桥主桥最大双悬臂气动弹性模型在长安大学风洞实验室 CA-1 大型边界层风洞中进行,数据测试采集系统由加速度传感器、北京东方振动和噪声技术研究所 DASPV11 数据采集分析仪及计算机等组成。

考虑到最大双悬臂气动弹性模型试验的要求以及禹门口黄河公路大桥主桥和 CA-1 边界层风洞试验段的尺寸,本次试验的模型几何缩尺比取为 1/145,模型全长约为 2.75m,高约 1.18m。表 3-20 为由前述无量纲参数一致性条件按量纲分析方法所推出的全桥模型与实桥之间的相似关系,例如,由于试验中空气密度和重力加速度与实桥情况一致,即密度缩尺比 $\lambda_\rho=1$,加速度缩尺比 $\lambda_a=\lambda_g=1$。气动弹性模型一般综合考虑弹性参数、惯性参数、重力参数和阻尼参数一致性条件,对单位长度质量(m)和质量惯性力矩(J_m)、轴向刚度(EA)、弯曲刚度(EI)和扭转刚度(GJ_d)进行模拟。

模型与实桥之间的相似关系($n=145$)　　　　表 3-20

相似参量	相似参数	相似关系	相似参量	相似参数	相似关系
长度	λ_L	$1/n$	加速度	λ_a	$1/1$
轴向刚度	λ_{EA}	$1/n^3$	风速	λ_V	$1/\sqrt{n}$
空气密度	λ_ρ	$1/1$	线位移	λ_d	$1/n$
单位长度质量	λ_m	$1/n^2$	频率	λ_f	$\sqrt{n}/1$
单位长度质量惯性矩	λ_{Im}	$1/n^4$	时间	λ_t	$1/\sqrt{n}$
弯曲刚度	λ_{EI}	$1/n^5$	阻尼比	λ_ξ	$1/1$
自由扭转刚度	λ_{GJ_d}	$1/n^5$			

模型主梁由芯梁、外衣和配重组成。芯梁具有槽形横截面,采用铝合金制作,用来模拟原型主梁的竖向弯曲刚度、横桥向弯曲刚度和自由扭转刚度。模拟主梁几何外形的外衣按 1 个索距分段,用木板切割而成,相邻两段之间留约 1mm 缝隙,外衣通过铝横梁与铝芯梁相连。铝横梁的位置与拉索和主梁连接处相对应。配重对称地安装在主梁模型外衣内,用来调整主梁模型的质量和质量惯性力矩以满足相似条件。整个外衣的重量(包括配重)通过铝横梁传到铝芯梁上。主梁构件尺寸如图 3-33~图 3-35 所示。

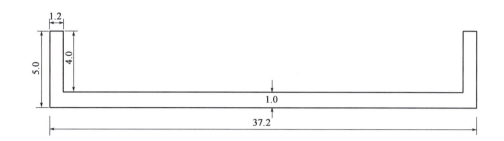

图 3-33 主梁模型铝制芯梁截面(尺寸单位:mm)

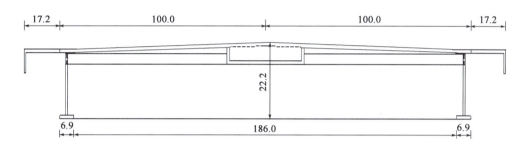

图 3-34 主梁模型截面(尺寸单位:mm)

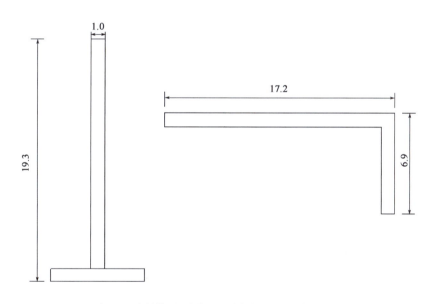

图 3-35 主梁模型工字钢和导流板截面(尺寸单位:mm)

桥塔模型由钢芯棒、3mm厚有机玻璃板和配重构成,桥塔模型外衣尺寸及分段如图3-36所示,桥塔模型钢芯棒尺寸如图3-37所示。

其中,钢芯棒模拟结构刚度,外衣模拟桥塔外形,配重用于调整模型的质量及质量分布以满足相似要求。通过对模型进行反复动力特性分析的试算方法来适当调整钢芯棒各部分的截面尺寸,以尽可能地提高桥塔模型与实际桥塔之间的固有动力特性相似性。

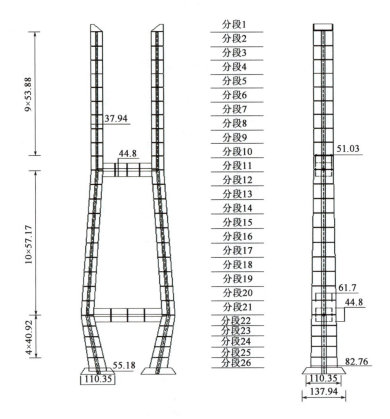

图 3-36 桥塔模型外衣尺寸及分段(尺寸单位:mm)

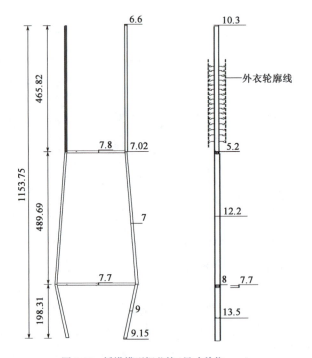

图 3-37 桥塔模型钢芯棒(尺寸单位:mm)

除满足弹性刚度和几何外形的相似性要求之外,桥梁气弹模型还需要对结构的质量系统进行严格模拟,以确保结构动力特性的相似性。其中,主梁根据质量系统相似比的要求,扣除钢骨架和外衣所提供的实际质量和质量惯性力矩,采用铅皮配重来补充不足部分的质量,铅皮对称粘贴在外衣的内侧并通过调节铅块位置来满足质量惯性力矩相似比的要求。

最大双悬臂气弹模型还根据阻力相似原则模拟了拉索的外形。表 3-21 给出了气动弹性模型设计的主要参数,图 3-38 和图 3-39 所示分别为不加临时墩和加临时墩的试验布置情况。

最大双悬臂气动弹性模型设计主要参数($n=145$)　　　　表 3-21

位置	名称		单位	实桥值	缩尺比	模型要求值
总体	桥长		m	399	$1/n$	2.752
	桥宽		m	34	$1/n$	0.234
	模态阻尼比		—	0.01	1/1	0.010
	梁高		m	3	$1/n$	0.021
主梁	质量		kg/m	3.406×10^4	$1/n^2$	1.620
	弯曲刚度(EI)	竖向	N·m²	1.812×10^{11}	$1/n^5$	2.817
		侧向	N·m²	7.124×10^{12}	$1/n^5$	111.133
	扭转刚度(GJ_d)		N·m²	1.209×10^9	$1/n^5$	0.019

图 3-38　不加临时墩的试验布置图

图 3-39　加临时墩的试验布置图

4）大气边界层风场模拟

本次试验在均匀流场和湍流场中进行,其中风洞湍流场的模拟主要考虑以下几方面的相似:风速剖面、湍流度剖面和脉动风谱,大气边界层湍流风场模拟装置如图3-40所示。

图3-40　大气边界层湍流风场模拟装置

根据对桥址处的风环境分析,在长安大学CA-1大气边界层风洞中,利用尖塔和粗糙元模拟了缩尺比为1∶145的A类地貌之间湍流风场,风速剖面指数α的目标值为0.12,梯度风高度取300m。

在大气边界层模拟风场的调试中风速特性采用由丹麦DANTEC公司的StreamLine热线/热膜风速仪、A/D板、PC机和专用软件所组成的系统来测量。热线探头事先已经过仔细标定。该系统可以用来测量风洞中模拟流场的平均风速剖面、湍流度剖面等流场数据。

由实测数据拟合得到的模拟风场风速剖面指数为0.12,实测平均风剖面与要求剖面相近,模拟湍流风场平均风剖面和湍流度剖面分别如图3-41和图3-42所示。

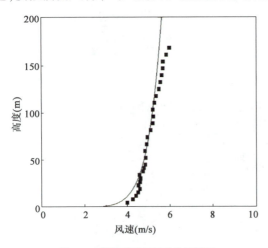

图3-41　模拟湍流风场平均风剖面

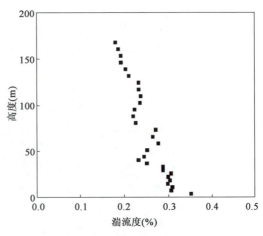

图3-42　模拟湍流风场湍流度剖面

5）风振响应测试

（1）测量系统。

风致振动测试分析系统由信号传感器、数据采集装置、个人计算机以及分析软件组成,数据采集装置采用东方振动与噪声技术研究所 INV3062S 盒式数据采集仪和个人计算机,分析软件为试验室制的风致振动信号处理程序。

(2)测点布置。

最大双悬臂施工状态的振动响应共布置了 3 个测量截面,如图 3-43 所示,截面 A、截面 B 分别位于最大悬臂端、中跨 1/4 处,截面 C 为桥塔顶部。在主梁截面 A 处各布置了两个竖向传感器和一个横桥向传感器,截面 B 处布置了一个竖向传感器,截面 C 处布置了一个竖向传感器和一个横桥向传感器,可得到主梁竖向、侧向和扭转振动位移以及桥塔顶部的顺桥向和横桥向振动位移,竖向振动位移可由竖向传感器所测得加速度时程经两次积分得到;扭转角由其两个竖向传感器所测得的加速度差,两次积分后得到位移再由横向间距计算得到。

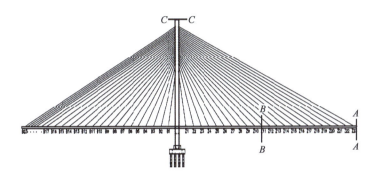

图 3-43　测点布置示意图

主梁、桥塔传感器布置情况分别如图 3-44、图 3-45 所示。

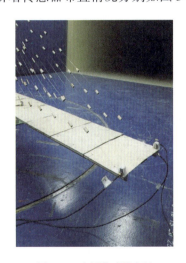 

图 3-44　主梁传感器布置　　　　图 3-45　桥塔传感器布置

(3)最大双悬臂气动弹性模型结构动力特性检验。

通过模态测试得到了最大双悬臂状态气动弹性模型的六阶振型,模型固有频率测试结果见表 3-22。为了便于比较,表中还同时给出了对应的实桥固有振型特点、模型固有频率设计值、模型固有频率实测值及模型实测和设计频率之间的偏差。这些振型均为对禹门口黄河公路大桥主桥抗风性能影响最显著的低阶振型。由表 3-24 可知,模型的各阶固有频率的实测值与设计值都吻合得较好,固有频率的偏差都小于 3.99%;模型的模态阻尼比都在 1.20% ~ 1.50% 之间,测出的四阶模态阻尼与阻尼要求值 1% 也接近,满足试验要求。

最大双悬臂状态模型设计与实测主要固有动力特性　　表 3-22

振型号	振型特点	模型频率(Hz)				模型实测阻尼比(%)
		实桥值	目标值	实测值	误差(%)	
1	主梁竖摆	0.1868	2.2491	2.241	-0.36	1.20
2	主梁横摆	0.2966	3.5711	3.440	-3.67	1.40
3	主梁一阶侧弯(塔梁同向)	0.4307	5.1856	4.988	-3.81	1.40
4	主梁一阶扭转	0.4680	5.6347	5.859	3.98	1.50

综上所述,禹门口黄河公路大桥主桥最大双悬臂状态气动弹性模型在固有振型频率实测值与设计值之间的偏差较小且对桥梁抗风性能影响显著的模型阻尼比都在 1% 左右,基本符合《公路桥梁抗风设计规范》(JTG/T D60-01—2004)中钢—混凝土组合梁 1% 的模态阻尼要求值。模型成桥运营状态实测振型的基本形状与设计振型也符合得相当好,说明本次试验的模型设计、制造和安装是成功的。

3.3.2　试验结果

1)均匀流场试验结果

如表 3-19 所示,均匀流场中的试验共有 6 个工况,对禹门口黄河公路大桥主桥最大双悬臂施工状态无辅助墩和加辅助墩两种情况的颤振稳定性和涡激共振特性进行了详细的研究。试验结果表明:由于特征湍流的作用,均匀流场中桥梁的风振位移根方差响应并不为零,而是随着风速的增加而增大。当风速为 60.20m/s 而无临时墩时,各风攻角下主梁悬臂端 A—A 截面的竖向位移根方差响应介于 20.1mm($\alpha = -3°$)和 27.4mm($\alpha = +3°$)之间;扭转角根方差响应介于 0.0557°($\alpha = -3°$)和 0.0884°($\alpha = 0°$)之间;横桥向位移根方差响应介于 13.9mm($\alpha = -3°$)和 23.0mm($\alpha = +3°$)之间,主桥没有出现竖向、横桥向弯曲振动和扭转振动的发散现象。当风速为 60.2m/s 而加临时墩时,各风攻角下主梁悬臂端 A—A 截面的竖向位移根方差响应介于 12.9mm($\alpha = +3°$)和 13.7mm($\alpha = 0°$)之间;扭转角根方差响应介于 0.0354°($\alpha = +3°$)和 0.0400°($\alpha = 0°$)之间;横桥向位移根方差响应介于 12.5mm($\alpha = +3°$)和 14.5mm($\alpha = 0°$)之间,主桥没有出现竖向、横桥向弯曲振动和扭转振动的发散现象。

禹门口黄河公路大桥主桥最大双悬臂施工状态不论有没有临时墩,在 -3°、0°、+3°风攻角时颤振临界风速均大于 60.2m/s,大于施工状态颤振检验风速 54.4m/s。因此,加临时墩可有效降低最大悬臂端振动响应。

2)湍流场试验结果

如表 3-19 所示,湍流场中的试验共有 6 个工况,对禹门口黄河公路大桥主桥最大双悬臂施工状态无临时墩和加临时墩两种情况的颤振稳定性、涡激共振和风振响应特性进行了详细的研究,试验结果表明:

(1)由于来流湍流和特征湍流的作用,湍流场中桥梁的风振位移响应和扭转响应随着风速的增加而增大,并且明显大于其在均匀流场中的风振响应。

(2)在不额外施加抗风缆的情况下,施加临时墩就可以大幅降低最大双悬臂断面的竖向、横向和扭转角位移。

3)颤振稳定性检验

禹门口黄河公路大桥成桥运营状态颤振稳定性检验结果见表3-23。各工况颤振临界风速均高于颤振检验风速54.4m/s。颤振临界状态判断标准为实测扭转振动响应峰值因子小于或等于2.0及扭转振动根方差大于0.5°。

气弹模型风洞试验工况及颤振临界风速 表3-23

工况编号	流场类型	结构状态		风向角 β	风攻角 α	实桥颤振风速(m/s)	实桥检验风速(m/s)
1	均匀流场	最大双悬臂施工状态	无临时墩	0°	+3°	>60.20	54.4
2				0°	0°	>60.20	
3				0°	-3°	>60.20	
4			加临时墩	0°	+3°	>60.20	
5				0°	0°	>60.20	
6				0°	-3°	>60.20	

4)涡激共振检验

试验过程中未出现涡振。

3.3.3 小结

基于全桥气动弹性模型风洞试验研究的结果,对禹门口黄河公路大桥主桥在最大双悬臂状态有临时墩和无临时墩两种结构状态时,处于均匀流场及大气边界层湍流场中不同风攻角(风偏角)下的颤振稳定性、静风稳定性、涡激共振特性以及风振响应性能进行了全面的研究,主要结论可归纳如下:

(1)颤振稳定性。禹门口黄河公路大桥主桥在最大双悬臂施工状态时,加临时墩和不加临时墩对应的均匀流场-3°、0°和-3°风攻角以及湍流场中-3°、0°和-3°风攻角来流作用下的颤振临界风速都高于60.2m/s。即在均匀流场和湍流场中的颤振临界风速均高于颤振检验风速54.4m/s,具有足够的颤振稳定性。

(2)湍流场风致振动响应。禹门口黄河公路大桥主桥在湍流场中的风振响应试验结果表明:在施工状态桥面高度设计基准风速36.9m/s下,主梁风振响应以竖向位移和横桥向位移为主,扭转响应较小;桥塔风载位移响应以横桥向位移为主,纵桥向位移较小。

在不额外增加抗风缆的条件下,在1/3边跨处施加临时墩可大幅降低最大双悬臂端主梁的风振响应。

3.4 行车安全及抗风措施研究

大跨度桥梁上通车有以下几个主要特点:在同一风场中,桥面风速要比气象站的实测地面风速要高出许多;桥面的遮挡物少;桥塔区域局部风场变化剧烈。当大跨度桥梁桥址位于强风频袭地区时,在强风作用下,车辆匀速直线通过大跨度桥梁时,风、车、桥三者间的相互作用主要表现在以下几个方面:①由于路面粗糙度的存在,高速运动的车辆和柔性的大跨度桥梁间会发生明显的车桥耦合振动。②脉动风的作用会使桥梁发生抖振,从而影响或改变车桥耦合振动规律。③侧向风对车辆施加侧向力和侧倾力矩的作用,从而显著改变车辆的振动特性。④桥梁局部构造物起到了遮挡气流的作用,形成风场突变区,对行车安全提出更高要求。⑤车辆在桥面上的存在会改变主梁断面的气动绕流,主梁断面的气动特性随车辆的到来和离去而改变,整个主梁所受风载随车辆的运行而动态变化。⑥车辆处在桥面的气动绕流之中,主梁的几何外形会对桥上车辆的气动荷载产生影响。

车辆行驶过程中,侧风引起的主要安全问题包括以下三类:①侧倾问题。在较高风速条件下,侧面积大的车辆可能被侧向风吹翻。②侧滑问题。在高风速条件下,由于冰、雪、雨等状况下所致的车辆轮胎侧向摩擦力小于侧风力所致的车辆失控现象。③侧偏问题。车辆通过风速变化区域时,在驾驶员未转动转向盘的情况下,车辆由于累积横向偏移量过大,而进入其他车道发生事故。

禹门口黄河公路大桥位于山谷地区,风环境复杂,汽车在行驶过程中如果受到侧风的作用,可能发生侧滑、侧倾等安全问题,影响车辆的安全行驶。尤其在大型桥梁上行驶的汽车,由于桥面高程、结构绕流加速及桥塔阻风等因素,使得风对汽车安全行驶的影响问题变得突出。为保证禹门口黄河公路大桥在运营期间的行车安全性和舒适性,有必要对该桥进行风障设计,主要包括以下内容:

(1)比较不同形式风障方案的阻风效果,并给出推荐的方案;

(2)对推荐的方案给出主梁三分力系数及风障所受阻力系数。

3.4.1 行车安全标准

1)设计基准风速

根据《禹门口黄河公路大桥初步设计说明》中的说明:设计基本风速为 $V_{10} = 31.0\text{m/s}$,换算到 A 类地表类型的桥址处风速为 $V_{S10} = 36.3\text{m/s}$。主跨跨中桥面距水面高度为 33.0m,地表分类按 A 类取值,地表粗糙度系数 $\alpha = 0.12$,可得桥面高度处的设计基准风速为:$V_d = (33/10)^{0.12} \times 36.3 = 41.89\text{m/s}$。

2)等效桥面风速

一般通过等效桥面风速来评价桥面行车高度范围环境风速的大小。等效桥面风速是根据作用在车辆上的侧向气动力等效原则确立的桥面一定行车高度范围横风风速的表征值,即桥面横风风速的平方在竖向一定高度范围内积分的平方根。

根据《公路桥梁抗风设计规范》(JTG/T 3360-01—2018),等效桥面风速按以下公式计算:

$$U_{eq} = \sqrt{(1/z_r)\int_0^{z_r} U^2(z)\text{d}z} \tag{3-33}$$

式中:z_r——汽车所处的高度范围;参照《汽车、挂车及汽车列车外轮廓尺寸、轴荷及质量限值》

（GB 1589—2016）的规定，汽车、汽车列车、货车、挂车的高度限值一般为4.0m，定线行驶的城市双层客车高度限制为4.2m；一般中型及以下的载客汽车、中型及以下的载货汽车高度都不超过3m；

$U(z)$——距离桥面z高度处的横风风速，m/s。

3) 代表车辆及安全行驶风速

实际行车中车型多种多样，桥面上风速沿高度方向发生变化，根据等效风速的计算方法，不同车型得到不同的等效风速，且车辆安全行驶的临界风速不一致。因此，有必要采取对不同车型的等效风速和临界风速的比较来评价风障的阻风效果。文献调查中发现，影响车辆行驶临界风速的因素主要为车辆类型、行车速度、桥面湿滑程度等。

禹门口黄河大桥设计行车速度为80m/s，一年之中大雪天气少见，但某些月份雨水天气较为常见，因此，需考虑湿滑桥面的影响。目前规范中并未给出代表车型标准及安全行驶风速值，在国内发表的有关行车安全的论文中，大多数选取轿车、微型客车、中型客车、集装箱挂车为代表车型进行分析，并给出了安全行驶风速建议。本书选取以往文献的车型数据和评价标准（表3-24和表3-25），对数值模拟计算得到的数据进行评价。

代表车型信息　　　表3-24

车　型	质量(kg)	正投影面积(m²)	高度(m)	宽度(m)
轿车	1140	2.05	1.4	1.7
微型客车	970	2.3	1.9	1.48
中型客车	7100	5.55	2.9	2.25
集装箱挂车	17340	8.89	4.29	2.48

代表车型的安全行车风速标准　　　表3-25

车　型	不同车速下的安全行车风速(m/s)				
	100	80	60	40	20
轿车	30.5	32.5	34.0	34.0	34.0
微型客车	15.5	17.5	19.0	20.0	20.0
中型客车	19.5	22.0	23.5	24.3	24.3
集装箱挂车	17.0	20.0	22.0	23.5	23.5

则禹门口风障设置的目标为：在41.89m/s来流风速下，各车道上各车型的等效风速不高于车辆在设计行车速度(80m/s)时的安全行车风速，即：轿车为32.5m/s，微型客车为17.5m/s，中型客车为22.0m/s，集装箱挂车为20.0m/s。

4) 风障类型

桥梁风障是设置于桥梁两侧，用于降低风速、防止车辆侧翻，保证车辆在侧风作用下行车安全的桥梁附加结构。按结构形式不同，可分为板式风障和条式风障。板式风障采用立柱加带孔板的结构形式，孔隙率一般较小。大跨桥梁，尤其是跨海大桥，对风荷载较为敏感，加设的风障孔隙率一般较大，故多采用立柱加障条的条式风障。该种风障结构多为钢结构，立柱起支撑作用，障条起挡风作用。通过调节障条的宽度、间距以及数量控制风障的挡风效果。

风障设置有多种形式，最常见的就是横向障条与竖向立柱组合而成的风障，栏杆的形式也变化多端，有椭圆形的也有矩形的，竖向变化可以是直线的也可以是曲线变化的曲线风障，大跨径桥梁风障的设置常用直线形。风洞试验显示风障的孔隙形式并不重要，阻风率和高度是决定风障效率的根本参数。

根据以往经验，结合使用适用性和美观性，拟选用矩形截面和椭圆形截面风障形式。由流体力学中的质量守恒定律可以判断，风在通过风障附近截面会呈现局部的加速效应，在条件允许的情况下，尽量将风障设置到远离车道的位置可以更好地发挥风障的挡风效果，因此，本书将风障设置在导流板上，如图 3-46 所示。

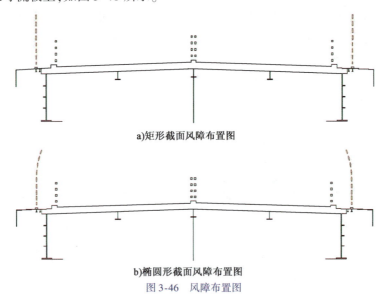

a) 矩形截面风障布置图

b) 椭圆形截面风障布置图

图 3-46　风障布置图

根据禹门口风观测数据显示，禹门口黄河公路大桥桥位处风攻角较小，故拟在 0°攻角下进行模拟计算，对满足安全要求的工况再考虑 ±5°攻角进行下一步计算，以考虑不同攻角下可能出现的最不利状态。

3.4.2　有限元计算

1) 有限元模型的建立

利用 AUTO CAD 创建二维几何模型，导入 ICEM CFD 中进行网格划分，根据《公路桥梁抗风设计规范》(JTG/T 3360-01—2018) 附录 C "虚拟风洞试验" 要求规定，桥面行车风环境试验，进口边界距离模型不小于 $5B$ (B 为主梁的特征宽度)，出口边界不小于 $20B$，顶底面距离模型不小于 $5B$。最终网格计算区域为 884m×344m，对桥梁断面流场变化较大区域进行局部加密。0°攻角下最小网格定为 0.03m，网格数量为 32 万左右；±5°攻角下适当扩大计算区域，增大为 1004m×404m，最小网格尺寸定为 0.025m，网格数量为 55W 左右。网格整体情况及主梁处网格情况分别如图 3-47 和图 3-48 所示。

使用流体软件 Fluent 进行计算，采用 SIMPLE 算法，梯度项及压力项采用二阶格式，动量项、湍流动能和耗散率 Epsilon (比耗散率 Omega) 采用一阶迎风格式，湍流模型采用 k-Epsilon 或 SST k-Omega 模型。

来流风速取为 41.89m/s，湍流度 5%。边界条件设置如图 3-49 所示。

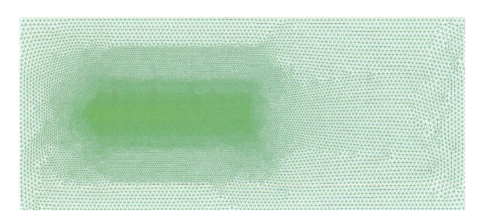

图 3-47　网格整体情况

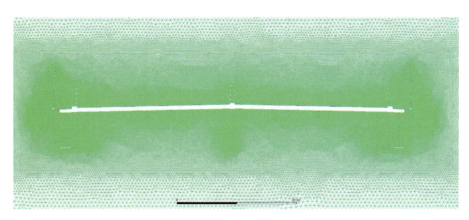

图 3-48　主梁处网格情况

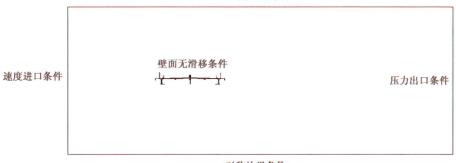

图 3-49　边界条件设置

在桥面上设置若干个监控点,在求解过程中监控速度值的变化情况,当残差保持稳定,监控点的速度值呈现规律波动时,认为稳态计算达到稳定状态。在各车道垂直高度上每隔 0.1m 设置一个监控点,每个车道设置 42 个,共 252 个。

由于越接近来流方向风速越大,且风的作用主要为作用于来流侧的横向力,故将监控点布置在每个车道靠近来流侧的边线上,如图3-50所示。

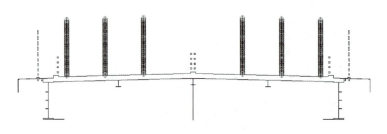

a)矩形截面风障监控点布置图

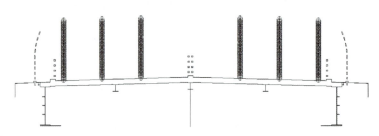

b)椭圆形截面风障监控点布置图

图3-50 监控点布置

2)计算结果

对上述拟定的方案进行0°与±5°攻角下的数值模拟,0°攻角工况表具体见表3-26。

0°攻角工况表　　　　　　　　　　表3-26

编号	截面形式	高度(m)	阻风率(%)
1	矩形截面	3.0	50
2	矩形截面	3.0	55
3	矩形截面	3.0	60
4	矩形截面	3.5	50
5	矩形截面	3.5	55
6	矩形截面	3.5	60
7	椭圆形截面	3.0	50
8	椭圆形截面	3.0	60
9	椭圆形截面	3.0	65
10	椭圆形截面	3.5	50
11	椭圆形截面	3.5	60
12	椭圆形截面	3.5	65

最后将稳定状态下采集得到的每个迭代步的数据通过下式进行处理,再利用梯形求积公式计算得到等效风速:

$$U = \overline{U} + 3.5\sigma \tag{3-34}$$

以矩形截面 3.0m 高度 50% 阻风率为例,计算结果如图 3-51～图 3-54 所示,各车道各车型等效桥面风速见表 3-27。

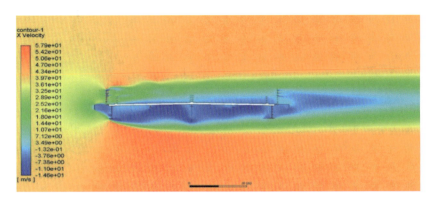

图 3-51　风速 U_x 分布图

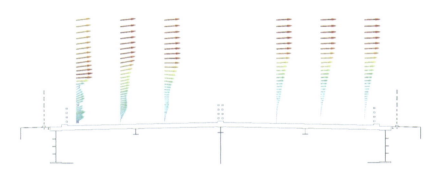

图 3-52　各车道风速矢量图

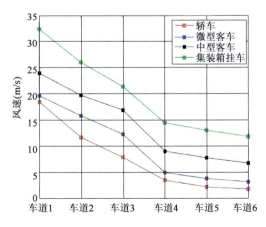

图 3-53　车道各车型等效桥面风速图

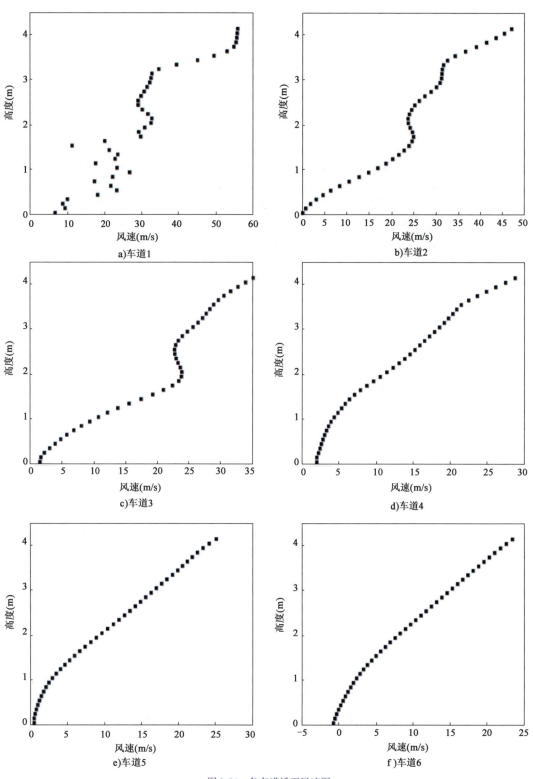

图 3-54 各车道桥面风速图

各车道各车型等效桥面风速(单位:m/s)　　　　　　　　表3-27

车　型	车　道					
	车道6	车道1	车道2	车道3	车道4	车道5
轿车	18.42	11.66	7.7904	3.425	2.1575	1.7109
微型客车	19.6	15.801	12.236	4.8867	3.7427	3.1204
中型客车	23.972	19.711	16.845	9.0127	7.7124	6.6778
集装箱挂车	32.392	26.024	21.372	14.419	12.994	11.785

罗列出满足要求的方案,见表3-28。

0°攻角下满足要求的方案　　　　　　　　表3-28

编　号	截面形式	高度(m)	阻风率(%)
1	矩形截面	3.0	55
2	矩形截面	3.0	60
3	矩形截面	3.5	55
4	矩形截面	3.5	60
5	椭圆形截面	3.0	65
6	椭圆形截面	3.5	65

比较发现,在0°攻角下,相同阻风率和高度的矩形截面风障的挡风性能较椭圆形截面稍显优越,随着阻风率的增加,各车道上各车型的等效风速基本一致呈现减小的趋势。靠近来流侧的车道1受风障和栏杆后的尾流干扰现象明显,风速轮廓线凌乱,过渡到车道2以后风速轮廓线逐渐变得整齐,且车道1为控制性车道,从车道1至车道6等效风速呈现出一致减小趋势,各车道由桥面往上也呈现出减小趋势。3.5m风障和3m风障挡风效果相差不大,但从风速轮廓线可以看出,在高度较大的区域3.5m风障的挡风效果明显优于3m风障,这对于高度较大的车型十分重要,因为等效风速计算并没有考虑高度因素,而对于高度较大的车型,除了侧倾还可能存在侧翻危险。由计算结果可以看出,小轿车和集装箱挂车成为主要控制车型,且一般在高速公路中,小轿车在过路车型中占比较大,因此,在桥面行车安全上需得到特别重视。大量的研究证实,空载的集装箱挂车在风速较大的桥面上行驶存在很大的安全隐患。根据以往经验,考虑到在±5°攻角下,高度较小的风障很可能出现挡风性能不足的情况,且椭圆形截面风障3.5m 60%阻风率方案超出允许值很小,用该方案替代上表矩形风障3.0m 55%阻风率方案,进行下一步±5°攻角计算。

罗列出±5°攻角下满足要求的方案,见表3-29。

±5°攻角下满足要求方案　　　　　　　　表3-29

编　号	截面形式	高度(m)	阻风率(%)
1	矩形截面	3	60
2	矩形截面	3.5	60
3	椭圆形截面	3.5	65(近似满足)

可以看出,3m的矩形截面60%阻风率方案相比3.5m方案在经济上更具有优势,故3.5m方案可不作为备选方案考虑。在大众审美上,椭圆形截面相对矩形截面,美观性更加突出,故椭圆形截面3.5m高度65%阻风率可作为一个备选的风障方案。

针对矩形截面 3m 高度 60% 阻风率及椭圆形截面 3.5m 高度 65% 两个方案,进一步计算主梁和风障的静风特性。

3.4.3 主梁及风障静风特性计算

风障设置的同时会改变桥梁的气动特性,包括静力特性和动力特性等。因此,基于满足行车安全这一目的,风障的优良性还应考虑对主梁气动特性改变的影响程度。如果风障的设置使得桥梁的静风压力增加过大甚至由于气动外形的改变降低颤振临界风速等,则该种方案设置应该慎重思考或者进一步研究。下面仅针对上述两种满足要求的方案对主梁的三分力系数进行计算,同时计算风障所受阻力系数。

体轴坐标系下横桥向气动力系数 C_H、竖向气动力系数 C_V 和气动力矩系数 C_M 分别定义如下:

$$C_H = \frac{F_H}{q_w H} \tag{3-35}$$

$$C_V = \frac{F_V}{q_w B} \tag{3-36}$$

$$C_M = \frac{M_T}{q_w B^2} \tag{3-37}$$

式中:F_H——体轴下主梁(风障)所受阻力;

F_V——主梁(风障)所受升力;

M_T——主梁(风障)所受升力矩;

$q_w = \rho U^2/2$——来流动压,ρ 和 U 分别为空气密度和来流速度;

H——主梁(风障)高度;

B——主梁(风障)宽度。

根据禹门口黄河公路大桥节段模型测力试验报告,成桥阶段主梁所受体轴下三分力系数见表 3-30。

无风障主梁体轴下三分力系数 表 3-30

风攻角(°)	C_H	C_V	C_M
-5	1.2442	-0.4361	-1.60×10^{-4}
0	1.2214	-0.168	0.04535
5	1.3583	0.2092	0.09822

满足风速条件的三个方案的三分力系数及风障所受阻力系数见表 3-31。

带风障主梁三分力系数及风障阻力系数 表 3-31

工况	三分力系数	-5°攻角	0°攻角	+5°攻角
矩形截面 3m 高度 60% 阻风率	主梁阻力系数	1.7125	1.6860	2.0780
	主梁升力系数	-0.3685	-0.3367	0.0289
	主梁升力矩系数	0.0197	0.0420	0.0140
	左侧风障阻力系数	0.8035	0.8690	0.8635
	右侧风障阻力系数	0.1891	0.0097	-0.0160

续上表

工况	三分力系数	−5°攻角	0°攻角	+5°攻角
椭圆形截面3.5m高度65%阻风率	主梁阻力系数	1.7638	1.7230	2.2603
	主梁升力系数	−0.3735	−0.3990	0.0456
	主梁升力矩系数	0.0266	4.88×10^{-5}	0.0358
	左侧风障阻力系数	0.9460	0.9495	0.9962
	右侧风障阻力系数	0.1744	0.0097	−0.0186

可以看出,两种方案的阻力系数较无风障方案均有所上升,升力系数和升力矩系数规律性不一致。椭圆形截面方案由于阻风率较高,因而无论是主梁还是风障的阻力系数都较矩形截面方案要高。因而,若从实用性和经济型方面出发,可以选择矩形截面方案。若从美观性考虑,椭圆形截面也可以作为一种合适的风障设置方案。

3.4.4 小结

根据CFD数值模拟,在拟定的12种风障方案中选出了阻风效果良好的风障方案,之后进一步计算了该方案主梁的三分力系数和风障所受阻力系数,最终确定推荐方案。通过以上过程,考虑阻风效果、安全性、美观等因素,得出以下结论:

(1)最终推荐方案为矩形断面3m高度60%阻风率或椭圆形断面3.5m高度65%阻风率。

(2)施加风障后,车道1为"控制性车道",流场环境复杂,风速波动明显,需着重关注;车道2~6风速变化平稳,且桥面风速逐渐减小。

(3)推荐方案对风速折减效果明显,且对应的等效桥面风速均小于安全风速。

(4)推荐方案对桥梁断面的阻力系数都有所提升,具体影响和解决措施还需继续研究。

(5)由于采用分车型设置评判标准的方法,推荐方案相较一般方案更加贴近实际情况,可适当降低风障成本。

3.5 结论与建议

本章通过对桥位风特性的观测和主梁动力特性的计算,选定施工最不利状态即最大双悬臂状态和桥塔自立状态进行了风洞试验,并根据试验结果提出在最大双悬臂阶段设置临时辅助墩的措施以保证施工安全,并优化了风障方案。

(1)由于禹门口黄河公路大桥桥位地形复杂,施工期内风环境复杂多变,通过桥位风观测,明确了桥位风速风向的分布规律,为桥梁施工进度组织提供参考,关键的施工工序尽量避开强风天气,也为施工设施的抗风安全措施提供了依据。

(2)通过动力特性分析可知,最大双悬臂施工状态下桥梁的关键振型明显低于最大单悬臂状态,对风与桥梁结构相互作用更加敏感,因此,基于最大双悬臂施工状态,开展了桥塔自立状态及最大双悬臂施工状态气弹模型风洞试验,测量了最不利施工状态的风振响应,针对最大双悬臂施工状态风振响应较大的问题,设计了临时辅助墩方案以抑制风振响应,并通过风洞试验验证,保障了禹门口黄河公路大桥在强风天气下的施工安全性。

(3)针对禹门口黄河公路大桥的山谷风场较为恶劣,可能造成桥上行车发生侧滑、侧倾等安全问题,设计并优化了风障方案。首先,根据CFD数值模拟,在拟定的12种风障方案中选出了阻风效果良好的风障方案:矩形截面3m高度和椭圆形截面3.5m高度。然后,进一步计算了这两种方案主梁的三分力系数和风障所受阻力系数。两种方案的阻力系数较无风障都有所上升,升力系数和升力矩系数规律性不一致,若从实用性和经济型方面出发,可以选择矩形截面方案;若从美观性考虑,椭圆形截面也可以作为一种合适的风障设置方案。通过以上过程,综合考虑阻风效果、安全性、美观等因素,提出了风障推荐方案,有效地改善了车辆行车风环境,有力地保障了禹门口黄河公路大桥在运营期间的行车安全性和舒适性。

Part 2 第二部分

工程创新

第4章
黄河主河道深基坑开挖、干封底施工工法

4.1 工程概况

禹门口黄河公路大桥桥位位于黄河河漫滩及阶地上，主桥12号索塔承台位于滩涂区，地表处为黄河主槽，距河边200m，承台基坑深约10.5m；主桥11号索塔承台位于水中，承台基坑深度约9.5m。

桥梁基础采用水下开挖，基坑深度约9m，承台尺寸较本项目略小，开挖及封底施工共计35d，采用的施工工艺为围堰支护、水下吸泥抽砂开挖、水下封底。此施工工艺的难点在于，水下开挖时，基底高程难以控制，围堰及护筒（先桩后承台）四周难以清理到位；水下封底时因无法直视，封底质量难以保证，封底混凝土顶面平整度难以控制，且其投入较大（水下吸泥抽砂设备的加工、封底平台的搭设、封底设备的加工等），施工周期较长；水压力是影响围堰结构安全的重要因素，基于上述因素本项目提出了基坑干法施工，开挖、封底共计施工28d，解决了水下开挖的质量安全问题，降低了地下水位，减小了围护结构受力，最终经过总结，形成了工法。

4.2 工法特点

（1）采用井点降水，降水范围大、效果好。能迅速降低地下水位，保证基坑干开挖和干封底施工顺利进行。

（2）干封底可避免水下封底的盲目性，有效控制基底高程，封底混凝土与各构件之间紧密黏结，封底质量得以保证。

（3）干开挖、干封底避免了水上作业，规避了水上作业的安全风险；同时，围堰外侧受力减小，整体结构安全性大幅提高。

（4）降水后干开挖，单位时间内出土量较水下开挖大幅提升，施工进度明显加快。

（5）可根据设计降水深度确定井深及井管数量，在基坑围堰外布置井群，平面布置形式简单明了。

（6）降水后，围堰外水土测压力大幅降低，围堰内支撑体系优化可减少部分型钢支撑，节省施工成本。

（7）干封底较水下封底，封底混凝土可减少一半以上用量，为项目节省成本。

（8）井点降水构造简单，降水设备及操作工艺简便，运行成本低。

4.3 适用范围及工艺原理

4.3.1 适用范围

本工法适用于地下水位 10~20m 的地面或河流主河道允许在不侵占河道 10% 范围内筑岛的，开挖深度在 10.5m 内大型基础施工。

4.3.2 工艺原理

通过井点降水结合钢板桩围堰的方式，降低水位 10~12m，使得墩台水位保持在基坑底高程以下，使所挖土体始终保持干燥状态。主桥 12 号基坑 20 口降水井降水效果模拟图如图 4-1 所示。

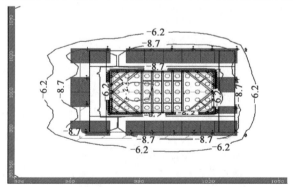

图 4-1 主桥 12 号基坑 20 口降水井降水效果模拟图

4.4 施工工艺流程及操作要点

4.4.1 施工工艺流程

施工工艺流程如图 4-2 所示。

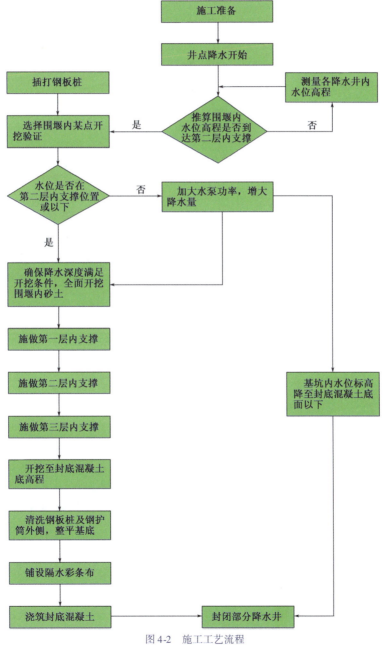

图 4-2 施工工艺流程

4.4.2 操作要点

1)降水井的设计和平面布置

根据工程水文地质情况,结合施工经验,计算单口井降水漏斗及基坑总涌水量,确定降水井直径、数量及井管长度,然后在基坑围堰外均匀布置降水井位置。

井管选用 $\varphi 400\text{mm}$ 无砂混凝土管,通过钻孔、安放井管和抽水设备,建立起井点降水系统进行基坑降水。在干封底完成后,承台浇筑完成前,封掉部分降水井,留置一部分继续降水,保持围堰外侧水土压力稳定,待承台浇筑完成基坑回填后封闭所有降水井。

经过模拟计算,主桥 12 号基坑周边设置 20 口降水井(长边各 8 口,短边各 2 口),降水后,围护桩外围长边一侧水位埋深为 8.7m,短边一侧水位埋深为 6.2m,无法满足降水深度要求,故对降水井数量进行调整,将长边由 8 口调整为 10 口,短边由 2 口调整为 4 口,共计设置 28 口降水井。主桥 12 号基坑降水井布置图如图 4-3 所示。

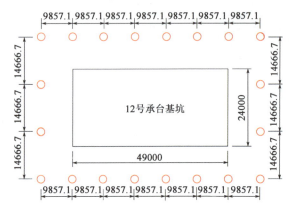

图 4-3　主桥 12 号基坑降水井布置图(尺寸单位:mm)

2)降水井成井工艺

(1)井孔定位:根据井位设计进行放线定位。

(2)做井口:在井口安放护筒。

(3)钻机就位钻孔:采用打井机钻孔至设计高程,使用泥浆护壁钻进,孔径不小于 600mm,钻孔垂直度偏差不大于 1%。

(4)填井底砂:用粗砂和砾石回填井底作滤层。

(5)井管制作:管道所采用的碎石粒径不大于 1cm,在预制井管时,控制好无砂混凝土配合比,尽可能减少胶凝材料的使用,保证管道具有较强的渗漏性。

(6)井管安装:井管选用 $\varphi 400\text{mm}$、长 1m、壁厚 5cm 的无砂混凝土管,井下部 3m 的滤水管外包尼龙滤网,先将无砂混凝土井管排列、组合,每节井管的两端口要找平,用竹片捆扎以免脱落。

(7)填砂:采用 6~8mm 粒径粗砂,回填井管周围。

(8)安装水泵及控制电路:泵体安装要稳定,泵轴垂直,接好电源和控制线路。

(9)试抽水:经检查合格后进行试抽水,以检查抽水设备运转是否正常,检查各个接头在试抽水时是否有漏气现象,发现漏气应重新连接,直至不漏气为止;测定抽水井的流量及观测井管内的水位变化,对照设计确定是否满足要求。

3)降水运行及技术要求

(1)降水试运行:在开始降水运行之前,测定各口井和地面高程,测定静止水位,检查各抽水设备、电缆及排水管道,然后进行降水试运行。

(2)正式运行:

①在开挖前提前抽水,开挖前须保证有20d以上的预抽水时间;

②基坑开挖后,根据开挖进度,控制井内水位在一定深度内,水位如有上升,应更换大功率水泵或增加抽水频率,对于出水量较大的井每天开泵抽水次数也应增多;

③降水运行阶段对坏掉的泵应及时调泵并修整;

④降水过程从钢板桩插打前开始,水位降至基坑封底混凝土底以下50cm时,降低抽水速率,让基底水位保持不变;

⑤降水运行过程中切实做好降水观测记录。

4)降水运行控制及监测

降水井施工完成后,应立即投入预抽水,预抽水应在基坑开挖前20d左右或更早进行。降水过程中可随井内水位及时开泵与关泵,根据开挖进度,控制井内水位在一定深度内。

降水过程中须加强降水监测,及时对每个井的实际位置和实际出水量进行汇总统计,利用群井抽水试验资料修正参数,同时根据基坑开挖和支撑施工的工况对降水方案进一步细化,确定各工况下开井的数量及所需水位深度,以指导降水运行。

降水运行中每天将抽水量、水位的动态情况及监测资料抄送项目部和监理,以便制作各种图表,控制降水运行的过程。

5)钢板桩插打

(1)插打顺序:结合现场承台实际施工进度,钢板桩插打从上游中间开始,分两个工作面同时作业。合龙口的位置选择在下游侧的某个角点附近,以保证其垂直准确,其插打施工顺序示意图如图4-4所示。

(2)钢板桩定位:采用全站仪精确定位,先安装内侧导向架,每隔2m用短型钢和内侧导向焊接固定,保证钢板桩插打的平面位置和垂直度。

(3)钢板桩吊运:起吊时用履带式起重机将钢板桩吊起,然后用两个吊钩调整钢板桩成垂直状态,脱出小钩移向安插位置,插入已就位的钢板桩锁口中,钢板桩就位后即套上桩帽,用DZ90振动锤将之施打至设计高程0.5m以上,待合龙后再补打至设计高程。

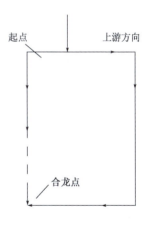

图4-4 钢板桩插打顺序示意图

(4)钢板桩合龙:在整个钢板桩施工插打过程中,开始时插一根打一根,即将每一根钢板桩打到设计位置;至剩下最后5片时,要先插后打,即先将钢板桩插至稳定高度,合龙后,再逐根打到设计深度。钢板桩插打如图4-5所示。

6)基坑开挖

(1)清理基坑顶部土体至第一层钢支撑位置,安装第一道钢围檩和钢支撑,采用长臂挖机进行基坑土方开挖(图4-6)。

图 4-5　钢板桩插打

图 4-6　长臂挖机开挖

(2) 开挖至第二道钢支撑以下 50cm 处,安装第二道钢支撑以及第一层钢支撑和第二道钢支撑之间的连接。

(3) 将小挖机放置于基坑内进行继续进行基坑土方开挖,门式起重机和吊车配合出土,开挖至第三道钢支撑以下 50cm 处,安装第三道钢支撑(图 4-7)。

7) 封底

(1) 开挖至封底混凝土底面后,清平基底,并用高压水枪冲洗钢护筒及钢板桩,确保封底时,混凝土与钢构件之间黏结密实。

(2) 基底铺设彩条布,防止混凝土浇筑时基底砂土影响封底混凝土质量(图 4-8)。

图 4-7　小挖机开挖

图 4-8　基底彩条布铺设

8) 注意事项

(1) 钢板桩插打时,每片钢板桩两侧锁口内均涂填黄油混合物,以减少钢板桩插打或拔除时相互间的摩擦力,并提高抗渗漏性能。同时在暂时不插套的锁口下端打入硬木楔,防止沉入时泥沙堵塞锁口,以防钢板桩插打时发生跑位现象。

(2) 基坑开挖时,应对围堰变形和受力情况进行观测,如发现监测超出允许范围值,则应立即停止开挖,并向围堰内注水,防止围堰变形进一步扩大。

(3) 在施工期间对各类监测点进行保护,测点位置禁止堆放材料,避免监测点数据无法连贯。

(4)施工期的监测频率、精度及预警值参考《建筑基坑工程监测技术规范》(GB 50497—2009)执行,当变形超过预警值、监测数据变化较大或速率加快,或出现异常,或遇突发情况时,应提高监测频率。

(5)封底混凝土浇筑时,严格控制振捣,防止出现裂隙或混凝土空隙率过大,出现渗漏水。

(6)混凝土浇筑过程中禁止出现纵、横向施工缝,应一次性浇筑完成。

4.5 材料与设备

施工主要材料见表4-1。

施工主要材料　　　　　　　　　　　　　表4-1

材料名称	规　格	单　位
井管	$\Phi 400 \times 50$	mm
粗砂	6~8	mm
彩条布	3×16	m
水管	$\Phi 150 \pm 10$	mm

施工主要设备见表4-2。

施工主要设备　　　　　　　　　　　　　表4-2

设备名称	型　号	数　量	单　位
打井机	—	2	套
水泵	3kW	30	台
门式起重机	40t	1	台
汽车式起重机	25t	1	台
履带式起重机	50t	1	台
长臂挖机	斗山24m	2	台
小挖机	山河智能60	4	台
电焊机	500A交直流	4	台
汽车泵	37m	2	台
装载机	LG50	2	台
发电机	300kW	1	台
精密水准仪	苏一光DSZ03	1	台
GPS测量仪	华测T8	1	台
振动棒	$\Phi 50$	8	台
罐车	$10m^3$	6	台

4.6 质量控制

4.6.1 质量控制标准

(1)《建筑地基础工程施工质量验收规范》(GB 50202—2002);
(2)《公路桥涵施工技术规范》(JTG/T F50—2011);
(3)《建筑基坑工程监测技术规范》(GB 50497—2009)。

4.6.2 质量控制措施

(1)井管施工过程中,控制井径、井深、井管配制、砂石料填筑、试抽等工序的质量。井深必须保证设计深度,井孔保证垂直。

(2)内支撑系统各杆件的加工及安装应该严格控制精度,安装时应测定各构件的平面位置,控制好各部位的高程,尽可能使内支撑系统在同一水平面上,以确保均匀受力。

(3)内支撑构件要焊接牢固,避免局部失稳;内支撑与钢板桩间要尽量密贴,有空隙处应用木楔或钢板插垫。

4.7 安全、环保措施

4.7.1 安全措施

(1)基坑开挖不得超出每层内支撑以下100cm。在内部支撑系统安装过程中,应加强对钢板桩桩顶位移、桩身变形和支撑受力的监测,及时对监测数据分析反馈,如有异常变化应立刻停止施工,疏散围堰内施工人员,立刻向围堰内补水,保证内外水压平衡,及时向主管部门进行汇报处理。

(2)一旦发现水位观测孔中的水位、水量变化异常、局部区域出现超降现象,立即采取措施,停止降水,必要时进行地下水回灌。

(3)所有施工机械,必须设专人维修,验收合格,方准使用。

(4)所有机械驾驶员,必须持证上岗,严禁违章操作。

(5)水泵电缆不得有接头、破损,以防漏电。

(6)降水期间,必须24h有专职电工值班,持证操作。

4.7.2 环保措施

(1)降水井中如果抽出污水,汇集到沉淀池中,经沉淀后排入河流。

(2)施工时,加强施工管理和工程监理工作,严格检查各种施工机械,防止油料发生泄漏污染水体。

（3）基坑开挖过程中，如果开挖的砂土含泥量过大，禁止使用其筑岛，应外运处理。

（4）土方、砂石料等散装物料运输和临时存放，应采取防风遮挡措施，以减少起尘量。

（5）选用符合国家环保卫生标准的施工机械设备和运输工具，确保其废气排放符合国家有关标准。

4.8 效益分析

4.8.1 技术效益

基坑降水后开挖较水下封底可大幅提高封底混凝土质量，封底混凝土顶面平整度控制良好。

4.8.2 社会效益

（1）基坑降水后开挖，对确保大型深基坑施工工期，效果非常显著，干开挖（28d）较水下开挖（35d）可节省20%的工期。

（2）降水后基坑开挖与水下吸泥开挖相比，占用基坑外围施工场地少，节约用地，有利于基础施工阶段施工平面布置和文明施工。

（3）降水后开挖与水下吸泥开挖对比，前者对附近水体污染小，且便于集中处理。

4.8.3 经济效益

主桥12号基坑干开挖干封底与水下开挖水下封底费用对比见表4-3。

主桥12号基坑干开挖干封底与水下开挖水下封底费用对比　　　　　表4-3

干封底项目	单价	数量	费用	水下封底项目	单价	数量	费用
打井	200元/m	560m	11.2万元	空气吸泥机	7万元/套	3套	21万元
水泵	3000元/个	30个	9万元	水泵	3000元/台	2台	0.6万元
小挖机	2万元/月	4台	8万元	吸泥平台	4500元/t	15t	6.75万元
汽车式起重机	2.9万元/月	1台	2.9万元	封底平台	4500元/t	60t	27.3万元
履带式起重机	4.5万元/月	1台	4.5万元	料斗、导管	—	—	10万元
汽车泵	23元/m³	1424m³	3.3万元	汽车泵	23元/m³	2848m³	6.6万元
装载机	1.7万元/月	2台	3.4万元	储气罐	1.1万元/个	1个	1.1万元
封底混凝土	250元/m³	1424m³	35.6万元	封底混凝土	250元/m³	2848m³	71.2万元
干开挖	10元/m³	15300m³	15.3万元	水下开挖	12元/m³	15300m³	18.8万元
小计			93.2万元	小计			163.4万元
节省			70.2万元				

本工法优于水下吸泥开挖施工的方法，节约成本投入，产生经济效益70.2万元。

第5章
一墩双T不平衡配重连续梁的转体施工工法

5.1 工程概况

禹门口黄河公路大桥及引道工程西引桥为变截面连续箱梁桥,采用双幅桥设置,主墩墩顶5.0m范围内梁高5.3m,跨中及边墩墩顶现浇段梁高2.5m,梁底曲线为二次抛物线,上跨两条电气化铁路,设计采用转体施工,在中跨合龙段不侵占铁路线上方及边墩位置的双重考虑下,连续梁结构设计顺桥向不平衡,A、B幅横桥向不平衡,采用不对称悬臂施工。

常规的挂篮悬臂施工一般为对称悬臂,不能解决梁体自身不对称产生的不平衡力矩,为了保证结构的受力和线性满足施工要求,中交隧道局禹门口黄河公路大桥项目部联合陕西通宇公路研究所有限公司进行现场数据采集、模拟计算和技术攻关,对配重方案进行分析研究,解决了一墩双T不平衡配重连续梁的施工难题,圆满完成了转体施工任务。经过项目整理施工技术,形成了本工法。

5.2 工法特点

(1) 转体重量大。采用了国内最大吨位的 RPC 球铰。

(2) 施工精度有保证。施工过程中通过精密全站仪和电子水准仪确保球铰、滑道的安装精度,在球铰、转盘、撑脚处安装了电子罗盘仪、拉绳位移计、标尺、倾角仪、百分表等进行转体监控,建立了自动无线监测系统,对主梁施工监控应力、转体过程中的主梁线形、撑脚应力进行实时采集。

(3) 施工过程安全性较好。因为转体施工是在跨越障碍两侧施工,从安全方面考虑比在障碍物上空作业更安全。而且,不会对桥梁下部的铁路运营线造成影响。

(4) 施工工艺和所用施工机械简单,仅需千斤顶牵引,上转盘转动即可使上部结构在短时间内转体就位,简便易行,易于控制,便于推广。

5.3 适用范围及工艺原理

5.3.1 适用范围

本工法适用于不对称、不平衡悬臂连续梁桥施工。

5.3.2 工艺原理

通过在桥台或桥墩上预制一个转动轴心将桥梁分成上、下两部分,实现上部整体旋转、下部固定的体系,结合梁体自身不平衡需通过配重调整,配重数据需要检测摩阻系数、偏心距,最后达到转体和现浇箱梁的平衡稳定。

5.4 施工工艺流程及操作要点

5.4.1 施工工艺流程

施工工艺流程如图 5-1 所示。

5.4.2 操作要点

1) 球铰系统安装

球铰下座板及滑道安装:下承台的浇筑分两次完成,在混凝土浇筑至距离下承台顶面 60cm 时,安装球铰下座板和滑道骨架并定位牢固,顶面应平整,相对高差小于 2mm,顶面高程应控制在 ±1mm 范围内,然后进行下承台二次混凝土浇筑(图 5-2)。

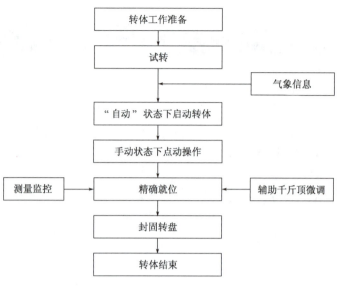

图 5-1 施工工艺流程图

图 5-2 球铰下座板及滑道安装

2)球铰上盘、下盘安装

(1)吊装球铰下盘至下座板上,对其进行对中和调平,对中要求下球铰中心纵横向误差不大于 2mm。施工采用十字线对中法,使球铰周围顶面处各点相对误差不大于 1mm,将球铰下盘和下座板用连接钢板焊接固定。

(2)当球铰下盘精确定位后,将球铰下盘球面清理干净,并将球面吹干,然后在超高分子量聚乙烯滑板上均匀涂抹一层 295 硅脂。

(3)球铰下盘安装完成后,将中心转轴钢棒放入球铰下盘和下座板的预埋套筒中。中心转轴与球铰下盘预留孔以及球铰下座板预留孔之间间隙应符合设计要求,以便中心轴的转动及竖向称重需求。

(4)吊装球铰上盘、上座板,就位后检查球铰上下盘相对转动的情况并临时锁定限位。球铰上、下盘吻合面四周用胶带缠绕密封,严禁泥沙或杂物进入球铰摩擦部(图 5-3)。

(5)浇筑转体牵引反力座混凝土。

图5-3　球铰下盘、上盘安装

3)撑脚及滑道安装

(1)球铰安装就位时即安装撑脚,并在走板与滑道之间设楔形钢板进行支撑固结。

(2)在撑脚的下方设有1.1m宽的滑道,滑道中心半径4.35m,要求整个滑道面在一个水平面上,滑道骨架顶面角钢相对高程高差不大于2mm;滑道顶面局部平整度不大于1mm;其相对高差不大于2mm(图5-4)。

图5-4　撑脚及滑道安装

(3)每个滑道上布置16个砂箱,转体不平衡称重前拆除砂箱。

4)转体牵引系统

本桥转体选用两套四台ZLD500型液压,同步、自动连续牵引系统,形成水平旋转力偶,通过拽拉锚固且缠绕于直径11m的上转盘上的19-ϕ15.2mm钢绞线,使得转动体系转动。转体牵引系统平面示意图如图5-5所示。

5)转体前的准备工作

(1)确定转体重心位置。

(2)环形滑道清理干净,检查滑道与撑脚间间隙,在滑道上满铺四氟板。

(3)平转千斤顶、辅助千斤顶、微调千斤顶标定。

(4)平转千斤顶、牵引索、锚具、泵站配套安装、调试。要求各束钢绞线平直,不打绞、纽结。

(5)助推千斤顶安装。

(6)安装微调及控制设备,做好各种测控标志,标明桥梁轴线位置。

(7)在转体梁就位的滑道位置设置限位型钢加橡胶缓冲垫,以限制梁体超转。

(8)各关键部位再次检查,确认签字。

(9)进行技术准备(技术交底、记录表格、各观测点人员分工、控制信号、通信联络等方面)。

(10)转体静置24h后,各种测量数据上报监控组,确认其处于平衡状态。

(11)桥墩、临时墩上限位装置设置好。转体范围内障碍清除干净。

(12)作业天气要求风力小于10m/s(5级),无雨。

(13)安装户外显示大屏。

以上准备工作完毕,经检查无误后,报请监理工程师签认。在铁路部门批准的时段内进行转体。

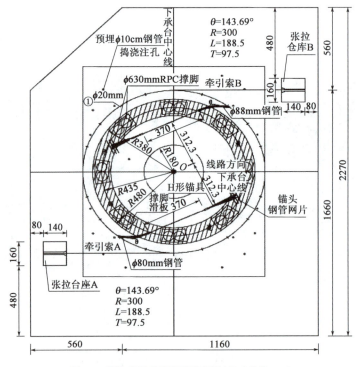

图5-5 转体牵引系统平面示意图(尺寸单位:cm)

6)称重试验

(1)称重原理如下:

以球铰为矩心,顺、反时针力矩之和为零,使转动体系能平衡转动,当结构本身力矩不能平衡时,需加配重使之平衡。即:

$$M_{左} - M_{右} = M_{配} \tag{5-1}$$

式中：$M_左$——左侧悬臂段的自重对铰心的力矩；
$M_右$——右侧悬臂段的自重对铰心的力矩；
$M_配$——配重对铰心的力矩。

根据实测偏心结果，对于纵向偏心，采用在结构顶面的偏心反向位置，距离墩身中心线一定距离的悬臂段，堆码预制块作为配载纠偏处理法。

要使球铰克服静摩阻力发生微小转动，需要的转动力矩应大于或等于静摩阻力矩。静摩阻力矩可由下式计算：

$$M_2 = 0.98\mu_0 \cdot N \cdot R \tag{5-2}$$

式中：N——转体重量；
R——球铰球面半径；
μ_0——静摩擦系数。

转动体球铰静摩擦系数的分析计算称重试验时，转动体球铰在沿梁轴线的竖平面内发生逆时针、顺时针方向微小转动，即微小角度的竖转。摩阻力矩为摩擦面每个微面积上的摩擦力对过球铰中心竖转法线的力矩之和(图5-6)。

（2）测点布置如下：

根据设计，$N = 130000 \text{kN}$，$R = 2.4 \text{m}$，$\mu_0 = 0.1$；得到设计静摩阻力矩为：$0.98 \times 0.1 \times 130000 \times 2.4 = 30576 \text{kN} \cdot \text{m}$。

本试验于上承台底面施加顶力。在距转体中心线 4.5m 处设置两台 5000kN 的千斤顶，分

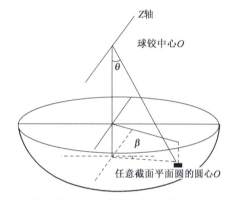

图 5-6 转动体球铰绕 Z 轴转动摩擦系数计算示意图

别对转体梁进行顶放，在每台千斤顶上设置压力传感器，用以测试反力值，同时在上转盘底四周布置 4 个位移传感器，用以测试球铰的微小转动。测点布置如图 5-7 所示，测量原理如图 5-8 所示。

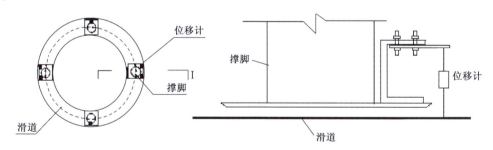

图 5-7 测点布置

千斤顶需要的顶力为 30576/4.5 = 6794.6kN。

（3）称重步骤如下：

①在选定断面处安装位移传感器和千斤顶及压力传感器，千斤顶布置平面图、立面图分别如图 5-9、图 5-10 所示；

②调整千斤顶，使所有顶升千斤处于设定的初始顶压状态，记录此时压力传感器的反

力值;
③千斤顶逐级加力,纪录位移传感器的微小位移,直到位移出现突变;
④绘制出 $P—\Delta$ 曲线;
⑤重复以上试验;
⑥对两幅梁共进行 4 次上述顶升试验;
⑦确定不平衡力矩、摩阻系数、偏心距;
⑧确定配重重量、位置及新偏心距。

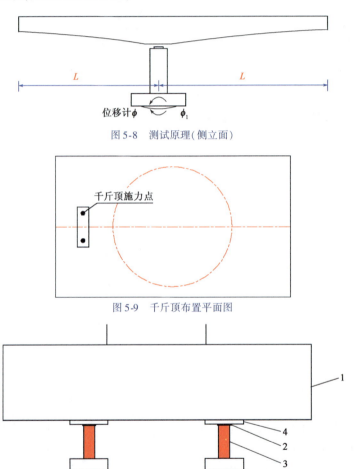

图 5-8　测试原理(侧立面)

图 5-9　千斤顶布置平面图

图 5-10　千斤顶布置立面图

1-LVDT 位移传感器;2-350t 压力传感器;3-400t 千斤顶;4-梁底垫钢板(150mm×150mm×40mm);5-千斤顶底座

7)试转

(1)预紧钢绞线。预紧应采取对称进行的方式,并应重复数次,以保证各根钢绞线受力均匀。预紧过程中应注意保证钢绞线平行缠于转盘上。

(2)合上主控台及泵站电源,启动泵站,用主控台控制两千斤顶同时施力试转。若不能转动,则施以事先准备好的辅助顶推千斤顶同时出力,以克服超常静摩阻力促使桥梁转动。

(3)试转过程中,应检查转体结构是否平衡稳定、有无故障,关键受力部位是否产生裂纹。

如有异常情况,则应停止试转,查明原因并采取相应措施,整改后方可继续试转。

8)正式转体

(1)分析采集试转的各项数据,对转体实施方案进行修正,方可进行正式转体。

(2)转体施工的外部条件的确认:

①转体施工必须在无雨雾及风力小于5级的气象条件下进行;

②转体之前与铁路局相关部门做好配合,在天窗点内安全的情况下完成转体。

(3)同步转体控制措施如下:

①两墩同时启动,现场设同步启动指挥员,用对讲机通信指挥;

②连续千斤顶公称油压相同,转体采用同种型号的两套液压设备,转体时按校验报告提供的参数控制好油表压力。

(4)转体监测。转体前在转盘上粘贴弧长刻度和角度,刻度弧长最小为1°,根据转动行走弧长标识一个角度值长度,转体过程中随时观测每个转盘转过的刻度,观察转体的钢绞线是否等速(图5-11)。

图5-11 转盘标尺

(5)转体控制如下:

①转体前在转盘上布置刻度。

②在转盘钢绞线上做好标记,观察同一转盘的两根牵引索通过千斤顶是否等速。

③转体就位采用1台全站仪观测中线,时刻注意观察桥面转体情况[根据现场实际情况,14号墩B幅中跨侧中心线每转过5m(5.3°),上报一次数据,14号墩转体49°B幅中跨中心线距终点1.92m时进入点转状态,15号墩转体49°A幅中跨中心线距终点1.436m时进入点转状态,点动状态下每转过50cm上报一次数据,在距终点20cm以内,每转过5cm上报一次数据],转体就位后中线控制在设计要求范围内。

(6)防超转限位装置应符合以下要求:

①转体前在转体就位位置安装I36a工字钢横梁,使工字钢横梁与转盘撑脚接触位置即为转体就位位置。

②每座转体在上、下盘的滑道之间均设置有8对保险撑脚,撑脚走板底面距离滑道顶面预留有12mm的缝隙,转体结构精确就位后,采用钢楔块进行抄垫固定,并用电焊将钢楔块同撑脚走板钢板、连同上盘滑道预埋钢板立即进行全面焊接连接。

(7)轴线偏差主要采用连续张拉千斤顶(图5-12)点动控制来调整,根据试转结果,确定每次点动千斤顶行程,换算梁端行程。每点动操作一次,测量人员测报轴线走行现状数据一次,反复循环,直至转体轴线精确就位。若转体到位后发现有轻微横向倾斜或高程偏差,则采用千斤顶在上下盘之间适当顶起拱,进行调整。

图5-12 转体自动控制设备、连续张拉千斤顶

9)封固转盘

经过转体和精确定位阶段并检测平面位置、高程均符合设计位置后,将上、下球铰转盘采用钢板焊接固定,在撑脚四周焊接钢板,将其与滑道焊接固定,保证转体单元不再产生位移。

清洗底盘上表面,焊接预留钢筋,支立模板,浇筑后浇筑承台混凝土。为保证后浇筑承台混凝土密实,在上承台施工时,在其四周、靠近中间位置预留混凝土下料孔和振捣孔,使上转盘和下装盘连成一体。

5.5　材料与设备

5.5.1　施工主要材料(表5-1)

材料使用数量表　　　　　　　　　　　　　　　表5-1

序　号	材料名称	规　　格	数　量	备　注
1	RPC球铰	竖向承载力13000t	1	14号墩
2	RPC球铰	竖向承载力10000t	1	15号墩
3	滑道	$\Phi4.35m$,宽1.1m	2	
4	撑脚	$\Phi630\times8mm$	16	

续上表

序 号	材料名称	规 格	数 量	备 注
5	牵引索	19-φ15.2mm,强度1860MPa	4	
6	砂箱	承重850t	32	

材料主要设计指标如下：

(1) RPC球铰的静摩擦系数≤0.06,动摩擦系数≤0.03；

(2) RPC球铰采用C120级RPC材料,设计允许应力≤42MPa；

(3) RPC球铰采用的超高分子量聚乙烯滑板,设计允许应力≤45MPa。

5.5.2 施工主要设备(表5-2)

主要设备使用表　　　　　　表5-2

序号	设备名称	型　号	数量	单位	备　注
1	连续千斤顶	ZLD500	4	套	牵引动力(备用1套)
2	主控台		2	套	主控系统(含控制电脑)
3	液压泵站		2	台	供油系统
4	千斤顶	YDC135Q	2	台	预紧牵引索
5	液压千斤顶	5000kN及以上	8	套	称重、顶梁
6	位移传感器	LVDT	4	台	撑脚处位移测量
7	压力传感器	BLR-1	4	台	千斤顶出反力测试
8	数据采集系统	IOTECH Wave Book 512		套	数据分析计算
9	发电机	500kW	2	台	
10	切割机	J3G6-400-2/2kW	2	台	
11	电焊机	BX-315/25kW	2	台	
12	气焊割		2	台	
13	气　泵		2	台	
14	助推千斤顶	250t	2	台	
15	全站仪		1	台	
16	水准仪	0.2mm	1	台	
17	汽车式起重机	25t	2	台	

5.6 质量控制

5.6.1 质量控制标准

(1)《公路工程质量检验评定标准》(JTG F80/1—2004)。

(2)《公路桥涵施工技术规范》(JTG/T F50—2011)。

5.6.2 质量控制措施

(1) 严格按照规范控制滑道安装的平面位置、高程、平整度,要求整个滑道面在一个水平面上,滑道骨架顶面角钢相对高程高差不大于2mm;滑道顶面局部平整度不大于1mm;其相对高差不大于2mm。

(2) 在加工球铰下座板和滑道板时就充分考虑到混凝土施工时的密实性问题,在下座板和滑道板上留有振捣孔和排气孔。

(3) 为确保转体过程的平稳转动,对施工过程中的梁体结构尺寸必须严格控制。

(4) 针对梁体浇筑产生的不平衡弯矩,可采取以下措施:

①通过在箱梁两端箱梁顶面放置配重块调整不平衡弯矩。

②对重量大的一侧梁体进行顶撑,对重量小的一侧进行下拉,确保不会因不平衡力矩而使箱梁倾覆。

5.7 安全、环保措施

5.7.1 安全措施

(1) 转体作业时间遵循铁路天窗点时间,必须在申请的有效时间内完成转体施工。

(2) 编制详细的应急预案,并根据预案组织预备的材料和人员,预防应急事故。

(3) 项目部专职安全员对现场作业人员进行安全交底、培训及考核,考核不合格者不得上岗。

(4) 在作业区外侧设置营业线施工的警示标志,明确限界等方面的警示。铁路区域要封闭围护,严禁施工人员翻越围护进入铁路股道和穿越铁路。

(5) 现场设置紧急扩音器,遇到紧急情况,施工人员撤离。

(6) 汽车式起重机等大型机械设备邻近营业线作业,机械大臂、吊绳、泵管等设备部件严禁侵入铁路限界和净空范围。动用汽车式起重机作业前,要复核起吊半径、伸臂长、大臂仰角、起式起重机物重量等均能满足其额定起重能力,方可动用。机械作业,安排有经验的专职人员指挥,无人指挥时,严禁机械操作,须执行一机一人防护。

(7) 营业线附近堆放的器材、工具必须牢固,严禁侵入铁路建筑限界,并安排人员24h看守。

(8) 转体前应与气象部门联系,选择转体的时机,要求48h内无5级以上大风,无降雨等恶劣天气。

5.7.2 环保措施

(1) 严格执行工完场清制度,保持施工场地整洁,降低对既有线的污染。

(2) 选用符合国家环保卫生标准的施工机械设备和运输工具,确保其废气排放符合国家有关标准。

(3)驻地生活区内设置垃圾点,垃圾集运到指定地点存放。
(4)及时清运施工弃土和弃渣,防止运输过程中发生倾倒事件。
(5)对可再利用的废弃物尽量回收利用。
(6)防止空气污染和扬尘措施,对工程材料存放场地、施工便道和生产、生活区道路采取硬化处理,施工过程中经常洒水,防止扬尘对施工人员造成危害。

5.8 效益分析

5.8.1 技术效益

采用阶段配重来平衡梁体自重导致的不平衡受力,创造性地采用"一拉一顶"的工艺方法,解决了一墩双T不平衡受力桥梁的施工难题。

5.8.2 社会效益

转体前对铁路运营安全有很高的保障,通过实际施工效果,社会各界对此工法的评价很高,西安铁路局、韩城市交通局多次组织人员来本项目观摩。

5.8.3 经济效益

本项目产生的经济效益见表5-3、表5-4。

西引桥14号转体费用 表5-3

RPC球铰项目	单价	数量	费用	钢球铰项目	单价	数量	费用
钢筋混凝土	890元/m³	22.2m×17.4m×2m	68.8万元	钢筋混凝土	890元/m³	22.2m×18.7m×2m	73.9万元
钢材	4600元/t	26.03t	12万元	钢材	4600元/t	38.2t	17.6万元
小计			80.8万元	小计			91.5万元
节省				10.7万元			

西引桥15号转体费用 表5-4

RPC球铰项目	单价	数量	费用	钢球铰项目	单价	数量	费用
钢筋混凝土	890元/m³	22.2m×17.4m×2m	68.8万元	钢筋混凝土	890元/m³	22.2m×24.3m×2m	96.1万元
钢材	4600元/t	26.03t	12万元	钢材	4600元/t	49.7t	22.9万元
小计			80.8万元	小计			119万元
节省				38.2万元			

（1）转体系统采用 RPC 球铰体系，与传统钢球铰相比，结构刚度大幅提高，缩小了承台面积，钢筋混凝土节省了 32.4 万元。

（2）RPC 球铰较钢球铰结构用钢量和机械加工量大幅减少，物料费节省了 16.5 万元。

（3）梁体施工期间将既有线施工变成了邻近既有线施工，大大降低了对既有线行车的干扰，节约了和铁路局相关单位的施工监督配合费约 800 万元。

第6章
大跨径组合梁两节段一循环散件悬拼安装施工工法

6.1 工程概况

禹门口黄河公路大桥位于陕西省韩城市,采用三跨双索面钢—混凝土组合梁斜拉桥。主桥采用半漂浮结构支撑体系,双工字形钢主梁与混凝土板共同受力的结合梁,斜拉索扇形布置。

山区桥梁项目多不具备通航条件,大型施工设备无法进入,节段整体吊装方案难以实施。只能采用散拼式安装,施工周期长,现场安全、质量控制难度大。为了保证结构受力和安装线形满足施工要求,中交隧道局禹门口黄河公路大桥项目部进行了组合梁散拼式安装模拟计算、组焊工艺及精度控制等方面的技术攻关,对构件安装方案进行分析研究,解决了组合梁散拼式架设的施工难题,圆满完成了安装任务。经过对项目相关施工技术的总结,形成了本工法。

6.2 工法特点

(1) 施工工期有保证。采用两节间钢梁及预制板安装后,整体进行湿接缝施工方式。减少混凝土浇筑等时间,缩短了主桥架设工期。

(2) 施工精度有保证。采用全回转起重机逐件进行安装,设置测量监控系统控制安装精度。钢梁就位后通过施拧顺序调整、斜拉索调载、设置预抬量等方式控制钢梁安装精度。

(3) 施工过程安全性较好。钢梁及预制板均采用 50t 全回转起重机施工,构件起重量较小,在吊装施工方面比采用大型桥面起重机高空作业要更安全。

(4) 施工工艺和所用施工机械简单,仅需全回转起重机、平板车、提升站、汽车式起重机、螺旋千斤顶等简单设备即可使钢梁各类构件在短时间内精确就位,简便易行,易于控制,便于推广。

(5) 适用性强,安装技术除用于高原地区、大型库区及不通航山区外,同样适用于施工工况较好的中东部地区类似工程项目。

6.3 适用范围

本工法主要用于钢桥制造及安装领域,适用于施工工况复杂的高海拔山区及环保要求高的库区,主要针对大跨径组合梁斜拉桥加劲梁及桥面板安装,在建筑钢结构和船舶施工领域也有很强的推广价值。

6.4 工艺原理

全回转起重机是桥位施工中最主要的安装设备,安装对起重机最基本的要求是能满足各类杆件的起吊、移动、定位,同时起重机自身可沿既有轨道向前移动。起吊、移动、定位可通过全回转起重机自身特点来实现。全回转桥面起重机主要由上车体、回转机构及下车体三部分组成。上下车体通过回转机构连接,可保证上车体可以进行 360°旋转。起重臂可通过提升卷扬机完成趴臂或起升。下车体与钢梁之间设置纵移轨道和支顶油缸,保证起重机整体可在液压驱动下前移,其工作原理如下:

(1) 支顶油缸顶起,起重机结构通过 4 个支顶油缸承重,起重机与轨道分离。

(2) 解除轨道与钢梁之间的锚固,利用液压系统将轨道整体前移 12m,轨道与钢梁重新锚固。

(3) 通过走行油缸多次伸缩和插拔销,使起重机整体沿轨道上部滑靴槽前移。

(4) 起重机就位后,支顶油缸复位。

6.5 施工工艺流程及操作要点

6.5.1 总体施工工法

1) 总体方案概述

在两侧主塔附近设置提升站,配置1台50t门式起重机和2台50t平板拖车。钢梁构件通过提升站提升至桥面后,通过50t平板拖车转运至安装区域,采用全回转起重机完成主纵梁、横梁、小纵梁、稳定板、导流板等构件安装。单个节间钢梁安装完毕后,进行斜拉索一张,逐件完成预制板安装。然后进行第二个节间钢梁及桥面板安装,最后进行已安装节间纵横向湿接缝施工。桥位主要安装设备布置如图6-1所示。

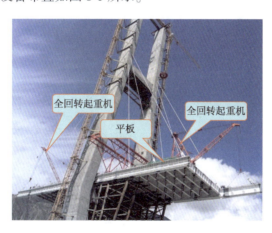

图6-1 桥位主要安装设备布置

钢梁运输至现场后,首先在预拼场进行锚拉板焊接,然后通过汽车运输至提升站下方。通过提升站提升至桥面,再通过运梁平车转运至安装区域。利用360°全回转起重机逐件安装各类构件。

2) 施工难点及应对措施

(1) 塔区横梁及小纵梁安装。受索塔上横梁的影响,塔式起重机不能直接完成塔区Z0梁段横梁的安装。施工中可在距离索塔中心9m处,将3段中横梁组拼成整体,采用拖拉装置将A梁段横梁平移至设计位置,并调整高程、轴线及里程。

(2) 塔梁锚固施工。塔梁锚固施工对于现场安装至关重要,需保证主梁安装过程中塔梁相对关系不变。施工中设计专用塔梁锚固支座组焊在钢梁上,同时在下横梁设置预埋件。钢梁安装后通过精轧螺纹钢将锚固支座与预埋件连接起来,即可完成塔梁固结。

(3) 塔区桥面板安装。塔区施工空间小,受塔壁所限,部分桥面板安装困难。施工中采用桥面起重机从边跨侧桥面下方吊取桥面板,架设主跨侧桥面板,并按照由外向内、由边向中的顺序进行安装。起重机附近部分桥面板无法安装时,可将起重机向边跨侧移动。

(4) 提升站设置。禹门口项目主塔无索区范围较小,设置Z0、Z1、B1三个梁段,需要在边跨侧设置提升站。提升站距离第一根斜拉索和塔壁均比较近。为此，在提升站主梁踏板区域设置预留孔，以便斜拉索通过。待斜拉索张拉后，采用分段拼接法逐块安装。

（5）主跨合龙施工。组合梁主跨合龙是体系转换的关键环节，中跨23号索梁段安装完成后，对先行安装的主梁和拉索的内力及桥梁线形进行检查和综合评价。在设计合龙温度和合龙加载状态下，反复测量需要的合龙梁段长度和连接转角。在合龙温度下快速将钢梁定位并打上定位冲钉，尽快在温度恒定区段时间内，安装连接螺栓实现合龙。

6.5.2 施工工艺流程

施工工艺流程如图6-2所示。

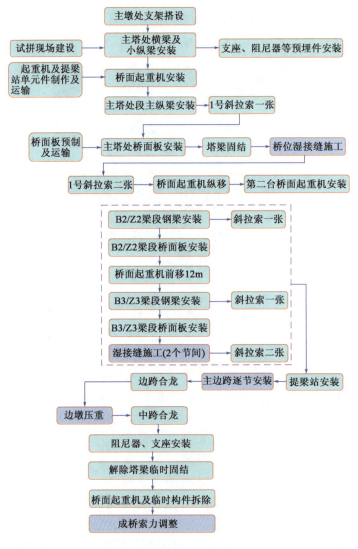

图6-2 施工工艺流程图

6.5.3 操作要点

1)塔区支架设计及施工

支架设计应能满足如下功能:承受塔区 Z0、Z1、B1 三个梁段钢梁及桥面板自重,承受附加桥面起重机及提升站自重,承受钢梁拼装过程中边、中跨不平衡荷载等。另外,塔区还需存放一定数量的钢梁杆件。

(1)支架结构形式。

支架采用钢管支架形式,支架系统主要由钢管立柱、平联、斜撑、对拉系统、操作平台等部分组成。

下横梁施工完成后,施工支架暂不拆除,将存梁支架与下横梁支架连接,保证其稳定性。支架立柱采用 φ820mm×10mm 钢管,钢立柱底部支撑在主墩承台上。平联采用[32a槽钢。

12 号墩存梁支架相关布置如图 6-3~图 6-5 所示。

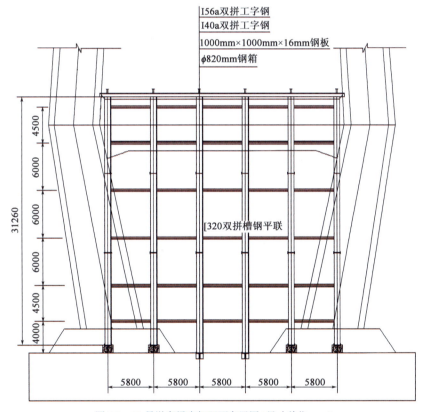

图 6-3　12 号墩存梁支架正面布置图(尺寸单位:mm)

(2)支架安装。

单个构件最大质量 6.5t,吊高约 32m,采用汽车式起重机吊装。

第 1 步:施工承台、塔座、塔柱及下横梁时在相应位置进行支架预埋板施工,预埋件深度满足图纸要求,确保基础承载力。

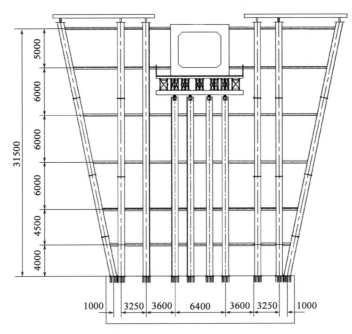

图 6-4 12 号墩存梁支架 A-A 剖面布置图(尺寸单位:mm)

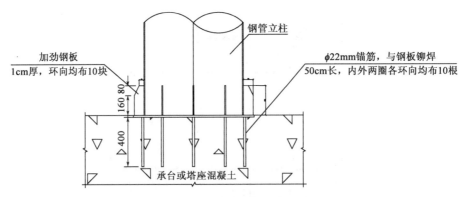

图 6-5 存梁支架预埋件大样及其与钢管立柱连接示意图

第 2 步:钢管桩加工完成后运输至主塔处,利用塔式起重机、50t 履带式起重机进行支架钢管桩的吊装,并与塔柱、横梁进行临时固结。

第 3 步:斜撑、操作平台及支架间横撑安装。支架立杆安装完成后,首先进行水平横联和临时施工操作平台的安装。然后根据现场实际长度进行双排托架之间各联系撑的安装。

第 4 步:分配梁安装。钢管桩顶进行柱帽加强,将分配梁与钢管桩固结。

第 5 步:上部施工平台搭设。为保证施工安全,分配梁顶面利用型钢和花纹钢板设置施工平台,施工平台错开钢梁安装位置。施工平台周边设置防护栏杆。塔区横梁、小纵梁及桥面板安装均在施工平台上进行。

2)塔区横梁及小纵梁拼装

根据现场地形,采用塔式起重机将 Z0、B1、Z1 梁段的横梁、小纵梁分别吊装至塔区施工平台上进行安装。采用现场塔式起重机将 3 个中间横梁吊放至存梁支架上距离桥墩中心线靠岸侧9m处,拼接成整体后,采用拖拉装置将Z0梁段横梁平移至设计位置,并调整高程、轴线及里程。预先在纵向分配梁顶面和钢横梁底面接触部位安装聚四氟乙烯板。待横梁组拼完成后,采用钢倒链、手拉葫芦进行平移(图6-6)。

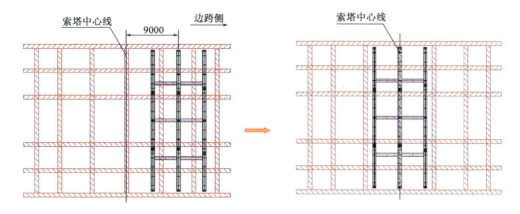

图6-6　Z0梁段横梁及小纵梁安装(尺寸单位:mm)

利用塔吊安装B1、Z1梁段的横梁、小纵梁并与Z0梁段连接成整体。利用精轧螺纹钢和支架上的连接装置将钢横梁与临时支架锚固成整体(图6-7)。

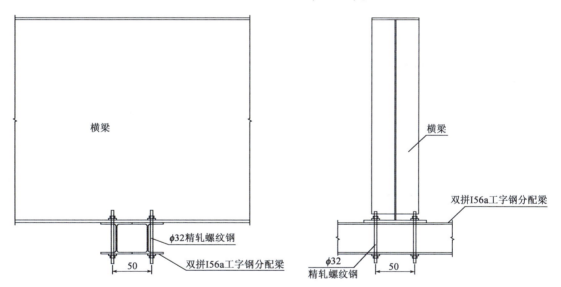

图6-7　横梁与分配梁的锚固示意图(尺寸单位:mm)

3)桥面起重机安装

桥面起重机最重构件不超过10t,均在塔式起重机的吊重范围之内,因此,直接采用塔式起重机在塔区施工平台上进行桥面起重机拼装,拼装顺序为:目测检查→拼装下车体→安装上车体骨架→安装回转机构、配重→安装卷扬机→安装三脚架→安装司机室平台及司机室→安装电气、液压系统并调试→拼接起重臂、安装起重臂、穿钢丝绳→安装附属件→检查、准备试车。

4）塔区主纵梁安装

采用桥面起重机自岸侧桥面下方取梁,安装 Z0、B1、Z1 梁段的主纵梁。Z0 梁段主纵梁安装时,受塔壁影响主纵梁不能直接就位,需要先吊装至 B1 梁段安装位置处,再通过纵向滑移装置平移到位。Z0 梁段主纵梁安装顺序示意图如图 6-8 所示。

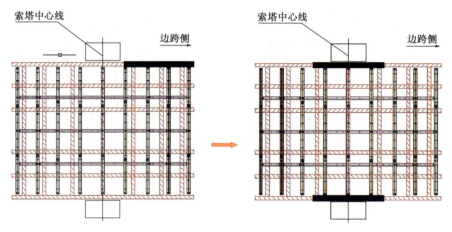

图 6-8　Z0 梁段主纵梁安装顺序示意

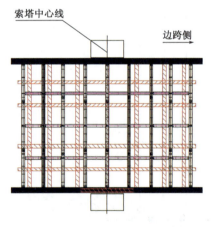

图 6-9　塔区 B1、Z1 梁段主纵梁安装

Z0 梁段主纵梁安装到位后,采用桥面起重机依次安装两侧的 B1、Z1 梁段主纵梁,并按要求进行接口连接,如图 6-9 所示。

5）塔梁固结施工

如图 6-10 所示,索塔下横梁施工时,提前设置预埋件(可采用 $\phi 32mm$ 精轧螺纹钢),螺纹钢一端预埋于下横梁中,另一端与索塔横梁上方的锚固支座连接。钢梁制造时在 Z0 梁段下盖板与腹板之间设置锚固件。塔区钢梁安装完毕后,利用精轧螺纹钢将索塔下横梁上的锚固支座与钢梁上的锚固件连接成整体。

塔梁固结是桥位安装能否顺利进行的关键,施工中需注意以下事项:

(1)锚固件需提前组焊在主纵梁上,上侧螺栓孔根据螺纹钢安装情况进行特配。主纵梁精确定位后方可进行精轧螺纹钢的栓合。

(2)栓合前检查下横梁上方的锚固支座与下横梁是否固结成整体,若没有,须立即进行加固,满足要求后方可进行施工。

(3)检查塔梁锚固件与钢梁之间焊缝的焊接质量是否满足要求。

(4)固结完成后,在钢梁底面做出标记。施工过程中定期对塔梁固结情况进行检查。发现标记错动时,立即采取措施进行加固。

6）塔区梁段桥面板安装

采用桥面起重机从边跨侧桥面下方吊取桥面板,架设主跨侧桥面板,并按附图所示要求逐块安装。桥面板平均质量为 16.35t,幅度 20m,此时起重机起重量达 40t。

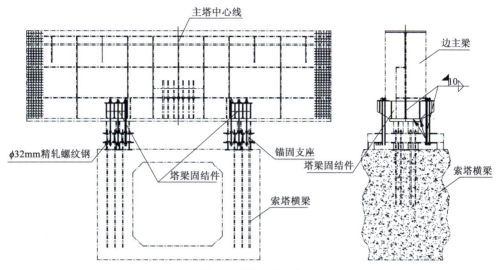

图6-10 塔梁固结方案

塔区桥面板安装时,按照由外向内、由边向中的顺序进行安装。起重机附近部分桥面板无法安装时,可将起重机向边跨侧移动(图6-11)。

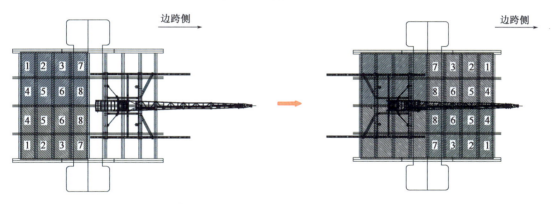

图6-11 桥面板安装示意图

采用桥面起重机从主跨侧桥面下方吊取桥面板(亦可将主跨侧部分桥面板提前放置在Z1、B1梁段已安装的桥面板上方),逐块架设边跨侧桥面板。

7)标准节间施工

标准节段钢梁构件拼装顺序为:主纵梁→横梁→稳定板→小纵梁及隔留板→安装斜拉索并一张→桥面板→湿接缝浇筑→斜拉索二张→桥面起重机前移。

(1)测量流程。

根据安装顺序,重点对主纵梁及横梁安装阶段进行施工监控测量,保证构件安装精度。钢梁安装测量流程如图6-12所示。

(2)安装前准备工作。

①桥面起重机纵移(标准段纵移12m,边跨非标段根据梁段长度确定),桥面起重机轨道与横梁锚固,对桥面起重机进行全面检查,使其满足吊装要求。

②利用提升站将待架设主纵梁、横梁等吊运至桥面指定区域。其中,主纵梁吊装至运梁平车上,再通过平车转运至待安装区域。横梁转运至索塔附近横梁拼装区域进行整体拼装。

③在桥面上将边横梁(2根)与中间横梁(1根)组拼成整体,横梁组拼应在专用组装平台上进行,组拼时严格对线,保证组拼精度。高栓施拧前对横梁直线度、盖腹板垂直度、扭曲、旁弯等进行检测。若超标则需进行矫正,合格后方可进行吊装。为便于钢横梁整体吊装,上盖板吊点区域螺栓暂不安装。

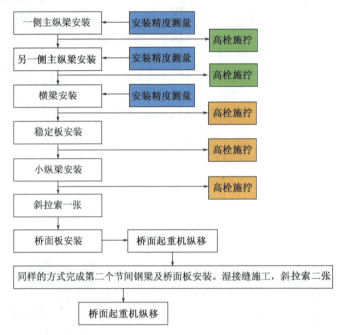

图 6-12 钢梁安装测量流程

(3)主纵梁安装。

利用桥面起重机同步对称安装主边跨主纵梁,安装需交错进行,如图 6-13 所示。

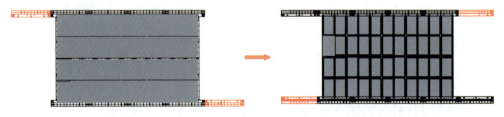

图 6-13 主纵梁交错安装

待桥面起重机将主纵梁吊装至待安装位置以上 1m 处后,缓慢降落。粗略定位后,利用经纬仪进行测量,并同步调整,保证轴线偏差不大于 10mm(前期安装误差需要消除时,偏差可适当提高,具体数值由监控和现场技术人员根据安装情况确定,但必须以误差减小为原则);利用水准仪对主纵梁两端高程进行测量,并同步调整,保证高差在 10mm 以内。

为保证整体安装精度,首节主纵梁粗定位时,宜向外侧偏移 3～5mm。测量精度满足要求后,按照上盖板→腹板→下盖板的顺序打定位冲钉,冲钉数量不小于螺栓孔总数的 35%(需要对前期安装误差进行消除时,可对顺序进行调整。调整时先打调整目标方向的,如向上调整先打顶板,向下调整先打底板,向左调整先打左侧,向右调整先打右侧)。

以同样的方式同步对称安装另一侧主纵梁,利用测量仪器控制整体安装精度,主要包括以下工艺项点:

①主梁中心距:(28000 +8)mm(包括两端头、横梁连接部位);
②四角高差≤10mm;
③主纵梁轴线≤8mm;
④主梁纵桥向安装精度满足设计要求。

(4)横梁安装。

利用桥面起重机由远及近依次安装横梁,如图6-14 所示。

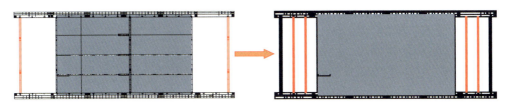

图6-14 横梁安装

待桥面起重机将横梁吊装至待安装位置以上1m处后,缓慢降落。由于横梁与主梁之间每侧只有10mm间隙,安装时可将横梁与主梁错开一定的角度,保证横梁可顺利落入。利用撬杠+定位靠档辅助定位。横梁粗略定位后,两侧同时栓合,避免影响主纵梁定位精度。横梁定位时按照下盖板→腹板→上盖板的顺序安装定位冲钉及定位螺栓,定位冲钉数量不小于螺栓孔总数的35%。

以同样的方式依次定位其余两道横梁,安装过程中,利用经纬仪进行检测,重点控制以下工艺项点:

①横梁间距:(4000 ±5)mm,两端及小纵梁连接部位偏差值≤3mm;
②横梁的垂直度≤3mm,以保证稳定板的安装;
③整个节间对角线差≤10mm;
④对主纵梁中心距、轴线偏移、四角高差等进行复核,保证安装精度满足要求。

(5)高强螺栓施拧。

高强螺栓施工质量控制关键是保证摩擦面抗滑系数及高栓力矩系数。其施工流程为:扳手标定→螺栓力矩系数测定→连接板四角定位→安装冲钉和普通螺栓→安装高强螺栓穿孔→初拧→高强螺栓替换冲钉及普通螺栓并初拧→连接板密封→终拧→检验。

高栓施工的其他要求如下:
①高强螺栓外委试验资料要交试验室,进场批次、数量报备试验室;
②电动扳手标定要有试验室人员旁站并在标定记录上签字;
③扳手每次标定后贴标签,标示使用部位,施工扳手不允许混用;
④高栓施工严格按照施拧工艺进行,杜绝螺栓混用或错用;
⑤高栓施工必须按要求做好标记,并按程序进行报检;

⑥高栓施拧完毕后,按要求及时进行检查。

(6)小纵梁稳定板安装。

利用桥面起重机逐块安装稳定板及小纵梁,安装宜由近及远依次进行。稳定板及小纵梁安装前应注意接口部位并考虑弹性压缩量的影响,精确定位后按要求施拧高强螺栓。

稳定板与小纵梁安装时的注意事项如下:

①主纵梁接口部位的稳定板及小纵梁需要增加压缩量,其长度与其余部位不同,安装时需进行区分;

②安装前,对横梁间距进行测量,超差时及时进行修整。

(7)桥面板安装。

安装前,利用提升站和运梁平车将桥面板转运至塔区和安装区域。钢梁构件之间的高强螺栓检测合格后,按照先边侧后中间的顺序由远及近依次完成桥面板安装。

桥面板安装的注意事项如下:

①桥面板允许不对称安装,但主边跨数量不允许超过一块;

②桥面板必须按照件号进行安装,注意桥面板钢筋错开距离;

③桥面起重机锚固部位钢筋与锚固座抵触需要切割时,需得到现场管理人员的认可,在保证钢筋对接情况下,尽可能少切或不切;严禁沿预制板断面齐头切割;

④桥面板安装时注意确保桥面板与粘贴胶条密贴;

⑤桥面板安装严禁急停、急落,注意保护边角部位,避免碰撞。

(8)斜拉索安装及张拉。

斜拉索到达桥面后,利用25t汽车式起重机吊运至托盘后,将拉索逐步展开。安装两端头锁夹,利用塔顶外侧卷扬机先将塔端提升至索口附近。待钢梁安装高栓施工完毕后,先对梁端进行压锚,然后利用液压油顶回收塔端,并在塔端进行一张。

斜拉索张拉必须在日出前或日落后且在钢梁高栓施拧且检测合格后进行;斜拉索一张在钢梁连接完毕后进行,斜拉索二张在湿接缝施工完毕后进行。

(9)湿接缝施工。

桥面板安装完毕后,按工艺要求进行钢筋接头焊接,并对湿接缝待浇筑部位进行清理。浇筑纵横向湿接缝,等强度达到设计要求后,进行下一道工序。

(10)标准节间测量方案。

利用全站仪在主塔处设置测量基准点作为高程测量基准,同时将桥轴线返划至塔区边主梁上盖板上,作为轴线测量基准。

①边主梁安装后,对轴线、远端高程、上下游高低差、主梁中心距等工艺项点进行测量;

②边主梁接口高栓施拧完毕后,对以上工艺项点进行复测。出现偏差时可在横梁安装及主横之间高栓施工时进行调整;

③小纵梁、稳定板安装完毕后,对整体安装情况进行测量,完成斜拉索一张;出现偏差时,可综合索力情况进行调整,保证桥面板安装前钢梁安装精度满足监控要求;

④桥面板安装完毕后,再次对高程和轴线进行测量;

⑤斜拉索二张时,对轴线、远端高程、上下游高低差、主梁中心距等项点进行测量;出现偏差时,可综合索力情况进行调整。

(11)钢梁安装纠偏方案。

①安装前对已安装梁段定位精度进行检测,累计安装误差在随后几个节间内逐步消除;

②边主梁安装时随时采用经纬仪对安装精度进行测量,避免误差积累;

③根据节段定位精度情况,通过高栓施拧顺序消除一定的安装偏差,例如Z3梁段安装时发现远端轴线向上游侧偏5mm,则在主梁与横梁之间高栓施拧时先施拧下游侧边主梁;

④根据桥位安装情况,每隔几个接口设置匹配接口,此接口采用特配高强螺栓,可根据既有线形进行现场配孔,消除安装误差;

⑤制作一定数量的调整垫板,当轴线安装偏差大于10mm时,接口部位采用垫板进行调整;

⑥根据安装定位情况增加冲钉数量,保证边主梁梁位置不发生变动;后续横梁或小纵梁安装时若需要进行调整,逐步撤除部分冲钉;

⑦对安装经验进行总结,积累第一手资料,根据定位情况设置预偏量;

⑧远端横梁定位时,设置倒链用来调整边主梁定位精度。

6.6 材料与设备

6.6.1 主要材料

(1)现场安装所用材料(施工平台、定位装置、等工装设备用材料)应符合现行国家标准的规定,除必须具有材料供应商提供的材料质量证明证书外,还应进行抽样检验,合格后方可使用。

(2)按照材料管理制度进行存放、使用和回收,保证材料使用的可靠性。

(3)钢梁构件进场后,对其进行全面检查,合格后方可用于架设。

6.6.2 施工主要设备

施工主要设备见表6-1。

主要设备使用表　　　　表6-1

序号	机械设备名称	规格及型号	单位	数量	备注
1	塔式起重机	20t	台	4	
2	电梯	SCD200	部	4	
3	塔顶起重机		台	4	
4	斜拉索张拉设备		套	8	
5	放索托盘		只	4	
6	卷扬机	10t	台	4	
7	卷扬机	5t	台	2	

续上表

序号	机械设备名称	规格及型号	单位	数量	备注
8	放索小车		台	约200	
9	全回转桥面起重机	50t	台	4	
10	门式起重机	50t	台	2	预拼场
11	提升站	50t	台	2	
12	运梁拖车	50t	台	4	
13	气割设备		套	4	
14	交流电焊机		台	2	
15	二氧化碳气体保护焊机	YM–500KRⅡVTA	台	4	
16	逆变焊机	ZX7–500S	台	2	
17	焊剂烘箱	NZH–6–500	台	1	
18	焊条烘箱	YGCH–X–200	台	1	
19	超声波探伤仪	XUT–350C	台	2	
20	X射线探伤仪		台	1	
21	电动砂轮机		台	5	
22	高压无气喷涂机		台	1	
23	重载汽车		辆	2	两侧各1辆
24	钢丝绳、卡环、卸扣		个	若干	
25	可移动空压机		台	1	
26	钢盘尺	50m	把	3	
27	全站仪	TS30	台	2	
28	水准仪	DSZ2	台	2	

6.6.3 新型全回转桥面起重机

吊装单元中最重的构件为主纵梁,最大质量约40t。选用50t全回转桥面起重机,起重机采用液压顶推方式移动。桥面起重机吊盘中心与前支点距离6m,扒杆长30m,最大起重量为50t,起吊幅度为7.5~24m,起重机结构和吊重曲线如图6-15所示。

全回转桥面起重机主要由锚固系统、纵移轨道、支承体系(包括后横梁、横梁、纵梁、井字梁等)、底盘、转台、上车体、卷扬机、起重臂、电气系统等部分组成。

6.6.4 提升站

根据总体安装方案,在索塔与边跨侧第一根斜拉索之间安装1台提升站,用于钢梁及桥面板提升,提升站起吊能力为50t,自索塔边跨侧的取梁平台上取梁。钢梁杆件通过提升站提升至钢梁下方后,水平旋转90°,缓慢提升至桥面上,再利用缆风绳旋转90°,放置于运梁平板车上。根据使用要求,提升站纵桥向宽度不小于6m,有效净高不小于9.5m,提升站设计悬臂14m,提升站结构布置如图6-16所示。

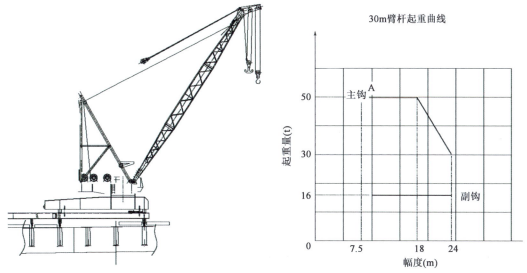

图6-15 桥面起重机结构示意及吊重曲线

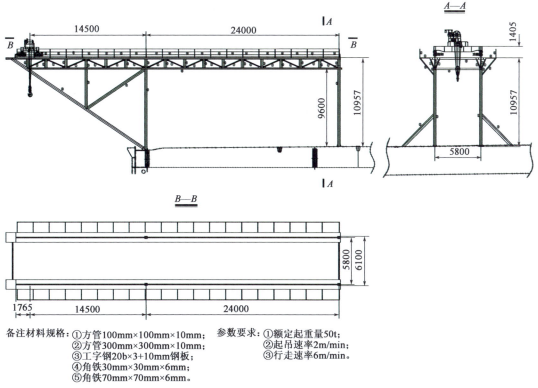

备注材料规格:①方管100mm×100mm×10mm;
②方管300mm×300mm×10mm;
③工字钢20b×3+10mm钢板;
④角铁30mm×30mm×6mm;
⑤角铁70mm×70mm×6mm。

参数要求:①额定起重量50t;
②起吊速率2m/min;
③行走速率6m/min。

图6-16 提升站结构示意图(尺寸单位:mm)

6.6.5 运梁平板车

提升站提升钢梁后,通过桥面上设置的平板车运梁至待架设点。运梁平板车采用 P23 铁轨作为滑道。其结构示意图如图 6-17 所示。

横梁由于长度过长,通过提升站分节提升,设置横梁接长平板车,在平板车上利用提升站的起重机拼装成整根后,可以临时存放于平板车旁,待架设时,提升站提升至运梁平板车,运输至待架设点。

大桥两侧各配置 2 台运梁拖车,用于各类构件的转运。

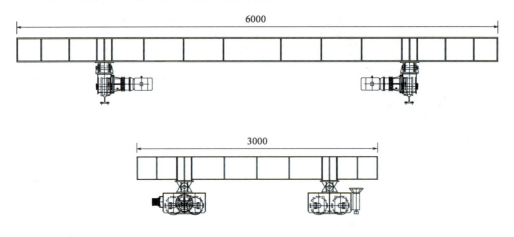

图 6-17 运梁平板车结构示意图(尺寸单位:mm)

6.7 质量控制

6.7.1 质量控制标准

(1)《公路工程质量检验评定标准》(JTG F80/1—2004)。
(2)《公路桥涵施工技术规范》(JTG/T F50—2011)。

6.7.2 质量控制措施

通过对禹门口黄河公路大桥边跨压重区施工全过程质量跟踪,对施工质量控制情况进行分析,总结出以下质量控制保证措施:

(1)严格按照规范控制钢梁安装的平面位置、高程、平整度,要求钢梁制造线形满足监控要求,钢梁顶面相对高程高差不大于 8mm。
(2)钢梁拼装时杆件对位后先在四角部位用螺栓把板缝夹紧再打入冲钉,防止先打冲钉后将板缝撑开,拧紧螺栓时板层难以靠紧,影响工程质量。

(3)为避免起动时电压波动影响电动扳手输出力矩的准确性,在桥上铺设专用线路,使其与大型机具电源分开,并配置稳压器。

(4)钢梁构件吊装须设置风缆,避免吊装过程中发生摆动与起重机及已装梁段相撞击。采用专门吊具吊装钢梁构件,并定期检查吊索具,保证吊装安全。

(5)拼装前应清除所有降低拼接板摩擦面抗滑移系数的油迹、污垢,以及孔边、板边的毛刺、飞边和其他附着物。对于螺栓不能自由穿入的栓孔,应使用与栓孔直径相同的绞刀或钻头进行修整或扩孔,严禁气割扩孔。

(6)规范填写《高强度螺栓终拧力矩记录表》,以便于该电动扳手在下班复检力矩超出规定的误差范围时,确定该扳手当天所拧全部高栓的位置并进行紧扣检查。

(7)桥面板堆存高度严格控制,各层之间铺垫足够数量的枕木相隔。桥面板运输及吊装采用专门吊具,避免桥面板与其他构件碰撞、摩擦等。

(8)湿接缝混凝土施工前将钢梁与桥面板接触面及接缝混凝土范围内清理干净,确保混凝土的施工质量,混凝土浇筑完毕及时进行养护,养护采取覆盖洒水养护或涂刷养护剂,避免后浇混凝土产生收缩裂缝。

(9)施工基线、水准线、测量控制点,应定期校核,各工序开工前,应校核所有的测量点。

6.8 安全措施

根据边跨钢梁安装施工特点,针对支架搭设、节段转运、钢梁及桥面板安装、接口连接施工等阶段制定了多项安全保证措施,确保施工安全。

(1)编制详细的应急预案,并根据预案组织预备的材料和人员,预防应急事故。

(2)项目部专职安全员对现场作业人员进行安全交底、培训及考核,考核不合格者不得上岗。工作前按规定穿戴好劳动保护用品。

(3)在作业区外侧设置营业线施工的警示标志,明确限界等方面的警示。铁路区域要封闭围护,严禁施工人员翻越围护进入铁路股道和穿越铁路。

(4)汽车式起重机等大型机械设备邻近营业线作业,机械起重臂、吊绳、泵管等设备部件严禁侵入限界和净空范围。动用汽车式起重机作业前,要复核起吊半径、伸臂长、起重臂仰角、起吊物重量等均能满足其额定起重能力,方可动用。机械作业要安排有经验的专职人员指挥,无人指挥时,严禁机械操作,须执行一机一人防护。

(5)工作前对作业现场环境及所使用的设备、工具、辅具等要认真检查,有无因风、雨、雪造成的设备物料移位坠落及漏电短路等异常现象,发现问题隐患要立即报告排除,确认无危险后再作业。

(6)起重、电焊、气焊割、电维修、机动车驾驶等特种作业人员必须持证上岗并严格遵守安全操作规程,尤其是在露天及箱段内作业时,要特别注意防止漏电和氧气、乙炔泄漏,工作后必须关闭电源和气瓶角阀,并将减压器顶针取下,以防触电和爆燃事故的发生。

(7)施工平台及桥面上行走、作业要在梁段中间,确需在梁段边沿及上部作业的,必须采取可靠的安全防护措施后再进行。如遇强风、大雨、打雷等突发的恶劣天气变化要立即就近躲避到安全之处。

(8)工作前对使用的设备、工辅具、管线带及接头要认真检查,如有漏电、漏气等现象要及时报告处理,严禁冒险违章使用。

(9)高空作业要严格遵守《高处作业安全规定》,系好安全带。作业使用的脚手架、木踏板要捆扎牢固,放置稳定。

(10)制定安全检查制度,规格各类操作人员的安全生产职责,对安全隐患进行排查,降低事故发生概率。

(11)制定紧急情况应急预案,提高事故发生时的应对能力。

6.9 环保措施

(1)严格执行工完场清制度,保持施工场地整洁,降低对既有线的污染。

(2)选用符合国家环保卫生标准的施工机械设备和运输工具,确保其废气排放符合国家有关标准。

(3)驻地生活区内设置垃圾点,垃圾集运到指定地点存放。

(4)及时清运施工弃土和弃渣,防止运输过程中发生倾倒事件。

(5)对可再利用的废弃物尽量回收利用。

(6)防止空气污染和扬尘措施,对工程材料存放场地、施工便道和生产、生活区道路采取硬化处理,施工过程中经常洒水,防止扬尘对施工人员造成危害。

6.10 效益分析

6.10.1 技术效益

利用全回转桥面起重机,采用两节段一循环散件悬拼安装施工方式,解决了不同施工区域组合梁斜拉桥现场安装难题,为类似工程施工提供了经验。

6.10.2 社会效益

本工法结合已建成的西部地区跨度最大的组合梁斜拉桥,总结施工经验,攻克了大跨径组合梁斜拉桥安装施工难题,具有明显的技术先进性和较好的经济效益,为以后同类或类似工程在建提供了一整套借鉴经验,社会效益显著。

6.10.3 经济效益

本工法采用了多种新工艺及新技术,经济效益显著。

(1)本工法采用了多项新工艺及新技术,安装用大型工装设备包括钢管支架胎架、施工平台、移动式安全操作平台等均由既有工装胎架进行改制,避免了大型工装模具的制作。节约钢材约180t,钢材按3500元/t计算,直接经济效益达180×3500/10000=63万元。

（2）本工法采用的满堂支架整体架设方法技术,避免了大吨位吊装设备的使用,与主跨施工同步进行,简化了制作工艺,缩短了制作工期。在设备租赁、拼装施工、构件运输等方面可节约345.50万元。

（3）本工法通过现场工艺布局调整、安装工艺优化等多项技术措施,节约大量工时:主纵梁安装时平均每个节间节约24工时,横梁安装每个节间可节约20工时,桥面板安装每个节间节约30工时。共节约24×80+20×80+30×80=5920工时,以人工费200元/工时计算,共节约5920×200/10000=118.4万元。

综上所述,本工法运用后可节约制造及安装费用约526.9万元,经济效益明显。

6.11 应用实例

本工法自2018年7月在禹门口黄河公路大桥钢梁制造及安装项目中运用以来,有效解决了大桥钢梁及桥面板安装、安装线形控制等多项技术难题,如图6-18所示。节段接口匹配、线形、斜拉索角度等工艺项点均满足规范要求。

图6-18 应用实例

由于钢—混凝土组合梁在工期、环保、桥梁病害控制、结构抗震等方面具有明显优势,作为技术进步的体现,采用组合梁结构的工程项目将会越来越多,特别在多座山区组合梁项目建设取得圆满成功后,有理由相信组合梁斜拉桥的发展前景一片光明,适应性强,也是未来公路桥和城市立交项目的发展趋势之一。

本工法在广泛吸收国内外类似工程制作经验的基础上,进行了较多的技术创新和工艺改进,大大提高了生产工效和产品质量,在资源节约、安全环保方面也有明显的效益,填补了西部山区桥梁制造及安装制造领域的多项技术空白。因此,本成果具有广泛的应用推广价值。

第7章
无辅助墩大跨径组合梁斜拉桥边跨配重施工工法

7.1 概述

目前我国大跨径钢混斜拉桥的施工建设正处于高速发展阶段,禹门口黄河公路大桥作为西北地区跨径最大、技术含量最高、结构最复杂的斜拉桥,已于2020年9月建成通车,为陕西、山西两省经济高速发展提供了坚强的交通基础保障,项目也先后获得陕西省"长安杯"奖、中国交建优质工程奖、全国工人先锋号称号等荣誉。

禹门口黄河公路大桥主桥为245m+565m+245m的三跨双索面钢—混凝土结合梁斜拉桥,索塔为H形塔,塔高171.3m,桥长1055m,采用半漂浮结构支撑体系,采用双工字形钢主梁与混凝土板共同受力的结合梁,斜拉索为OVM250钢绞线拉索体系,钢结构采用散件吊装、摩擦型高强度螺栓连接的方式拼装,边跨设置有支架段,长度32.11m,由B18、B19、B20梁段组成,边跨合龙段为B17梁。

依据设计,边跨合龙采用一次性配重铁砂混凝土施工,考虑到一次性配重铁砂混凝土对边跨支架承受荷载要求能力过高,存在一点安全风险,加上项目地处黄河漫滩无法进行插打钢管桩,支架体系的稳定性无法得到保证,同时一次性浇筑铁砂混凝土的施工组织难度较大等因素,项目通过相关软件模拟合龙过程,最终研究决定采用分批次等重量配重素混凝土在配合挂锁张拉减小边跨钢梁对支架产生的荷载从而简化支架模型,在保障施工的安全同时也提高了施工效率。

依托禹门口黄河公路大桥边跨合龙的特点,项目总结形成无辅助墩大跨径组合梁斜拉桥边跨配重施工工法,该工法的提出为无辅助墩的边跨配重施工等类似工程提供借鉴。

7.2 工法特点

禹门口黄河公路大桥边跨合龙特点主要有以下几个方面:

(1)大桥位于峡谷出风口位置,最大风速可达10级,边跨合龙段又无设置辅助墩,所以需要对边跨合龙段进行配重,保证梁体的平衡且配重方量较大。这对支架的承载要求更高,故边跨合龙采用分批次配重结合挂索张拉,降低对支架的承载要求。

(2)根据钢结构斜拉桥的特点,随着一天内温度不断的变化,桥梁整体处于一个拉伸收缩的状态,对支架的稳定性要求更高,因此,通过在支架于梁体之间安装不锈钢板及四氟乙烯板来减少钢梁在拉伸收缩过程中对支架产生的摩擦力。

7.3 适用范围

本工法适用于无辅助墩的大跨钢混斜拉桥边跨配重施工。

7.4 工艺原理

边跨合龙段配重采用预制块及现浇混凝土,为了避免一次性配重对支架产生的荷载较大,以及钢梁在拉伸收缩时产生摩擦力对支架产生的影响,边跨配重采用分批次进行配重。

首先进行B18、B19、B20钢梁拼装组焊,然后安装B16、Z16梁段及桥面板完成一张、二张,吊装B17钢横梁、压纵梁、稳定板、小纵梁等,首次配重为B18、B19、B20节段,整体配重量约306t,随后B17节段挂索完成一张以后进行混凝土预制块配重(配重量约60t),然后吊装B17和Z17桥面板随后进行二张,桥面起重机前移吊装Z18梁段,随着Z18、B18斜拉索一张以后二次配重(配重量约60t)完成二张,起重机前移至Z18之上,起重装Z19梁段,随着B19、Z19斜拉索一张完成后最后对B18节段剩余配重混凝土进行浇筑(配重量约74.25t)。随后对B19节段进行二张,依次为循环桥面起重机前移B20节段一张,B19浇筑剩余配重混凝土,最终完成分批次配重完成合龙。

整体配重的原则是首次配重后完成一张,通过斜拉索分摊部分荷载减轻对支架的压力,随后进行二张浇筑剩余配重混凝土,此时支架始终处于没有完全承压荷载的状态。

边跨合龙段工艺原理示意图如图 7-1 所示。

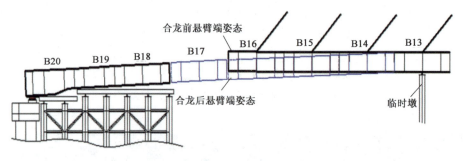

图 7-1　边跨合龙段工艺原理示意图

7.5　施工工艺流程及操作要点

7.5.1　施工工艺流程

施工工艺流程如图 7-2 所示。

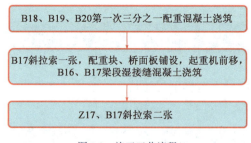

图 7-2　施工工艺流程

7.5.2　操作要点

配重混凝土采用铁砂混凝土，设计重度为 $35kN/m^3$。由于铁砂混凝土配重采取现场拌和和垂直起吊的方式进行施工，施工效率大大降低，为此，将配重的铁砂混凝土，调整为普通 C30 混凝土，重度调整为 $24kN/m^3$，施工过程中保证每延米配重量满足设计要求。

边跨设计配重图如图 7-3 所示。

具体施工步骤如下。

步骤 1：边跨 B18、B19、B20 梁段钢管支架搭设。

步骤 2：B18、B19、B20 钢梁拼装组焊，先拼装横梁组焊成型，每个横梁采用 6 个支点支撑，然后拼装主纵梁，每节主纵梁采用 2 个支点支撑。

步骤 3：安装 B16、Z16 梁段，然后一张，铺设 B16、Z16 梁段桥面板，B16、Z16 斜拉索二张，桥面起重机前移至 B16、Z16 梁段之上，完成 B17、Z17 主纵梁安装（边跨合龙），吊装 B17 钢横梁、压纵梁、稳定板、小纵梁等。

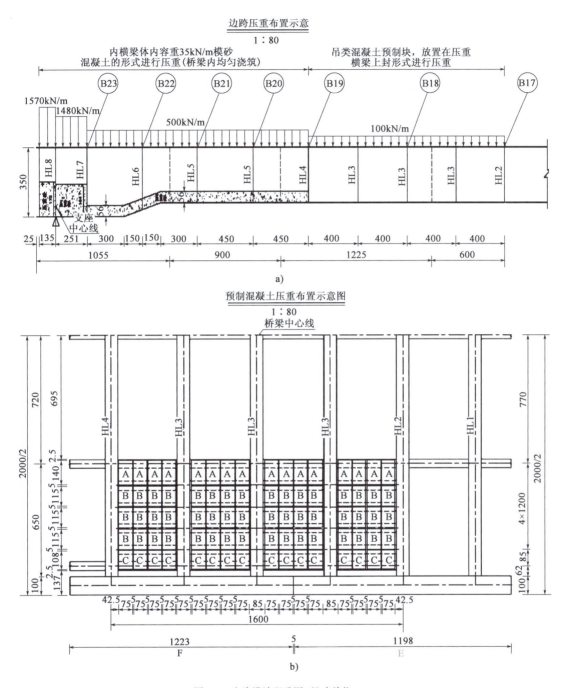

图 7-3 边跨设计配重图(尺寸单位:mm)

步骤 4:施加现浇混凝土配重。如图 7-4 所示,HL8 横梁箱室全部施加配重,线荷载 1570kN/m(配重量约为 211.95t),HL7—HL8 横梁之间箱室施加一半配重,线荷载为 740kN/m(配重量约为 185.74t),HL4—HL7 横梁之间箱室施加三分之一配重,线荷载为 170kN/m(配重量约为 306t)。

步骤 5:B17、Z17 斜拉索一张。

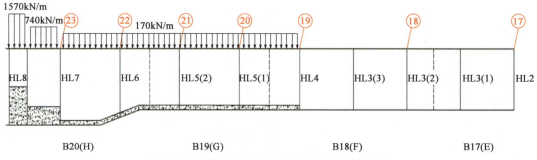

图7-4 HL8横梁、HL7—HL8、HL4—HL7横梁配重图

步骤6：吊装B17梁段预制压重块，线荷载为100kN/m（布置长度6m，配重量约为60t），然后吊装B17[至HL3(1)]和Z17桥面板。B17梁段配重图如图7-5所示。

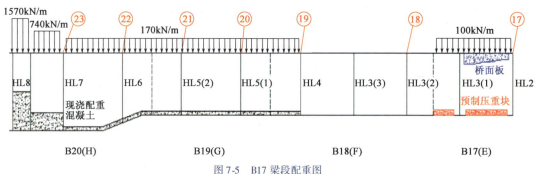

图7-5 B17梁段配重图

步骤7：B17、Z17斜拉索二张。

步骤8：桥面起重机移动至B17、Z17梁段，浇筑B16、B17、Z16、Z17梁段湿接缝并等强。

步骤9：吊装Z18梁段，安装Z18梁段钢主梁、横梁、小纵梁、稳定板、隔流板。

步骤10：Z18、B18斜拉索一张。

步骤11：吊装B18梁段压重块（布置长度6m，线荷载为100kN/m，配重量为60t），吊装B18[HL3(1)—HL3(3)]、Z18桥面板。B18梁段配重图如图7-6所示。

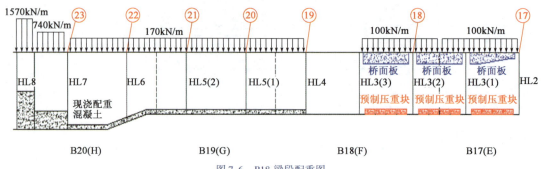

图7-6 B18梁段配重图

步骤12：Z18、B18索二张。

步骤13：中跨桥面起重机前移至Z18之上，吊装Z19梁段，安装主梁、横梁、小纵梁、稳定板、隔流板。

步骤14：B19、Z19斜拉索一张。B19、Z19斜拉索一张后配重图如图7-7所示。

步骤15:吊装 B18 梁段压重块(布置长度 4m,线荷载为 100kN/m,配重量为 40t),浇筑 B18 梁段剩余现浇配重混凝土(布置长度 2.25m,线荷载为 330kN/m,配重量为 74.25t),吊装 B18[HL3(3)—HL4]桥面板和 Z19 桥面板。

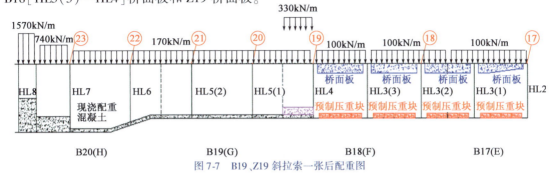

图 7-7　B19、Z19 斜拉索一张后配重图

步骤16:B19、Z19 斜拉索二张。B19、Z19 斜拉索二张后湿接缝浇筑示意图如图 7-8 所示。

步骤17:桥面起重机前移至 B18、Z19,浇筑 Z18、Z19、B18 梁段湿接缝并等强。

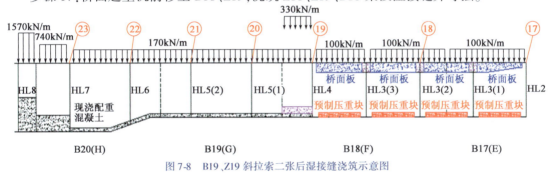

图 7-8　B19、Z19 斜拉索二张后湿接缝浇筑示意图

步骤18:吊装 Z20 梁段,安装主梁、横梁、小纵梁、稳定板、隔流板。

步骤19:Z20、B20 斜拉索一张。Z20、B20 斜拉索一张后配重图如图 7-9 所示。

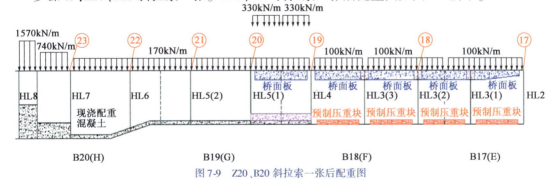

图 7-9　Z20、B20 斜拉索一张后配重图

步骤20:浇筑 B19 梁段剩余现浇配重混凝土(布置长度 2.25m,线荷载为 330kN/m,配重量为 74.25t)、B19 桥面板[HL4—HL5(1)]和 Z20 桥面板。

步骤21:Z20、B20 斜拉索二张。

步骤22:中跨桥面吊机前移至 Z20 梁段吊装 Z21 梁段,安装主梁、横梁、小纵梁、稳定板、隔流板。

步骤23:Z21、B21 斜拉索一张。Z21、B21 斜拉索一张后配重图如图 7-10 所示。

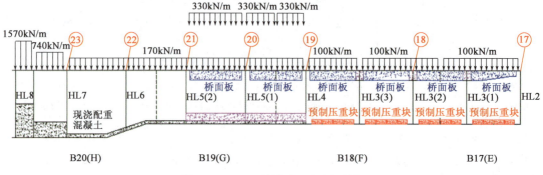

图7-10 Z21、B21斜拉索一张后配重图

步骤24：浇筑B19梁段剩余现浇配重混凝土（布置长度4.5m，线荷载为330kN/m，配重量为148.5t）、B19桥面板[HL5(1)—HL5(2)]和Z21桥面板。

步骤25：Z21、B21斜拉索二张。Z21、B21斜拉索二张后配重图如图7-11所示。

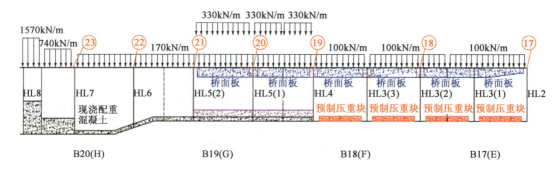

图7-11 Z21、B21斜拉索二张后配重图

步骤26：边跨桥面起重机前移至B19，中跨桥面起重机前移至Z21，浇筑Z20、Z21、B19梁段湿接缝。

步骤27：中跨吊装Z22梁段，安装主梁、横梁、小纵梁、稳定板、隔流板。

步骤28：Z22、B22斜拉索一张。Z22、B22斜拉索一张后配重图如图7-12所示。

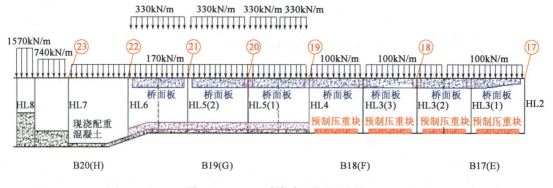

图7-12 Z22、B22斜拉索一张后配重图

步骤29：浇筑B19、B20梁段剩余现浇配重混凝土（布置长度4.5m，线荷载为330kN/m，配

重量为148.5t)、B20桥面板[HL5(2)—HL6]和Z22桥面板。

步骤30：Z22、B22斜拉索二张。

步骤31：中跨桥面起重机前移至Z22梁段，吊装Z23梁段，安装主梁、横梁、小纵梁、稳定板、隔流板。

步骤32：Z23、B23索一张。Z23、B23索一张后配重图如图7-13所示。

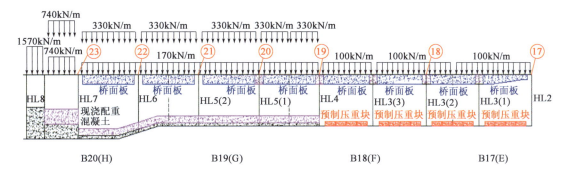

图7-13　Z23、B23索一张后配重图

步骤33：浇筑B20梁段剩余现浇配重混凝土(布置长度分别为4.5m和2.51m，线荷载为330kN/m和740kN/m，配重量为148.5t和185.74t)、B20桥面板(HL6至HL7)和Z23桥面板。

步骤34：Z23、B23索二张。Z23、B23索二张后配重图如图7-14所示。

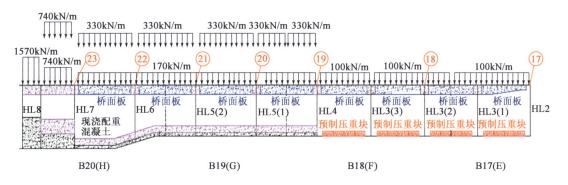

图7-14　Z23、B23索二张后配重图

步骤35：中跨起重机移动至Z23，浇筑Z22、Z23、B20梁段湿接缝和B20现浇混凝土板。

步骤36：边跨桥面板预应力张拉、压浆。

7.6　设备与材料

7.6.1　主要材料

本工法的主要材料性能和质量必须满足设计要求，主要材料的规格见表7-1。

主要材料规格表　　　　　　　　　　　　　　　　　表 7-1

序号	项目	规格	备注
1	配重混凝土	C30 素混凝土	—
2	桥面板	6.15m×3.4m×0.28m	—
3	配重块	—	60t

7.6.2　机具设备

本工法采用的主要机具设备见表 7-2。

主要机具设备　　　　　　　　　　　　　　　　　表 7-2

序号	机具设备名称	规格及型号	单位	数量	主要工作内容
1	全回转桥面起重机	50t	台	1	吊转钢梁
2	提升站	50t	台	2	钢构件提升
3	运梁拖车	50t	台	4	运输桥面板
4	全站仪	TS30	台	2	过程监测
5	储水水箱	—	个	12	临时压载

7.7　质量控制

7.7.1　质量控制标准

(1)《公路桥涵施工技术规范》(JTG/T 3650—2020)。
(2)《铁路钢桥制造规范》(Q/CR 9211—2015)。
(3)《公路工程质量检验评定标准》(JTG F80/1—2017)。

7.7.2　质量控制技术措施

(1)在边跨合龙前需要持续进行温度及合龙口宽度测量,提供合适温度下 B17 节段长度,确保节段能够顺利安装。

(2)在边跨配重时,严格按照所需荷载进行配重,过程中每次完成一张或两张后需要对全桥高程进行联测,保证全桥的整体线性。

(3)采用素混凝土进行配重合龙时,为保证混凝土于钢梁接触面发生刚性拼装,在接触面安装泡面板。

(4)为保证支架体系的稳定性,在支架基础施工时要严格按照规范要求进行施工,并且在支架上安装变形检测仪随时关注支架变形情况。

(5)采用专门吊具吊装钢梁构件,并定期检查吊索具,保证吊装安全。边跨钢梁拼装、全回转桥面起重机前移、桥面板吊装必须同步进行,确保悬臂两端平衡。

7.8 安全措施

(1)设置安全标志,在现场周围配备、架立安全标志牌,并不得撞自拆除。
(2)钢梁安装过程中涉及高空作业时,相关作业人员必须穿戴挂绳,并且严格按照高挂低用的使用方法。
(3)所有进入施工现场的人员必须戴好安全帽,观测工作提前采用直径48mm钢管焊接护栏,高度1.2m,立柱间距1.5m,上、中、下设置3道水平杆,B18梁段人员行走位置在横梁剪力钉上铺设走道板,钢梁上下通道设置临边防护,在合龙口侧梁段底部测量时应系安全带,脚穿软底轻便鞋。
(4)桥面起重机在吊装过程中作业半径内严禁站人,并且安排专人进行指挥,风速达到5级时,严禁进行吊装作业。
(5)配重块布置及配重混凝土浇筑时现场必须有项目管理人员进行指挥操作,防止发生意外伤害。
(6)安排专人对边跨配重合龙时,应有专人对边跨支架进行实时监测,支架变形必须第一时间告诉边跨合龙段相关人员,第一时间撤离。
(7)施工现场应整齐、清洁,设备材料、配件按指定地点堆放,并按指定道路行走,不准从危险地区通行,不能从起吊物下通过,与运转中的机器保持距离。下班前或工作结束后要切断电源,检查操作地点,确认安全后,方可离开。
(8)夜间施工必须有充足的灯光照明。

7.9 环保措施

(1)严格执行工完场清制度,保持施工场地整洁,降低对既有线的污染。
(2)靠近黄河边施工,所有产生的废料、废水严禁向黄河内丢弃,污水不得随意排放。
(3)选用符合国家环保卫生标准的施工机械设备和运输工具,确保其废气排放符合国家有关标准。
(4)驻地生活区内设置垃圾点,垃圾集运到指定地点存放。
(5)及时清运施工弃土和弃渣,防止运输过程中发生倾倒事件。
(6)对可再利用的废弃物尽量回收利用。
(7)防止空气污染和扬尘措施,对工程材料存放场地、施工便道和生产、生活区道路采取硬化处理,施工过程中经常洒水,防止扬尘对施工人员造成危害。

7.10 效益分析

7.10.1 经济效益

(1)在边跨配重合龙时为了提高施工效率,降低施工成本,边跨配重混凝土由铁砂混凝土等重量替换为普通 C30 素混凝土,此项措施为项目节省的费用见表 7-3。

经济效益对比表　　　　　　　　　　　　　　　　　　　　表 7-3

C30 铁砂混凝土		C30 素混凝土	
用量	1473.4t 铁砂 + 663.7m³ C30 混凝土	用量	1277.61m³ C30 混凝土
费用	1200×1473.4+430×663.7=2053471 元	费用	430×1277.61=549375 元

产生的直接经济效益如下:
C30 铁砂混凝土:1200×1473.4+430×663.7=2053471 元;
C30 素混凝土:430×1277.61=549375 元。
使用 C30 素混凝土比使用 C30 铁砂混凝土节省 1504096 元。

(2)依据前期设计采用一次性配重边跨合龙,对支架的承载要求极高,需要对支架基础进行插打钢管桩,通过分批次配重合龙减小支架的承载要求,规避插打钢管桩产生的高额费用,同时施打钢管桩待边跨合龙结束后需要对钢管桩进行拆除,又会产生巨额费用。

产生的直接经济效益如下:
插打钢管桩:348000+2000=35000 元,工期 18d;
条形基础:21000+1300=22300 元,工期 14d。
采用分批次配重合龙支架基础要求和一次性配重合龙支架要求节省 12700 元,节省工期 4d,见表 7-4。

经济效益对比表　　　　　　　　　　　　　　　　　　　　表 7-4

序号	比较项目	一次性配重支架要求	分批次配重支架要求
1	支架基础	插打钢管桩:28×2=56 根,单根钢管桩平均价格 6000 元,共需要 348000 元	条形基础:共 14 道,每道约 15000 元,共 21000 元
2	环境保护	打桩泥浆处理	开挖土方量倒运
		泥浆运输车:2000 元	拉土车:1300 元
3	施工进度	3 根/d,需要 18d	1 道/d,需要 14d

7.10.2 社会效益

本工法的成功应用,解决了边跨合龙对支架产生集中荷载,使配重块分批次进行放置,保证了施工质量,同时简化了工序,降低了工程造价,提前了工期,保证了施工安全。此工法的运用对无辅助墩边跨配重合龙具有重大指导意义。

附录1
专有技术规范《公路钢结构梁桥制造安装与质量检验规范——钢—混凝土组合梁》

第1章 绪 论

钢结构桥梁具有自重轻、施工便捷、质量稳定、易于工厂化制造、便于回收利用等优点。

在欧美发达国家,钢结构桥梁占比均在40%以上,受经济发展水平和钢材产能制约,2015年我国钢结构桥梁占比不足1%。随着钢铁产能提高(过剩)和钢结构桥梁建设技术的进步,我国已经具备推广钢结构桥梁的物质基础和技术条件。2016年7月,交通运输部发布了《关于推进公路钢结构桥梁建设的指导意见》(交公路发〔2016〕115号,以下简称《指导意见》)。公路钢结构桥梁建设迎来重大发展机遇,推进公路钢结构桥梁建设已成为行业共识。《指导意见》指出:要通过五年的努力,使得我国公路行业钢结构桥梁设计、制造、施工、养护技术基本成熟,技术标准更加完备。目前国内针对钢结构桥梁质量检验及控制标准的研究取得了一些成果。多个国家及行业标准对钢结构桥梁质量控制及检验均有涉及。但由于钢结构桥梁在我国发展时间较短,钢结构桥梁质量检验标准散落在不同的技术规范中,尚未形成系统、全面的钢结构桥梁质量检验及控制体系。针对特定大型桥梁制定的施工质量检验和评定标准只应用于特定工程,不具有普适性,使得国内多个跨江、跨海大桥项目均要编制相应的制造或检验规范。但中小跨径组合梁、城市立交及匝道桥是钢结构桥梁发展的方向之一,其在钢结构桥梁中占比很大。由于不能每个小项目均编制相应的技术规范,因此,地方标准成为解决此现状的最好途径。

在大力推广钢结构桥梁建设的背景下,考虑到国家、行业标准尚未形成系统的钢结构桥梁施工质量检验与验收标准,安徽、江苏、浙江、上海等省(直辖市)较早开展了钢结构桥梁质量检验标准的研究,并形成地方标准,有效地指导了项目施工。

安徽省质量技术监督局于2014年12月发布了安徽省地方标准《公路桥梁钢结构制造与安装工程质量检验评定标准》(DB34/T 2227—2014),弥补了《公路工程质量检验评定标准》的不足,但主要针对钢结构桥梁加工制造与现场安装环节,缺少原材料检验与成桥验收的质量控制标准。江苏省质量技术监督局于2006年12月1日发布的江苏省地方标准《公路桥钢箱梁制造规范》(DB32/T 947—2006),针对公路钢箱梁桥原材料、零件制造、组装及预拼装等方面提出了质量控制标准。2006年7月10日发布的江苏省地方标准《公路桥梁钢结构焊接质量检验规程》(DB32/T 948—2006),针对公路桥梁钢结构焊接工艺,从焊接设备、原材料、焊前、焊中及焊后检查等方面对其质量进行检验和控制,但这一标准系统性较为欠缺,条文规定偏于简单,没有明确质量检测方法,可操作性方面有待修改完善。

上海市制定、发布的《钢结构检测与鉴定规程》(DG/TJ 08-2011—2007)对既有和在建钢结构质量检验和可靠性鉴定进行了明确规定,主要包括钢结构材料检验、钢结构构件检验与鉴定、钢结构连接与节点的检测与鉴定、钢结构系统可靠性鉴定等内容。但该规范只适用于房屋建筑钢结构的质量检验与鉴定,针对钢结构桥梁的施工质量检验与验收标准未作出相应规定。

陕西省内陕北、陕南、关中各地区气候差异大,施工工况复杂,钢结构桥梁发展缓慢。大跨径桥梁较少,多以钢板组合梁、钢箱组合梁、城市立交及公路匝道桥为主,钢结构桥梁运输多以陆路运输为主。根据《陕西省省级公路网规划(2018—2035年)》,规划实现公路总里程2.9万km,其中高速公路8470km,普通国道9200km。多个重点项目即将开工,包含多座钢结构桥梁。另外,随着城市化进程加快,西安、咸阳、宝鸡等市多个城市立交项目也启动,钢桥梁发展前景良好。

根据陕西省交通运输标准化技术委员会《关于下达2020年度交通运输地方标准计划的通知》(陕交标函〔2020〕6号),由陕西省交通运输工程质量监测鉴定站、中交一公局西北工程有限公司等多家单位承担陕西省地方标准《公路钢结构梁桥工程质量检验规范》的起草工作。本部分主要对钢结构桥梁原材料质量检验指标,钢结构桥梁工厂加工制作检验标准,钢结构桥梁成桥质量评定及验收标准,现场安装质量检验标准,第三方检测工作内容、流程进行了详细的规定。

第2章 制造要求

2.1 基本要求

2.2.1 制造前应对设计文件进行工艺性审查。

2.2.2 制造前应根据设计图纸绘制施工详图,并编制制造工艺等文件。

2.2.3 制造中应对质量进行监督和检查,并形成记录或报告。

2.2.4 制造及验收应使用经检定、校准合格的计量器具。

2.2.5 制作过程中相关单位应派专人驻场监督检测。

2.2.6 钢结构桥梁制造前,应落实安全责任,严格执行相关的安全操作规程。

2.2.7 制造完成后,制造厂应对其质量进行检验验收,设计相同的构件在制造精度上宜达到互换要求。

2.2 材料

2.2.1 一般规定

(1)公路钢结构梁桥制造所用材料应符合设计文件和相关标准的规定,进场材料除应有质量证明文件外,制造厂尚应按相关标准规定进行抽样检验,检验合格后方可使用。

(2)对各种材料的存放、使用和回收均应制定相应的管理制度,并应保证其性能稳定、可靠。

2.2.2 钢材

(1)主体结构用钢材应符合 GB/T 714、GB/T 1591 和设计文件的规定。有 Z 向性能要求的钢板,应符合 GB/T 5313 的规定。

(2)附属结构用钢材应符合 GB/T 1591、GB/T 706、GB/T 700 和设计文件的规定。

(3)钢板和钢带的尺寸、外形、重量、厚度允许偏差等应符合 GB/T 709 和设计文件的规定。

(4)钢材表面锈蚀等级应符合 GB/T 8923.1 的规定。

2.2.3 焊接材料

(1)焊接材料应根据焊接工艺评定试验确定。

(2)焊条应符合 GB/T 5117、GB/T 5118 的规定。

(3)焊丝应符合 GB/T 8110 和 GB/T 10045 的规定。

(4)埋弧焊用焊丝应符合 GB/T 12470、GB/T 5293、GB/T 36034 的规定,埋弧焊用焊剂应符合 GB/T 36037 的规定。

(5)焊接材料质量及检验符合 JTG/T 3650、JB/T 3223 的规定。

2.2.4 涂装材料

(1)涂装材料的性能及要求应符合 JT/T 722 的规定。

(2)涂装材料储存应符合 HG/T 2458 的规定。

2.2.5 高强度螺栓连接副

(1)钢结构用高强度大六角头螺栓应符合 GB/T 1228 的规定。

(2)钢结构用高强度大六角螺母应符合 GB/T 1229 的规定。

(3)钢结构用高强度垫圈应符合 GB/T 1230 的规定。

(4)钢结构用高强度大六角头螺栓、大六角螺母、垫圈技术条件应符合 GB/T 1231 的规定。

2.2.6 圆柱头焊钉

(1)圆柱头焊钉及配套瓷环应符合 GB/T 10433 的规定。

（2）圆柱头焊钉及配套瓷环应按种类、牌号、规格和批号分类保管存放，存放场所应干燥、通风良好。

2.3 零件加工

2.3.1 作样及号料

（1）号料前应检查钢材的牌号、规格和质量。

（2）作样和号料应严格按施工图和经批准的制造工艺文件要求进行。作样、号料的允许偏差应符合附表1-1的规定。

作样、号料允许偏差（单位：mm） 附表1-1

序号	项 目	允许偏差
1	两相邻孔中心线距离	±0.5
2	对角线、两极边孔中心距离	±1.0
3	孔中心与孔群中心线的横向距离	0.5
4	宽度、长度	+0.5 -1.0

（3）作样和号料应按工艺要求，预留制作和安装时的焊接收缩量及切割、刨边等加工量。

（4）主要零件号料时，轧制方向应与其主要应力方向一致。

2.3.2 切割

切割工艺应符合下列要求：

（1）切割前应将钢料表面的浮锈、污物清除干净。

（2）切割工艺应根据其评定试验结果编制，切割面不应产生裂纹。

（3）零件宜采用精密（数控、自动、半自动）切割下料，数控切割下料编程时除应考虑焊接收缩量之外，尚应考虑切割热变形的影响；剪切仅适用于次要零件或边缘仍需机加工的零件；手工气割仅用于工艺特定的或切割后仍需再加工的零件。

（4）精密切割边缘表面质量应符合附表1-2的规定。

精密切割边缘表面质量要求 附表1-2

项 目	用于主要零部件	用于次要零部件	备 注
表面粗糙度 R_a	25μm	50μm	—
崩坑	不允许	1m长度内，容许有一处1mm	超限应按焊接有关规定修补
塌角	圆角半径≤0.5mm		—
切割面垂直度	≤0.05t，且不大于2.0mm		t为钢板厚度

（5）剪切仅适用于次要零件。采用剪切工艺时，钢板厚度不宜大于12mm，剪切边缘应平整，无毛刺、反口、缺肉等缺陷。剪切的尺寸允许偏差应为±2mm，边缘缺棱应不大于1mm，型钢端部垂直度应不大于2mm。采用手工气割时，其尺寸的允许偏差应为±2mm。

2.3.3 矫正及弯曲

(1)矫正宜采用冷矫,冷矫时的环境温度不宜低于-12℃,矫正后的零件表面不应有明显的凹痕和其他损伤。

(2)采用热矫时,加热温度应控制在600~800℃。矫正后零件应自然冷却,降至室温以前,不得锤击钢材或用水急冷。

(3)主要零件冷作弯曲时,环境温度不宜低于-5℃,内侧弯曲半径不宜小于板厚的15倍,小于者应热煨。热煨的加温温度、高温停留时间、冷却速率应与所加工钢材的性能相适应。冷作弯曲后零件边缘不得产生裂纹。设计文件有要求时,按设计文件执行。

(4) U形肋尺寸允许偏差应符合附表1-3的规定。

U形肋加工允许偏差(单位:mm)　　　　　　　　　　　　　　　　附表1-3

项　目	简　图	允许偏差
开口宽 B		+2.0 / -1.0
底宽 b		±1.5
肢高 h_1、h_2		±1.5
两肢差 $\|h_1-h_2\|$		≤2.0
竖弯、旁弯		≤L/1000 且 ≤6(L为U形肋长度)
长度		±2.0

(5)零件矫正允许偏差应符合附表1-4的规定。

零件矫正允许偏差(单位:mm)　　　　　　　　　　　　　　　　附表1-4

零件	名　称	简　图	说　明	允许偏差
钢板	平面度		每米范围	f≤1.0
	直线度		全长范围 L≤8m	f≤2.0
			L>8m	f≤3.0
型钢	直线度		每米范围	f≤0.5
	角钢肢垂直度		连接部位	Δ≤0.5(用角式样板卡样时,角度不得大于90°)
			其余	Δ≤1.0

续上表

零件	名称	简图	说明	允许偏差
型钢	角钢肢、槽钢肢平面度		连接部位	Δ≤0.5
			其余部位	Δ≤1.0
	工字钢、槽钢腹板平面度		连接部位	Δ≤0.5
			其余部位	Δ≤1.0
	工字钢、槽钢翼缘垂直度		连接部位	Δ≤0.5
			其余部位	Δ≤1.0

2.3.4 边缘加工

(1)加工面的表面粗糙程度 R_a 不应大于 $25\mu m$;零件边缘机加工深度不应小于 $3mm$,但零件边缘硬度不超过 350HV10 时,加工深度不受此限。

(2)顶紧传力面的表面粗糙度不应大于 $12.5\mu m$,顶紧加工面与板面垂直度偏差应小于 $0.01t$(t 为板厚)且不应大于 $0.3mm$。

(3)加工时应避免油污污染钢材,加工后磨去边缘的飞刺、挂渣,使端面光滑匀顺。

(4)加工后的坡口面应打磨匀顺。

(5)零件加工允许偏差应符合附表 1-5 的规定。

钢混组合梁零件加工允许偏差(单位:mm) 附表 1-5

名称	范围	允许偏差	
		宽度	孔边距
钢混组合梁	盖板(工形) 竖板(箱形)腹板	±2.0 ±1.0①	—
接头板	—	—	±2.0
拼接板	两边	±2.0	—
箱形构件及节点处内隔板	四边	宽度 +0.5 0②	孔边距

注:1. 腹板宽度应按盖板厚度及焊接收缩量配制;
   2. 根据构件坡口深度、焊脚尺寸及工艺方法调整。

2.3.5 制孔

(1)螺栓孔应采取钻孔或铣孔工艺,制成的孔应成正圆柱形,孔壁表面粗糙度 R_a 不应大于 $25\mu m$,孔的圆度偏差不应大于 $0.5mm$,孔缘无损伤,无刺屑。

(2)螺栓孔允许偏差应符合附表 1-6 的规定。

螺栓孔允许偏差(单位:mm)　　　　　　　　　　　附表1-6

螺栓直径	螺栓孔径	允许偏差	
		孔径	孔壁垂直度
M12	φ14	+0.5 0	板厚 $t \leq 30$ 时,不大于 0.3; 板厚 $t > 30$ 时,不大于 0.5
M16	φ18	+0.5 0	
M20	φ22	+0.7 0	
M22	φ24	+0.7 0	
M24	φ26	+0.7 0	
M27	φ29	+0.7 0	
M30	φ33	+0.7 0	
>M30	>φ33	+1.0	

(3)螺栓孔距允许偏差应符合附表1-7的规定,设计文件有特殊要求的,按照设计文件执行。

螺栓孔距允许偏差(单位:mm)　　　　　　　　　　附表1-7

项　目		允 许 偏 差	
		主要构件	次要构件
两相邻孔距离		±0.4	±0.4
同一孔群任意两孔距		±0.8	±0.8
多组孔群两相邻孔群中心距		±0.8	±0.8
两端孔群中心距	$L \leq 11\mathrm{m}$	±0.8	±1.5
	$L > 11\mathrm{m}$	±1.0	±2.0
孔群中心线与构件中心线 的横向偏移	腹板不拼接	2.0	2.0
	腹板拼接	1.0	—
杆件任意两面孔群纵横向错位		1.0	—

(4)采用不同的工装、工艺钻制出的首个构件或零件,应经质检人员或监理工程师检查合格后方可继续钻制。工装胎架修整后应检查验收合格后方可继续钻孔。

2.4 部件制作

2.4.1 钢板接料

钢板接料应在构件组装前完成,并应符合下列要求:

(1)钢—混凝土组合梁的翼缘板、腹板接料长度不宜小于1000mm,宽度不应小于200mm,横向接料焊缝轴线距孔中心线不宜小于100mm。

(2)构件组装时应将相邻焊缝错开,错开的最小距离应符合附图1-1的要求。

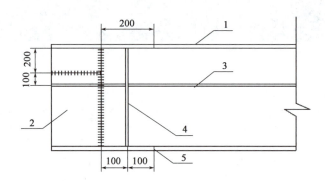

附图1-1　焊缝错开的最小距离(尺寸单位:mm)

1-盖板/翼缘板;2-腹板;3-板梁水平肋/箱形梁纵肋;4-板梁竖肋/箱形梁横肋;5-焊缝

2.4.2　基本要求

部件组装应符合下列要求:

(1)组装前应熟悉施工图和工艺文件,按图纸核对零件编号、外形尺寸、坡口方向及尺寸,确认无误后方可按工艺文件规定进行组装。

(2)钢梁构件组装应在胎架或平台上进行,每次组装前均应对胎架或平台进行检查,确认合格后方可组装。

(3)采用埋弧焊、气体保护焊及低氢型焊条手工焊方法焊接的接头,组装前应彻底清除待焊区域的铁锈、氧化铁皮、油污、水分、底漆等有害物,使其表面显露出金属光泽。清除范围符合附图1-2规定。

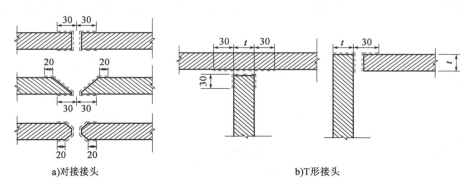

a)对接接头　　　　　　　b)T形接头

附图1-2　组装前的清除范围(尺寸单位:mm)

(4)采用埋弧焊焊接的焊缝,应在焊缝的端部连接引、熄弧板(引板);引板的材质、厚度、坡口应与所焊件相同,引板长度不应小于100mm。

(5)需制作产品试板检验时,应在焊缝端部连接试板,试板材质、厚度、轧制方向及坡口与所焊对接板材相同,其长度应大于400mm,宽度每侧不应小于150mm。

(6)检验合格后,进行定位焊。

(7)大型构件室外组装时,工装的设计、组装及测量应考虑日照和温差的影响。

(8)构件组装完成后,应在规定位置打上编号标识。

2.4.3 构件组装

构件组装允许偏差应符合附表1-8的规定。

钢混组合梁板单元尺寸允许偏差　　　　　　　　　　　附表1-8

序号	项　目		允许偏差(mm)	简　图
1	翼板中心和腹板中心线的偏移(Δ)		≤1.0	
2	梁腹板的局部平面度(Δ)		≤1.0	
3	翼板倾斜误差(Δ)		≤0.5	
4	磨光顶紧部位局部间隙		≤0.2	塞尺检查
5	腹板单元	纵肋间距(l)	±1.0	
		纵肋边距(b)	±1.0	
		对角线相对差	≤3.0	
6	加劲肋间距(S)		±1.0(有拼接时)	
			±2.0(无拼接时)	
7	主纵梁	高度 h	+2.0 / 0	
		接头板组装尺寸(b)	+1.5 / 0	
8	小纵梁	长度(L)	±1.5	
		高度(h)	+1.5 / 0	

续上表

序号	项目		允许偏差(mm)	简图
9	横梁	工型高度(h)	+1.5 / 0	
		高度(h)	+1.5 / 0	
		箱形(b)	±1.5	
		$\|L_1-L_2\|$	3.0	
10	横梁接头板	间距(S)	±1.0	
		垂直度	≤1.5	
		宽度(b)(两腹板内皮)	+2.0 / 0	
		组装位置(b_1、h_1)	±2.0	

2.5 焊接

2.5.1 基本要求

焊接应符合下列基本要求：

(1)焊接工艺应根据焊接工艺评定报告编制,并在开焊前做好焊工的技术交底和培训工作,施焊时应严格执行焊接工艺;焊接工艺评定应符合本规范附录 A 的规定。

(2)焊接材料应通过焊接工艺评定确定,焊剂、焊条应按产品说明书烘干使用,对存储期较长的焊接材料,使用前应重新按标准检验,CO_2气体纯度应大于 99.5%。

(3)施焊环境的相对湿度应小于 80%;焊接低合金钢的环境温度不应低于 5℃,焊接普通碳素钢的环境温度不应低于 0℃,主要构件应在组装后 24h 内焊接。

(4)焊接前应彻底清除待焊区域内的有害物;焊接时严禁在母材的非焊接部位引弧,焊接后应清理焊缝表面的熔渣及两侧的飞溅物。多层焊接时应连续施焊,且应控制层间温度,每一层焊缝焊完后应及时清理检查,应在清除药皮、熔渣、溢流和其他缺陷后,再焊下一层。

(5)焊前预热温度应通过焊接性试验和焊接工艺评定确定,预热宜采用电加热法、火焰加热法等加热方法,并采用专用测温仪器测量;预热范围一般为焊缝每侧 100mm 以上,距焊缝 30~50mm 范围内测温。

(6)如果构件在露天焊接时,应采取防风和防雨措施;主要钢构件应在组装后 12h 内焊接;当构件的待焊部位结露或被雨淋后,应采取相应的措施去除水分和浮锈。

(7)埋弧自动焊应在距设计焊缝端部 80mm 以外的引板上起、熄弧;埋弧自动焊接过程中不应断弧,如有断弧,则应将停弧处刨成 1∶5 的斜坡,并搭接 50mm 再引弧施焊,焊后搭接处应修磨匀顺。

(8)焊件焊接后,两端的引板、产品试板或临时连接件应用机械加工、碳弧气刨或气割切掉,并磨平切口,不应损伤焊件。

(9)对接焊缝和全熔透角焊缝施焊时应做焊接记录,记录的内容包括构件号、焊缝部位、焊缝编号、焊接参数、操作者、焊接日期等。

(10)焊接宜推广自动化、信息化等先进技术、工艺和装备。正交异性钢桥面板单元宜采用自动化焊接设备焊接。

2.5.2 定位焊

定位焊应符合以下规定:

(1)定位焊所采用焊接材料的型号应与母材相匹配。施焊前应按施工图及工艺文件检查焊件的坡口尺寸、根部间隙、焊接部位的清理情况等,如不符合要求应处理改正。

(2)定位焊不应有裂纹、夹渣、焊瘤等缺陷,弧坑应填满。对于开裂的定位焊焊缝,应先查明原因,然后再清除开裂的焊缝,并应在保证构件尺寸正确的条件下补充定位焊。

(3)定位焊焊缝应距设计焊缝端部 30mm 以上。定位焊缝长度应为 50~100mm;间距 400~600mm,板厚大于 50mm 或小于 8mm 的构件间距可为 300~500mm;焊脚尺寸一般不大于设计焊脚尺寸 K 的一半,但当 K 小于或等于 8mm 时,定位焊焊脚尺寸可不大于设计焊脚尺寸 K 的 2/3。

2.5.3 焊接检验

2.5.3.1 焊缝外观检验

焊接完毕且待焊缝冷却至室温后,应对所有焊缝进行外观检查,焊缝不应有裂纹、未熔合、夹渣、未填满弧坑等现象,并应符合附表 1-9 的规定。

焊缝外观质量标准 附表 1-9

序号	项 目	简 图	质 量 标 准	
1	咬边		受拉构件横向对接焊缝	不允许
			桥面板与 U 形肋角焊缝及竖加劲肋角焊缝(腹板侧受拉区)	
			受压构件横向对接焊缝及竖加劲肋角焊缝(腹板侧受压区)	$\Delta \leq 0.3$mm
			纵向对接及主要角焊缝	$\Delta \leq 0.5$
			其他焊缝	$\Delta \leq 1.0$
2	气孔	—	横向对接焊缝	不允许
			纵向对接焊缝主要角焊缝	直径小于 1.0	每米不多于 3 个/m,间距不小于 20mm,但焊缝端部 10mm 之内不允许
			其他焊缝	直径小于 1.5	
3	焊脚尺寸		主要角焊缝	K_0^{+2}
			其他角焊缝	K_{-1}^{+2}(手工角焊缝全长 10%区段内允许 K_{-1}^{+3})

续上表

序号	项目	简图	质量标准	
4	焊波		角焊缝	任意25mm范围高低差 $\Delta \leqslant 2.0$
5	余高		不铲磨余高的对接焊缝	焊缝宽 $b > 20$ 时，$\Delta \leqslant 3.0$；焊缝宽 $b \leqslant 20$ 时，$\Delta \leqslant 2.0$
6	余高铲磨后表面		横向对接焊缝	$\Delta_1 \leqslant 0.5$ $\Delta_2 \leqslant 0.3$ 粗糙度 $50\mu m$

2.5.3.2 焊缝无损检测

焊缝无损检测应符合下列要求：

(1) 经外观检验合格的焊缝方能进行无损检测，无损检测应在焊接24h后进行。

(2) 进行局部超声波探伤的焊缝，当发现裂纹或较多其他缺陷时，应扩大该条焊缝探伤范围，必要时可延至全长。进行射线探伤和磁粉探伤的焊缝，当发现超标缺陷时应加倍检验。

(3) 采用超声波、射线、磁粉等多种方法检验的焊缝，应达到各自的质量要求，该焊缝方可认为合格。焊缝的超声波探伤应符合 GB/T 11345 的规定；焊缝射线探伤应符合 GB/T 3323.1 的规定，射线透照技术等级采用 B 级（优化级），焊缝内部质量应达到 Ⅱ 级；磁粉探伤应符合 GB/T 26951 和 GB/T 26952 的规定。

2.5.4 产品试板检验

产品试板检验应符合下列要求：

(1) 焊缝应按附表 1-10 规定的焊缝类型确定产品试板数量，接头少于表中数量时，应做一组产品试板。产品试板焊缝的外观应符合产品焊缝的外观质量要求，并按 Ⅰ 级对接焊缝要求进行超声波探伤。

产品试板数量　　　　　　　　　　　　　　　　　　　附表 1-10

焊缝类型	接头数量	试板数量
受拉横向对接焊缝	30条	1组
桥面板纵向对接焊缝	30条	1组
桥面板横向对接焊缝	10条	1组
全断面对接焊缝	10个断面	平、立、仰位各一组
桥面板与U形肋部分熔透角焊缝	10个梁段	1组

注：桥面板与U形肋部分熔透角焊缝需检测焊缝熔深。

(2) 产品试板经外观和超声波探伤检验合格后应进行接头拉伸、侧弯和焊缝金属低温冲击试验，试验数量和结果应符合焊接工艺评定的有关规定。

(3) 若试验结果不合格，可在原试板上重新取样再试验，如试验结果仍不合格，则应先查明原因,然后对该试板代表的接头进行处理。

2.5.5 焊缝返修

焊缝返修应符合下列要求:

(1)各种焊缝缺陷的返修,应经质检人员、主管技术人员及监理工程师确认后进行。

(2)焊脚尺寸、焊波或余高超出附表1-10规定的上限值的焊缝应修磨匀顺;焊缝咬边超出附表1-10规定和焊脚尺寸不足时,可采用手弧焊进行补焊,补焊后修磨匀顺。

(3)焊缝返修时,应采用碳弧气刨或其他机械方法清除焊接缺陷,在清除缺陷时应刨出利于返修焊的坡口,并用砂轮磨掉坡口表面的氧化皮,露出金属光泽;焊接裂纹的清除长度应由裂纹两端各外延50mm。

(4)焊缝返修时,预热温度应在工艺要求的基础上提高30~50℃。

(5)采用自动焊返修焊缝时,应将清除焊缝部位的两端刨成1∶5的斜坡,焊后将接头处修磨匀顺。

(6)返修焊缝应按原焊缝质量标准要求检验,同一部位的返修焊不宜超过两次,超过两次时需查明原因,并制定返修工艺措施。

2.5.6 圆柱头焊钉焊接

圆柱头焊钉的焊接及质量检验见本规范附录B。

2.6 矫正

矫正应符合下列要求:

(1)冷矫的环境温度不宜低于5℃,冷矫时应缓慢加力,冷矫的总变形量不应大于变形部位原始长度的2%。时效冲击值不满足要求的拉力钢构件,不得矫正。

(2)热矫时加热温度应控制在600~800℃之间,严禁过烧,且不宜在同一部位多次重复加热。

(3)矫正后的钢构件表面不得有凹痕和其他损伤。

(4)当设计文件有特殊要求时,矫正方法及矫正温度应符合设计要求。

(5)部件矫正的允许偏差应符合附表1-11的规定。

部件矫正允许偏差(钢—混凝土组合梁)　　　　　附表1-11

序号	项目		允许偏差	简图
1	翼板对腹板的倾斜偏差Δ	有孔部位	当$b \leq 600$mm时,$\Delta \leq 0.5$mm; 当$b > 600$mm时,$\Delta \leq 1.0$mm	
		其余部位	$\Delta \leq 1.5$mm	
2	盖板平面度	有孔部位	0.5mm	
		其余部位	1.0mm	

续上表

序号	项目		允许偏差	简图
3	主纵梁腹板平面度 Δ	有孔部位及横梁接头板部位	1m 范围内不大于 1mm	
		其余部位	≤2.0mm	
4	横梁、小纵梁腹板平面度	有孔部位及有孔接头板部位	$h/500$,且不大于 3.0mm	
		其余部位	$h/500$,且不大于 5.0mm	
5	工形、箱形构件的扭曲 Δ		3.0mm	
6	主纵梁、纵梁、横梁旁弯	$L≤4m$	2.0mm	
		$4m<L≤16m$	3.0mm	
		$L>16m$	5.0mm	
7	拱度 f	主纵梁	+5mm / 0	
		横梁、纵梁	+3mm / 0	
8	带孔加劲板、横梁接头板	垂直度	≤1.0mm	
		平面度		

2.7 钢—混凝土组合梁试装

2.7.1 钢—混凝土组合梁应按试装图进行试装。首批制造或改变工艺装备(包括工艺装备大修)时,均应选择代表性的构件进行局部试装。成批生产的钢桥梁,每生产 15 孔(或节间)试装一次,设计有要求时,按设计文件执行。

2.7.2 提交试装的构件均应检验合格,试装应在涂装前进行。

2.7.3 试装应在专用胎架上进行,各构件应处于自由状态。

2.7.4 试装时板层密贴,所用冲钉不得少于螺栓孔总数的 10%,螺栓不得少于螺栓孔总数的 20%。

2.7.5 试装过程中应检查拼接处有无相互抵触情况,有无不易施拧螺栓处。

2.7.6 试装时,应用试孔器检查所有螺栓孔。主梁之间的螺栓孔应 100% 自由通过较设计孔径小 0.75mm 的试孔器;主梁与横梁以及横梁与小纵梁螺栓孔应 100% 自由通过较设计孔径小 1.0mm 的试孔器。其他螺栓孔应 100% 自由通过较设计孔径小 1.5mm 的试孔器。

2.7.7　磨光顶紧处应有 75% 以上的面积接触，用 0.2mm 塞尺检查，其塞入面积不得超过 25%。

2.7.8　试装应有详细记录，经检测合格后方可解体。

2.7.9　钢混组合梁试装的主要尺寸及允许偏差应符合附表 1-12 的规定。

试装检验及验收条件（钢—混凝土组合梁）（单位：mm）　　附表 1-12

项　目	允许偏差	条　件	检测工具及方法
梁高 h	±2.0	测量两端腹板处高度	钢卷尺
两相邻节段上下翼缘板错边量	2.0	接口部位	钢板尺
两相邻节段腹板错边量	2.0	接口部位	钢板尺
跨度 L	±8.0	支座中心至跨度中心	钢盘尺
试装全长 L	±2n（n 为节段数）	试装长度	钢盘尺、弹簧秤、磁力座
两主梁中心距	±3.0	主梁腹板中心间距	钢盘尺、弹簧秤、磁力座
相邻两主梁横断面对角线差	8.0	锚点部位	钢盘尺、弹簧秤、磁力座
旁弯	$L/5000$	主梁中心线与其试装全长 L 两端中心所连直线的偏差	钢盘尺、紧线器、钢板尺、磁力座、钢丝线
拱度	+10, −3	与计算拱度相比	水准仪
支点处高低差	3	3 个支座处于水平位置时，另一个支座翘起高度	经纬仪、钢板尺

2.8　制造验收

钢混组合梁成品基本尺寸允许偏差应符合附表 1-13 的规定。

成品基本尺寸允许偏差（钢—混凝土组合梁）　　附表 1-13

项　目	允许偏差	条　件	检测工具和方法
梁高	±2（$h≤2m$） ±4（$h>2m$）	测量两端腹板处高度	钢卷尺
制造梁段长	±8	测量制造梁段长度	钢盘尺、弹簧秤、磁力座
腹板中心距	±3.0	测量两端腹板中心距	钢盘尺、弹簧秤、磁力座
横断面对角线差	4.0	测量两端横断面对角线差	钢盘尺、弹簧秤、磁力座
旁弯	$L/5000$	L 为梁长	紧线器、钢丝线、钢板尺
拱度	+10 −3		紧线器、钢丝线、钢板尺
支点处高低差	4	3 个支座处于水平位置时，另一个支座翘起高度	水准仪、钢板尺
主梁腹板平面度	$h/250$ 且不大于 8	平尺测量 （h 为加劲之间距离）	钢板尺、钢平尺
扭曲	1/m，每段不大于 10	每段以两端隔板处为准	紧线器、钢板尺

构件制造完成后,应进行全面质量检查、验收,提交全部检查验收文件,经监理工程师确认、签证后,填发产品合格证。产品合格后方可出厂。

2.9 涂装

2.9.1 一般规定

2.9.1.1 公路钢结构桥梁涂装应符合设计文件和 JT/T 722 的规定。

2.9.1.2 涂装前,应编制专项施工方案,并应依据专项施工方案编制工序作业指导书。

2.9.1.3 涂装施工前,制造厂和油漆供应商应进行专项涂装工艺试验,合格后方可进行正式涂装施工。

2.9.1.4 涂装前,应对施工人员进行涂装施工的专业培训并考核。喷砂、喷漆等关键工序的施工人员应获得涂装工中级及以上的资格证书,特种作业人员和质量检验人员应具备相应的职业资格。

2.9.1.5 涂装施工所使用的设备和工具应保持良好状况、安全可靠。

2.9.1.6 涂装前,应对构件自由边双侧倒弧,倒弧半径应不小于 2mm。

2.9.1.7 涂装完成后应对构件进行标识,且应待涂层干燥后再进行存放。

2.9.2 表面处理

2.9.2.1 钢构件在涂装前,应对其表面进行除锈处理。除锈应采用喷丸或抛丸的方法进行,除锈等级符合设计规定;设计未规定时应达到 GB/T 8923.1 规定的 Sa2.5 级,表面粗糙度 R_a 应达到 25~60μm;对高强螺栓摩擦面除锈等级应达到 Sa3.0 级,表面粗糙度 R_a 应达到 50~100μm;且除锈后的连接面宜进行喷铝或喷涂无机富锌防滑防锈涂料,同时应清除高强螺栓头部的油污及螺母、垫圈外露部分的皂化膜。

2.9.2.2 构件表面有油污时,可采用专用清洁剂对其进行低压喷洗或采用软刷刷洗,并应采用淡水枪将残余物冲洗干净;亦可采用碱液、火焰等进行处理,但在处理完成后应采用淡水将残留的碱液冲洗至中性。

2.9.2.3 表面处理完成后,底漆宜在 4h 内进行涂装;当构件所处环境的相对湿度不大于 60% 时,涂装施工的时间可适当延长,但最长不应超过 12h。在上述规定的时限内,如果钢材的表面已出现返锈现象,则应重新进行除锈处理。

2.9.3 工厂涂装

2.9.3.1 工厂涂装应在室内进行,并具有良好的通风条件。

2.9.3.2 涂装施工时,钢构件表面不应有雨水或结露,相对湿度不应高于 80%;环境温度对环氧类漆不应低于 10℃,对水性无机富锌防锈底漆、聚氨酯漆和氟碳面漆不应低于 5℃。在风沙天、雨天和雾天不应进行涂装施工;涂装后 4h 内应采取保护措施,避免遭受雨淋。

2.9.3.3 大面积喷涂时,应采用高压无气喷涂工艺,滚涂或刷涂仅在预涂或修补时采用;对无机富锌涂料应采用空气喷涂或无气喷涂,不应采用滚涂或刷涂。

2.9.3.4 底漆、中间漆涂层的最长暴露时间不宜超过 7d,两道面漆的涂装间隔时间亦不宜超过 7d;若超过,应先采用细砂纸将涂层表面打磨成细微毛面,再涂装后一道面漆。喷铝应在表面清理后 4h 内完成,涂层间隔的时间要求应符合 GB/T 11373 的规定。

2.9.3.5 对已涂无机硅酸锌、无机富锌等车间底漆的构件外表面,在涂装底漆前,应采用喷砂方法进行二次表面处理;内表面的车间底漆基本完好,且涂装采用非富锌类底漆时,可不进行二次表面处理,但应除去表面的盐分和油污,并应将焊缝和锈蚀处打磨至 GB/T 8923.1 规定的 St3.0 级。

2.9.3.6 涂装后,应在规定的位置涂刷钢构件标记。钢构件码放必须在涂层干燥后进行,对局部损伤的涂层,应进行表面处理,并按原设计涂层补涂各层涂料。

2.9.3.7 涂料涂层的表面应平整均匀,不应有漏涂、剥落、起泡、裂纹和气孔等缺陷,颜色应与比色卡一致;金属涂层的表面应均匀一致,不应有起皮、鼓包、大熔滴、松散粒子、裂纹和掉块等缺陷。每涂完一道涂层应检查干膜厚度,出厂前应检查漆膜总厚度。

2.9.4 工地涂装

2.9.4.1 工地现场涂装的环境条件除应符合本规范的规定外,对构件接头的涂装和涂层的修补应在临时作业棚内进行,并应采取有效措施减少或避免对周围空气、水源等的污染。

2.9.4.2 构件和梁段的现场对接焊缝两侧各 50mm 范围内不宜在工厂涂装,宜待安装完成后在现场进行,且该范围内的涂装总干膜厚度宜增加 10%。对该范围进行涂装时,应将涂层边缘打磨成平滑过渡的斜坡,使其分别露出各涂层。打磨范围应适当超出焊缝补涂区域,延伸至完好涂层。

2.9.4.3 在运输和安装过程中损伤的涂层应进行修复,并应符合下列规定:

(1)对涂层的局部损伤部位采用机械打磨时,其除锈等级应达到 St 3 级;

(2)在对对接焊缝处局部损伤的涂层进行修复时,其补涂的范围应比受损的范围大 30mm;

(3)当涂层有大面积损伤时,应对其进行重新喷砂、逐层修复。

2.9.4.4 在工地现场进行最后一道面漆涂装时,其施工应符合下列规定:

(1)涂装前应对运输和安装过程中损伤的涂层进行修复处理;

(2)对待涂装表面,应采用高压淡水、清洗剂等进行必要的清洁处理,清除表面的灰尘、油污及可溶性盐分等,并用砂纸对涂层表面进行全面的打磨拉毛;

(3)现场涂装前应对涂层的相容性和附着力进行试验,涂装施工过程中有异常情况时应及时处理。

2.9.4.5 现场风力大于四级时,不应进行涂装施工作业。

2.9.5 摩擦面处理

2.9.5.1 高强度螺栓摩擦面可采用喷涂无机富锌防滑涂料或热喷铝方式处理,并进行抗滑移系数试验。

2.9.5.2 摩擦面处理后的抗滑移系数应符合设计规定,设计未规定时,摩擦面涂层的初始抗滑移系数不应小于 0.55,工地安装前复验不应小于 0.45。摩擦面抗滑移系数试验方法符合本规范的规定。

2.9.5.3 钢梁出厂后,高强螺栓连接面涂层的保质期为 6 个月。超过保质期后,应重新检验其抗滑移系数,合格后方可使用。

2.10 包装、存放及运输

2.10.1 桥梁钢构件应在涂层干燥后对高强度螺栓连接部位进行包装。包装和存放时应采取措施避免损坏摩擦面。拼接板、螺栓、螺母、垫圈等小件应分类装箱,并加标记。

2.10.2 存放场地应坚实、平整、有排水设施。存放时钢构件支承处不应产生不均匀沉降。所有支承点均应受力均匀。

2.10.3 运输应符合相应运输方式的有关安全规定。提供工地抗滑移系数试验用的试件,应随同构件运至工地。

2.10.4 在包装、存放和运输过程中,应采取有效措施,保证钢构件不变形,不损坏,不散失。

附录 A 钢材焊接工艺评定
（规范性）

A.1 一般要求

A.1.1 焊接工艺评定(以下简称"评定")是编制焊接工艺的依据。

A.1.2 评定条件应与产品焊接条件相对应,评定应使用与产品相同牌号和质量等级的钢材及焊接材料。

A.1.3 制造厂应根据钢材类型、结构特点、接头形式、焊接方法、焊接位置等制定焊接工艺评定方案,并按要求进行评定。

A.1.4 首次采用的钢材和焊接材料必须进行评定,在同一制造厂已评定并批准的工艺,可不再评定;遇有下列情况之一者,应重新进行评定:

(1)钢种及钢的交货状态改变。

(2)焊接材料改变。

(3)焊接方法或焊接位置改变。

(4)衬垫材质改变。

(5)焊接电流、焊接电压和焊接速度改变 ±10% 以上。

(6)坡口形状和尺寸改变(坡口角度减少10°以上,熔透焊缝钝边增大2mm以上,无衬垫的根部间隙变化2mm以上,有衬垫的根部间隙变化在 −2 ~ +6mm以上)。

(7)预热温度低于规定的下限温度20℃时。

(8)增加或取消焊后热处理时。

(9)电流种类和极性改变。

(10)加入或取消填充金属。

(11)母材焊接部位涂车间防锈漆而焊接时又不进行打磨的。

A.1.5 "评定"包括对接接头试验、熔透角接试验、坡口角接试验和T形接头试验。

A.2 试板

A.2.1 试板宜选用碳当量偏标准上限的母材制备,其试验条件应考虑约束状态。

A.2.2 对接接头试板、熔透或部分熔透的角接接头和T形接头试板应根据设计图选择有代表性的板厚 t 进行评定试验,经核准后其评定对满足 $0.75t \leq t_1 \leq 1.5t$ 条件的产品厚度有效(t 为试板板厚,t_1 为产品板厚),但产品的接头形式、坡口形式及钝边尺寸应与试板一致。

A.2.3 角焊缝试板可按照每一焊角尺寸选定一种板厚组合进行评定试验,经核准后其评定对同一焊角尺寸的各种板厚组合均有效。

A.2.4 试板长度应根据样坯尺寸、数量(含附加试样数量)等因素予以综合考虑,自动焊不宜小于600mm,手工焊、CO_2 气体(混合气体)保护焊不应小于400mm,宽度每侧不应小于150mm。

A.3 检验及试验

A.3.1 焊缝的外观质量应符合本文件附表1-9的规定。

A.3.2 评定试板应沿焊缝应全长进行超声波探伤,质量等级应符合本文件检测部分表1~表3的规定。

A.3.3 力学性能取样应按照 GB/T 2650~2653 的规定执行,样坯截取位置应根据焊缝外形及探伤结果,在试板的有效利用长度内作适当分布。试样加工前允许样坯冷矫正。

A.3.4 T形接头和角接接头熔透焊缝冲击试样取样方法:当未开坡口侧板厚 $t \geq 30mm$ 时,应按图A.1和图A.2进行;当未开坡口侧板厚 $t < 30mm$ 时,可用同样坡口的对接焊缝代替。

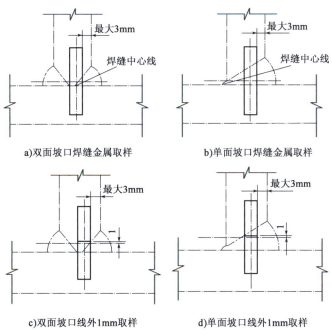

a)双面坡口焊缝金属取样　　　　b)单面坡口焊缝金属取样

c)双面坡口线外1mm取样　　　　d)单面坡口线外1mm取样

图 A.1　T形接头熔透焊缝的冲击试样取样

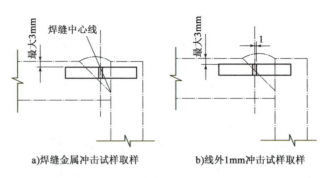

a) 焊缝金属冲击试样取样　　　b) 线外1mm冲击试样取样

图 A.2　角接接头熔透焊缝的冲击试样

A.3.5　力学性能试验项目、试样数量及试验方法应符合表 A.1 的规定。

力学性能试验项目、试样数量及试验方法　　表 A.1

试件形式	试验项目		试样数量(个)	试验方法
对接接头试件	接头拉伸(拉板)		1	GB/T 2651
	焊缝金属拉伸试验		1	GB/T 2652
	接头弯曲		1	GB/T 2653
	低温冲击	焊缝金属	3	GB/T 2650
		熔合线外 1.0mm 或 0.5mm	3	
	接头硬度		1	GB/T 2654
T形接头和角接接头熔透角焊缝试件	焊缝金属拉伸		1	GB/T 2652
	低温冲击	焊缝金属	3	GB/T 2650
		熔合线外 1.0mm 或 0.5mm	3	
	接头硬度		1	GB/T 2654
T形接头角焊缝试件	焊缝金属拉伸		1	GB/T 2652
	接头硬度		1	GB/T 2654

注：1. 接头弯曲试验的弯曲角度 $\alpha = 180°$，弯心直径应符合母材标准规定。
　　2. 接头为异种材质组合时，熔合线外 1mm 或 0.5mm 分别取样。

A.3.6　力学性能试验验收应符合下列规定：

(1) 当拉伸试验结果(屈服、抗拉强度及拉棒的伸长率)不低于母材标准值时，则判为合格；当试验结果低于母材标准值，则允许从同一试件上再取一个试样重新试验，若试验结果不低于母材标准值，则仍可判为合格，否则，判为不合格。

(2) 接头弯曲试验结束后，试样受拉面没有裂纹，或仅在棱角处有撕裂且裂纹长度不大于 3mm，则判为合格；当试验结果未满足上述要求，允许从同一试件上再取一个试样重新试验，若试验结果满足上述要求，则仍判为合格，否则，判为不合格。

(3) 桥梁用结构钢焊接接头的冲击功应符合表 A.2 的规定，其余钢种焊接接头的冲击功不低于母材标准值。若冲击试验的每一组(3 个)试样试验结果的平均值不低于规定值，且任一试验结果不低于 0.7 倍的规定值，则判为合格；当试验结果未满足上述要求，允许从同一试件上再取一组(3个)附加试样重新试验,若总计6个试验结果的平均值不低于规定值,且低于规定值的试验结果不多于3个(其中,不得有2个以上的试验结果低于0.7倍的规定值,也不得有任一试验结果低于0.5倍的规定值),则可仍判为合格,否则,判为不合格。

(4)焊接接头的硬度值不大于380HV10时,判为合格,否则判为不合格。

(5)力学性能试验结束后,当发现试样断口上有超标的缺陷,应查明产生该缺陷的原因并决定试验结果是否有效。

焊接接头的冲击功规定值   表 A.2

钢材牌号	Q345q			Q370q			Q420q		
质量等级	C	D	E	C	D	E	C	D	E
试验温度	0℃	-20℃	-40℃	0℃	-20℃	-40℃	0℃	-20℃	-40℃
对接焊缝和熔透角焊缝	≥34J			≥41J			≥47J		

注:1. 板厚≤20mm 的薄钢板接头冲击功规定值≥27J。
    2. 当设计文件对冲击功有特殊要求时以设计文件为准。

A.3.7 每一评定应作一次宏观断面酸蚀试验,试验方法应符合 GB/T 226 的规定;焊缝成型系数应为 1.3~2.0。

A.3.8 不同材质焊接接头的拉伸、冲击、弯曲等力学性能应按照性能要求较低的材质进行评定。

A.4 评定报告

评定报告应包括下列内容:
(1)母材和焊接材料的牌号、规格、化学成分和力学性能等。
(2)试板图。
(3)试件的焊接条件、施焊日期、工艺参数。
(4)焊缝外观及探伤检验结果。
(5)力学性能试验及宏观断面酸蚀试验结果。
(6)结论及评定人员签字。

附录 B   圆柱头焊钉焊接及焊接质量检验规程

(规范性)

B.1 适用范围

本规程适用于圆柱头焊钉(以下简称"焊钉")的进厂检验、焊接、焊接质量控制及检验。

B.2 材料

B.2.1 焊钉
焊钉应符合下列要求:

（1）焊钉的形状、尺寸应符合 GB/T 10433 的要求。
（2）焊钉材料的成分及力学性能应符合 GB/T 10433 的要求。
（3）焊钉进场前应进行合格性试验。
（4）焊钉进场前应查验下列证明文件：
①原材的材质证明和复验报告；
②焊钉的规格、力学性能试验报告及化学成分检测报告；
③首次供货的焊钉应提供合格性试验的试验报告；
④产品合格证。

B.2.2 瓷环

瓷环几何尺寸及质量要求应符合 GB/T 10433 的要求。

B.3 焊钉焊接

焊钉焊接应符合下列要求：

（1）焊钉焊接工艺参数应通过焊接工艺评定确定，并应采用确定的工艺参数在试板上焊接 10 个焊钉，其中 5 个做拉伸试验，5 个做弯曲试验，全部试验结果应符合现行 GB/T 10433 的规定。

（2）焊接前应清除焊钉头部及钢板待焊部位（大于 2 倍圆柱头焊钉直径）的铁锈、氧化皮、油污、水分等有害物，使钢板表面显露出金属光泽。受潮的瓷环在使用前应在 150℃ 的烘箱中烘干 2h。

（3）焊钉应采用专用焊接设备平位施焊，少量立位及其他位置的焊钉可采用手工焊接。

（4）施焊前焊工应检查所用设备、工具，保证能正常工作时方可施焊。

（5）每台班开始焊接前或更换焊接条件时，应按规定的焊接工艺在试板上试焊 2 个焊钉，焊后应按本附录第 B.5 条规定进行检验，合格后方可在构件上正式焊接。

B.4 焊接质量控制

B.4.1 焊钉焊接工作应由经过焊钉焊接培训、考试合格的焊工担任。

B.4.2 焊接工作应严格按焊钉焊接工艺文件执行。

B.4.3 每日每台班开始生产焊接前，或更换一种焊接条件时，都应按规定的焊接工艺试焊 2 个焊钉，进行外观检查和 30°角弯曲试验，合格后方可进行正式焊接。若有一个焊钉破坏，应重新焊接两个焊钉进行试验；若不合要求，应调整焊接工艺参数重新试焊，直到合格为止。试焊用的试板应与工件材质相同，厚度允许变动 ±25%，焊接位置为平焊。

B.4.4 检验人员应按焊钉焊接工艺文件规定的焊接参数进行抽检，每日至少一次，并记录抽检构件的名称、编号和施焊参数。

B.5 焊接质量检验

B.5.1 焊钉焊接接头冷却到环境温度后进行外观检查。外观检查应逐一进行，并符合表 B.1 的要求，当采用电弧焊焊接时，焊缝最小焊脚尺寸应符合表 B.2 的要求。

焊钉焊接接头外观检验合格标准　　　　　　　　　　　　　　表 B.1

检验项目	合格标准	检验方法
焊缝外形尺寸	360°范围内焊缝饱满；拉弧式焊接：焊脚高 $K_1 \geq$ 1mm，焊缝宽度≥0.5mm；电弧焊：最小焊脚尺寸应符合规定	目测、钢尺、焊缝量规
焊缝缺陷	无气孔、夹渣、裂纹等缺陷	目测、放大镜(5倍)
焊缝咬边	咬边深度≤0.5mm，且最大长度不得大于焊钉直径	钢尺、焊缝量规
焊钉焊后高度	高度偏差≤±2mm	钢尺
焊钉焊后倾斜度	倾斜角度偏差 $\theta \leq 5°$	钢尺、量角器

采用电弧焊焊接焊钉焊接接头最小焊脚尺寸(单位:mm)　　　表 B.2

焊钉直径	角焊缝最小焊脚尺寸
10,13	6
16,19,22	8
25	10

B.5.2　检验人员应按焊钉焊接工艺文件规定的焊接参数进行抽检，每日至少一次，并记录抽检构件的名称、编号和施焊参数。

B.5.3　焊接生产中，缺焊焊缝长度超过周长的1/4或其他项点不合格的焊钉应予更换重新焊接。缺焊焊缝长度未超过周长的1/4时，可采用小直径低氢型焊条补焊，补焊时应预热50~80℃，并应从缺焊焊缝端部10mm外引、熄弧，焊脚尺寸不应小于6mm。

第3章　安装要求

3.1　基本要求

3.1.1　安装施工前，应根据桥位环境条件、桥梁结构及构件特点，合理选择安装方法，制定专项施工方案。

3.1.2　安装前应按照明细表核对进场的构件，查验产品的质量资料。

3.1.3　安装前应检查钢梁涂层，必要时进行补涂。

3.1.4　安装前应对支架、支承、吊机等临时结构、设备和钢桥结构自身在不同受力状态下的强度、刚度和稳定性进行验算。

3.1.5　安装前应对桥台、墩顶高程、中线及各孔跨径进行复测。

3.1.6　构件组拼前应清除构件上的附着物，摩擦面应保持干燥、清洁，未经允许不应对构件进行开洞、切割、焊接等作业。

3.1.7　安装过程中，每完成一个吊装节段，应对主梁三维坐标进行测量，误差超过规范允许范围应校正。

3.1.8　对支座与钢梁、垫石采用焊接连接时，应将支座安装完成后进行落梁。对支座与钢梁栓接连接的,将支座与钢梁连接并采用临时支撑就位,再进行支座与垫石的固定。

3.1.9 落梁前后应监控钢梁线形、拱度和平面尺寸,并做记录。当设计文件有特殊要求时,以设计文件为准。

3.1.10 构件采用焊接与高强度螺栓混合连接时,宜先初拧高强度螺栓再焊接,待焊缝经检验合格后再进行高强度螺栓的终拧。

3.2 钢—混凝土组合梁安装

3.2.1 支架安装

3.2.1.1 拼装过程中应减少相邻梁段接缝偏差,在纵、横向及高度方向的拼接错边量应小于2mm。

3.2.1.2 安装支架设计需充分考虑钢梁、预制板的自重及施工临时荷载。支架顶面高程符合安装线形的要求。

3.2.1.3 塔区支架处钢梁安装时,需考虑塔壁、吊机回转半径、钢梁外形尺寸的影响。制定合理的安装顺序,并采取有效的锚固措施,确保施工期间不偏移。

3.2.2 节段吊装

3.2.2.1 梁体吊装前应做好专项方案,并进行吊装工况下结构应力验算,注意吊点处变形及局部稳定。

3.2.2.2 钢—混凝土组合梁节段整体安装前,应全面检查桥轴线偏差、横梁间距、梁高、梁宽及四点不平度等工艺项点,超差时及时修正,满足要求后方可参与吊装。

3.2.2.3 吊点应设置在支承线或横隔板位置,梁上吊点以4个为宜。

3.2.2.4 钢梁宜采用吊具吊装,吊装前对吊点位置进行加固。

3.2.2.5 采用两台起重机联合作业时,宜选择负荷能力相同或接近的设备,分配给单台起重机重力不得超过其允许起重力的80%,钢梁及吊具总重力不应高于两台起重机额定起重量之和的75%,并应采取措施保证各起重设备的同步性。

3.2.3 悬臂安装

3.2.3.1 钢梁悬拼过程中,严格控制预拱度及轴线偏差,允许偏差为±10mm。

3.2.3.2 钢梁拼装过程中,应减少相邻梁段接缝偏差,在纵、横向及高度方向的拼接错边量应小于2mm。

3.2.3.3 悬拼安装时需设置预抬量,以抵消混凝土预制板安装后钢梁下挠。

3.2.4 顶推安装

3.2.4.1 钢梁的拼装平台应具备纵坡调整的功能,应使待拼装钢梁节段能与顶推梁体尾端的转角顺接,保证钢梁梁体的线形与制造线形一致。

3.2.4.2 顶推采用的导梁长度宜为顶推跨径的0.6~0.8倍,导梁与主梁梁体连接处的刚度应协调,导梁前端的最大挠度不应大于设计规定。

3.2.4.3 导梁全部节间的拼装应平整,其中线的允许偏差不应大于5mm,纵、横向底面高程的允许偏差应为±5mm。

3.2.4.3 采用单点或多点水平千斤顶方式顶推时,顶推滑道的长度应大于水平千斤顶行程滑块的长度之和,宽度应为滑板宽度的1.2~1.5倍;相邻墩滑道顶面高程的允许偏差宜为

±2mm,同墩两滑道高程的允许偏差宜为±1mm;滑动装置的摩擦系数宜经试验确定。

3.2.4.4 采用单点或多点方式顶推时,实际总顶推力不应小于计算顶推力的2倍。

3.2.5 钢混组合梁安装实测项目

应符合附表1-14的规定。

钢—混凝土组合梁安装实测项目 附表1-14

项次	检验项目		规定值或允许偏差（mm）	检验方法和频率
1	轴线偏位(mm)	L≤200m	≤10	全站仪:每段测2处
		L>200m	≤L/20000	
2	相邻节段对接错边(mm)		≤2	尺量:测每段接缝最大处
3	梁锚固点或梁顶高程(mm)	梁段	满足施工控制要求	水准仪:测每个锚固点或每梁段顶面2处
		两主梁高差	±20	
4	焊缝尺寸		满足设计要求	量规:检查全部,每条焊缝检查3处
5	焊缝探伤			超声法:检查全部 射线法:按设计要求;设计未要求时按10%抽查,且不少于3条
6	高强螺栓力矩		±10%	力矩扳手:检查5%,且不少于2个

注:L为跨径,计算规定值或允许偏差时以毫米(mm)计。

3.3 工地连接

3.3.1 焊接环境

3.3.1.1 气体保护焊作业区的最大风速不应超过2m/s;焊条电弧焊和自保护药芯焊丝电弧焊作业区的最大风速不应超过8m/s。如果超出上述范围,应采取有效措施保障焊接电弧区域不受影响。

3.3.1.2 焊接作业区的相对湿度应小于80%。

3.3.1.3 焊接时作业区温度宜不低于5℃;当作业区温度低于5℃但不低于-10℃时,应采取加热或防风保温措施,同时应预热焊缝100mm范围内的母材不低于20℃或工艺规定的其他预热温度,并在焊接后缓慢降温。

3.3.2 焊接接头

3.3.2.1 焊接前应进行质量检查,并除锈。焊接应在除锈后12h内进行。

3.3.2.2 焊接坡口尺寸应符合工艺文件要求,坡口组装间隙偏差时,应进行大间隙焊接工艺评定试验,并根据试验结果,确定焊接工艺。

3.3.2.3 对接接头的错边量不应超过2mm。

3.3.3 焊接工艺

3.3.3.1 焊接施工前应进行焊接工艺评定,并制定焊接工艺文件用于指导现场焊接,焊接工艺评定的环境应符合工程施工现场的条件。

3.3.3.2 焊接时,采用使构件变形和收缩量小的焊接工艺和焊接顺序。

3.3.3.3 梁段就位、固定并经检查合格后,施焊应按顶板、底板、纵隔板的顺序对称进行,梁段间的焊缝经检验合格后,应按先对接后角接的顺序焊接纵向肋嵌补件。

3.3.3.4 定位焊应距设计焊缝端部30mm以上,其长度为50~100mm,间距为400~600mm,厚板(50mm以上)和薄板(不大于8mm)应缩短定位焊间距;定位焊缝的焊脚尺寸不应大于设计焊脚尺寸的1/2。

3.3.3.5 定位焊缝不应有裂缝、夹渣、焊瘤等缺陷,对于开裂的定位焊,应先查明原因,然后再清除开裂的焊缝,并在保证构件尺寸正确的条件下补充定位焊。

3.3.3.6 采用钢衬垫的焊接接头,定位焊宜在接头坡口内进行;定位焊焊接时预热温度宜高于正式施焊预热温度20~50℃。

3.3.3.7 预热范围一般为焊缝每侧100mm以上,距焊缝30~50mm范围内测温。

3.3.3.8 焊工施焊时应做焊接记录,记录的内容包括件号、焊缝部位、焊缝编号、焊缝参数、操作者、焊接日期等。

3.3.3.9 多层焊接时宜连续施焊,且应控制层间温度,每一层焊缝焊完应及时清理检查,应在清除药皮、熔渣、溢流和其他缺陷后再焊下一层。

3.3.4 栓接

3.3.4.1 高强螺栓连接施工要求

(1)高强度螺栓施工应在施工平台上进行,具备安全防护设施。

(2)当环境温度低于-10℃、摩擦面潮湿或暴露于雨雪中,应停止高强螺栓施工作业。

(3)高处作业应遵守安全作业规程。

3.3.4.2 高强螺栓连接副的运输和场内保存要求

(1)高强螺栓连接副应按批配套进场。

(2)高强螺栓连接副在运输过程中,应轻装、轻卸,防止损坏螺纹,并采取防雨、防潮措施。

(3)工地存储高强螺栓连接副时,应放在干燥、通风、防雨、防潮、防尘的仓库内,高强螺栓连接副应按包装箱上注明的批号、规格分类保管,室内架空存放

(4)高强螺栓连接副在安装使用前不应随意开箱,以防表面生锈和沾染污物。

(5)高强螺栓连接副使用前,应按出厂批号,每批不少于8套复验力矩系数,力矩系数平均值应在0.110~0.150之间,标准偏差应不大于0.0100。复验合格后方可使用。

(6)高强螺栓连接副的保管时间不宜超过6个月,超出6个月,应按要求重新进行力矩系数试验,检验合格后,方可使用。

(7)高强螺栓连接副使用中应进行外观检查,表面油膜正常无污物的方可使用。

(8)高强螺栓连接副使用时,应核对螺栓直径、长度。

(9)高强螺栓连接副使用过程中不应雨淋,不应接触泥土和油污等脏物。

(10)安装时,领取相应规格、数量、批号的高强螺栓连接副,当天未使用的连接副,应装回干燥洁净的包装箱内,妥善保管并尽快使用完毕,不应乱放、乱扔,不应使高强螺栓连接副在施工现场过夜。

3.3.4.3 高强螺栓连接副安装要求

(1)高强螺栓连接副应在同批内配套使用,不应改变其出厂状态。

(2)拼装前栓接面的涂层应完好无损,涂层出现剥离、严重擦痕,应清除干净后补涂。

(3)高强度螺栓连接副的安装应在构件中心位置调整准确后进行,摩擦面应保持清洁、干

燥,构件连接处钢板表面应平整、无焊接飞溅、无飞边毛刺。

(4)安装高强螺栓时应注意垫圈及螺母的正反面,垫圈的正反以垫圈内径处有无倒角来判别,螺母正反以支面有无螺肩判别,垫圈使用要正确,即螺栓头一侧及螺母一侧各置一个垫圈,垫圈有内倒角的一侧应朝向螺栓头和螺母支承面。

(5)高强螺栓安装时应自由穿入孔内,对不能自由穿入螺栓的孔,应采用铰刀进行铰孔修整,修整后孔的最大直径不应大于1.2倍螺栓直径,且修整孔数量不应超过该节点螺栓数量的25%。铰孔前应将该孔四周的螺栓全部拧紧,使板层密贴,不应采用气割方法扩孔。铰孔的位置应做施工记录。

(6)安装施工时,每个节点穿入足够数量的冲钉和安装螺栓,拼装用的冲钉和安装螺栓总数不应少于孔眼总数的1/3,冲钉不应多于2/3;不应少于2个临时螺栓,冲钉穿入数量不宜多于临时螺栓的30%,孔眼较少的部位冲钉和安装螺栓数量不应少于6个或全部放足。采用力矩法施拧时,高强度螺栓不应作为临时安装螺栓使用。

(7)拼装用的冲钉直径应较孔眼设计直径小0.2~0.3mm,其长度应大于板束厚度。拼装用高强度螺栓的直径应较孔眼设计直径小0.4mm,拼装板束用的普通螺栓直径应较孔眼直径小1.0mm。

(8)高强螺栓紧固后,螺栓外露长度2~3扣为宜。

(9)每个连接面的施拧要严格按照初拧、终拧的顺序进行,上道工序未完,不应进行下道工序。

(10)力矩扳手的标定要做到班前、班后双监控,在高强螺栓施工过程中,不应随意调整标定的力矩值,力矩扳手应专人负责、专人操作。

(11)高强螺栓的施拧应在螺母侧施加力矩,终拧时不应在螺栓头卡固。

(12)对因板厚公差、制造偏差或安装偏差等产生的摩擦面间隙,应按附表1-15的要求处理。

接触面间隙处理 附表1-15

序号	示意图	处理方法
1		$\Delta < 1.0$ 时不予处理
2		$\Delta = 1.0 \sim 3.0$ mm时,将厚板一侧磨成1:10缓坡,使间隙小于1.0mm
3		$\Delta > 3.0$ mm时加垫板,垫板厚度不小于3mm。最多不超过3层,垫板材质和摩擦面处理方法应与构件相同

(13)施工现场设置温、湿度测量仪,详细记录施工环境温度和相对湿度,保证施工条件满足施拧作业要求。

3.3.4.4 高强螺栓连接副施拧工具要求

(1)高强度螺栓连接副施拧应使用定力矩电动扳手,定力矩电动扳手应进行标定。

(2)电动扳手在使用前后都必须标定,标定时要使用同批号螺栓,每次任选3套以上,班前标定的力矩值不大于终拧力矩值的±3%,班后标定的力矩值不大于终拧力矩值的±5%。如果超过±5%,则必须对该扳手施拧的螺栓重新检查。

(3)电动扳手电压要稳定,应根据扳手性能使用稳压电源。

(4)施工用的力矩扳手标定以后,使用者不应改变其力矩,注意不能碰到控制器;在使用过程中若发现异常情况应及时报告专业人员,由其进行处理。

3.3.5 高强螺栓连接副施拧规定

3.3.5.1 高强度螺栓的设计预拉力、施工预拉力应符合附表1-16的规定。

高强度螺栓的预拉力 附表1-16

序号	性能等级	螺纹规格 d(mm)	M20	M22	M24	M27	M30
1	8.8s	设计预拉力 P(kN)	125	150	175	230	280
		施工预拉力 P_c(kN)	140	165	195	255	310
2	10.9s	设计预拉力 P(kN)	155	190	225	270	355
		施工预拉力 P_c(kN)	170	210	250	300	390

3.3.5.2 高强度螺栓连接副的拧紧顺序应从连接板中间刚度大的部位依次向不受约束的边缘进行。高强度螺栓的施拧,应在螺母上施加力矩。

3.3.5.3 高强螺栓连接副的拧紧应分为初拧和终拧。对于大型节点,应分为初拧、复拧和终拧,初拧、复拧和终拧应在24h内完成。

3.3.5.4 高强螺栓连接副的施拧方法分为力矩法和扭角法。一般情况下,优先采用力矩法施拧。

3.3.5.5 采用力矩法施拧时,拧紧工艺应按以下规定进行:

(1)高强度螺栓连接副施拧前,应在施工现场按出厂批号分批测定其力矩系数。每批号的抽验数量应不少于8套,其平均值和标准偏差应符合设计要求;设计未要求时,平均值偏差应在0.11~0.15之间,其标准偏差应小于或等于0.01,测定数据应作为施拧的主要参数。

(2)高强螺栓连接副施拧的初拧(复拧)力矩宜为终拧力矩的50%,终拧力矩应按附式(1-1)计算:

$$T_c = K \cdot P_c \cdot d \qquad 附(1-1)$$

式中:T_c——终拧力矩(N·m);

K——高强度螺栓连接副的力矩系数平均值;

P_c——高强度螺栓的施工预拉力(kN),见附表1-16;

d——高强度螺栓公称直径(mm)。

(3)施工期终拧力矩要根据力矩系数变化分别计算确定。采用表面磷化、皂化处理的高强螺栓力矩系数随温度升高而降低,厂家提供高强螺栓表面处理工艺其温度对力矩系数的影响资料时,按厂家资料修正。

(4)初拧(复拧)后的高强螺栓应在螺栓尾部端面中心经螺母、垫圈和连接板上划一直线标记。

(5)施拧过程中螺栓跟转,应更换螺栓连接副。
(6)终拧、初拧(复拧)用不同的颜色在螺母上标记。

3.3.6 高强度螺栓防腐涂装要求

3.3.6.1 高强度螺栓拧紧检查验收合格后,对连接处板缝及高强螺栓连接副外露部分及时进行封闭及涂装处理。

3.3.6.2 栓接板的搭接缝部位应按 JT/T 722 的规定,采用密封材料进行密封处理。

3.3.6.3 栓接板外露部分及高强螺栓连接副外露部分应按 JT/T 722 的规定,清洁处理后按设计文件要求的涂装体系进行防腐。

3.4 成桥验收

成桥验收应符合 JTG F80/1 的规定。

第4章 质量检验要求

4.1 自检、抽检要求

4.1.1 自检、抽检工作要求

4.1.1.1 查看制造图纸与设计图纸中关于材质、检测标准、规范等要求是否一致。

4.1.1.2 是否使用现行有效的标准和规范。

4.1.1.3 编制检测技术方案、作业指导书,明确检测原始记录和检测报告的格式。

4.1.1.4 按照合同约定的检测内容和比例,实施第三方的理化检测和无损检测等。

4.1.1.5 自检由制造方委托具有相关资质的第三方检测公司进行检测,抽检由建设方委托具有相关资质的第三方检测公司进行检测。

4.1.2 自检和抽检比例

自检的检测比例按照相关设计文件、标准规范、制造规则等文件要求进行100%检测,抽检在自检的基础上按照20%~30%进行检测。

4.2 材料检验

4.2.1 钢材

4.2.1.1 钢材的力学性能、化学成分和质量要求应符合 GB/T 714、GB/T 1591 和设计文件的规定。

4.2.1.2 附属结构用钢的力学性能、化学成分和质量要求应符合 GB/T 700 和设计文件的规定。

4.2.1.3 有 Z 向性能要求的钢板,应符合 GB/T 5313 的规定。

4.2.1.4 钢材应按同一厂家、同一牌号、同一板厚、同一出厂状态,每10个炉(批)抽验一组试件。若订货为需要进行超声检测的钢板,尚应抽取每种板厚的10%(至少一块)进行超声检测。特殊情况下,材料的复验可前移至钢厂。

4.2.2 检验

4.2.2.1 检验项目及方法

钢材检验项目应包括但不限于:

(1)质量证明书和质量检验试验资料。

(2)化学成分,应复验 C、Si、Mn、P、S 等元素含量,按照 GB/T 4336、GB/T 20123 的规定检测。

(3)力学性能,应复验屈服强度 R_{eL} 和 R_{eH}、抗拉强度 R_m、断后伸长率 A、弯曲(180°)、冲击吸收能量 KV_2、断面收缩率 Z 和 Z 向拉伸(有 Z 向性能要求的钢材),按照 GB/T 228.1、GB/T 232、GB/T 229、GB/T 5313 的规定检测。

(4)板厚偏差,按照 GB/T 709 中 6.1 的规定检测。

(5)如需对钢板进行超声检测,按照 GB/T 2970 的要求进行。

4.2.2.2 评定规则

(1)对各项检验结果的评定应按照相应的国家现行标准进行;当订货合同对技术条件有特殊规定时,应按照其规定执行。

(2)钢材检验批的评定应以抽样试件检验结果为准。对钢材检验批的质量评定应按照下列原则进行:

当试验炉(批)号评定为合格时,评定整个检验批为合格;

当试验炉(批)号评定为不合格时,在该检验批内再抽取两个炉(批)号的样品进行试验。若两个试验炉(批)号均合格,则该检验批其余炉(批)号均判定为合格;若两个试验炉(批)号均不合格,则对该检验批剩余的 7 个炉(批)号逐炉(批)取样进行试验,逐炉(批)评定;若两个试验炉(批)号有一个合格,另一个不合格,在该检验批剩余的 7 个炉(批)号中再抽取两个进行试验;如果两个试验炉(批)号均合格,则判定该 7 个炉(批)号合格,否则,对该检验批剩余的炉(批)号逐炉取样试验,逐炉(批)评定。

4.3 焊接材料

4.3.1 焊丝的熔敷金属力学性能、化学成分应符合 GB/T 8110、GB/T 10045、GB/T 17493 和设计文件的规定。

4.3.2 手工焊条的熔敷金属力学性能、化学成分应符合 GB/T 5117、GB/T 5118 和设计文件的规定。

4.3.3 埋弧焊用焊丝和焊剂的熔敷金属力学性能、化学成分应符合 GB/T 5293、GB/T 36037 和设计文件的规定。

4.3.4 焊接材料应根据焊接工艺评定试验确定。制造厂首次使用的焊接材料应按首次采购数量作为一批进行复验;连续使用同一厂家、同一型号的焊接材料的检验频次应符合下列规定:

(1)药芯焊丝和手工焊条应每年进行一次复验。

(2)实芯焊丝、埋弧焊焊丝、埋弧焊焊剂应按每次进厂数量组成检验批。

4.3.5 检验项目及方法

焊接材料检验项目应包括但不限于:

(1)质量证明书和质量检验试验资料。

(2)药芯焊丝熔敷金属的化学成分,应复验 C、Si、Mn、P、S、Ni 元素含量,按照 GB/T 4336 的规定检测。

（3）药芯焊丝熔敷金属的力学性能，应复验屈服强度 R_{eL} 和 R_{eH}、抗拉强度 R_m、断后伸长率 A、冲击吸收能量 KV_2，按照 GB/T 2652、GB/T 2650 的规定检测。

（4）实心焊丝的化学成分，应复验 C、Si、Mn、P、S、Ni 元素含量，按照 GB/T 20123、GB/T 20125 的规定检测。

（5）实心焊丝熔敷金属的力学性能，应复验屈服强度 R_{eL} 和 R_{eH}、抗拉强度 R_m、断后伸长率 A、冲击吸收能量 KV_2，按照 GB/T 2652、GB/T 2650 的规定检测。

（6）手工焊条熔敷金属的化学成分，应复验 C、Si、Mn、P、S、Ni 元素含量，按照 GB/T 4336 的规定检测。

（7）手工焊条熔敷金属的力学性能，应复验屈服强度 R_{eL} 和 R_{eH}、抗拉强度 R_m、断后伸长率 A、冲击吸收能量 KV_2，按照 GB/T 2652、GB/T 2650 的规定检测。

（8）埋弧焊焊丝的化学成分，应复验 C、Si、Mn、P、S、Ni 元素含量，按照 GB/T 20123、GB/T 20125 的规定检测。

（9）埋弧焊焊丝熔敷金属的力学性能，应复验屈服强度 R_{eL} 和 R_{eH}、抗拉强度 R_m、断后伸长率 A、冲击吸收能量 KV_2，按照 GB/T 2652、GB/T 2650 的规定检测。

（10）埋弧焊焊剂的化学成分，应复验 P、S 元素含量，按照 JB/T 7948.6、JB/T 7948.8 的规定检测。

（11）埋弧焊焊丝和焊剂组合的熔敷金属的力学性能，应复验屈服强度 R_{eL} 和 R_{eH}、抗拉强度 R_m、断后伸长率 A、冲击吸收能量 KV_2，按照 GB/T 2652、GB/T 2650 的规定检测。

4.3.6 评定规则

4.3.6.1 对各项检验结果的评定应按相应的国家现行标准进行；当订货合同对技术条件有特殊规定时，应按其规定执行。

4.3.6.2 焊接材料应以每一批的检验结果为准进行评定。任何一项检验结果不合格时，该项检验应加倍复验。对于化学分析，仅复验那些不满足要求的元素。当复验拉伸试验时，屈服强度 R_{eL} 和 R_{eH}、抗拉强度 R_m 及断后伸长率 A 同时作为复验项目。其试样可在原试件上截取，也可在新焊制的试件上截取。加倍复验结果均应符合该项检验的规定。

4.4 圆柱头焊钉、瓷环

4.4.1 圆柱头焊钉的化学成分及力学性能、焊接瓷环的质量应符合 GB/T 10433 和设计文件的规定。

4.4.2 圆柱头焊钉应按相同型号规格、相同生产批号组成检验批，同批最大数量应为：直径小于或等于 12mm 时，不应大于 10000 套；直径大于 12mm 时，不应大于 5000 套。进场数量少于上述规定时亦应视为一批。每批抽检 5 套。

4.4.3 检验项目及方法

圆柱头焊钉、瓷环检验应包括但不限于：

（1）质量证明书和质量检验试验资料。

（2）圆柱头焊钉化学成分，应复验材料的化学成分 C、Si、Mn、P、S、Ni 等元素含量，材质为 ML15Al 时，还应检测 Al 元素含量，按照 GB/T 4336 的规定检测。

(3) 圆柱头焊钉、瓷环的焊接端焊接性能,应进行拉力试验、弯曲试验,按照 GB/T 10433 和 GB/T 228.1 的规定检测。

(4) 瓷环的形式和基本尺寸的复验,按照 GB/T 10433 附录 B 的规定检测。

4.4.4 评定规则

4.4.4.1 对各项检验结果的评定应按相应的国家现行标准进行;当订货合同对技术条件有特殊规定时,应按其规定执行。

4.4.4.2 圆柱头焊钉、瓷环应以每一批的检验结果为准进行评定。当抽样检验结果合格时,应评定检验批为合格;抽样检验结果不合格时,应在该批材料中再加倍抽检样品,重新进行检验,检验结果全合格则应判定该批材料合格,检验结果不是全合格则应判定该批材料不合格。

4.5 钢结构用高强度大六角头螺栓、大六角头螺母及垫圈

4.5.1 钢结构用高强度大六角头螺栓、大六角头螺母及垫圈应按批配套供货。

4.5.2 钢结构用高强度大六角头螺栓的尺寸应符合 GB/T 1228 的规定。

4.5.3 钢结构用高强度大六角头螺母的尺寸应符合 GB/T 1229 的规定。

4.5.4 钢结构用高强度垫圈的尺寸应符合 GB/T 1230 的规定。

4.5.5 钢结构用高强度大六角头螺栓连接副的螺栓楔负载、螺母保证载荷、螺母硬度、垫圈硬度、连接副力矩系数应符合 GB/T 1231 和设计文件的规定。

4.5.6 同批高强度大六角头螺栓连接副最大数量为 3000 套。

4.5.7 螺栓楔负载、螺母保证载荷、螺母硬度、垫圈硬度按批抽检,样本数 $n=8$,合格判定数为 $A_c=0$。

4.5.8 高强连接副力矩系数的检测按批抽取 8 套。

4.5.9 复验有异议时,在正常运输和保管条件下,应在产品出厂之日起 6 个月内向供货方提出。

4.5.10 检验项目及方法

高强度大六角头螺栓、大六角头螺母及垫圈检验项目应包括但不限于:

(1) 质量证明书和质量检验试验资料。

(2) 螺栓楔负载,按照 GB/T 1231 和 GB/T 228.1 的规定检测。

(3) 螺母保证载荷,按照 GB/T 1231 和 GB/T 228.1 的规定检测。

(4) 螺母硬度,按照 GB/T 1231、GB/T 230.1、GB/T 4340.1 的规定检测。

(5) 垫圈硬度,按照 GB/T 1231、GB/T 230.1、GB/T 4340.1 的规定检测。

(6) 螺栓连接副力矩系数,按照 GB/T 1231 的规定检测。

4.5.11 评定规则

4.5.11.1 对各项检验结果的评定应按相应的国家现行标准进行;当订货合同对技术条件有特殊规定时,应按其规定执行。

4.5.11.2 高强度大六角头螺栓、大六角头螺母、垫圈及螺栓连接副应以每一批的检测结果为准进行评定。当抽样检验结果合格时,应评定检验批为合格;抽样检验结果不合格时,应在该批材料中再加倍抽检样品,重新进行检验,检验结果全合格则应判定该批材料合格,检验

结果不是全合格则应判定该批材料不合格。

4.6 涂装材料

4.6.1 涂装材料的性能及要求应符合设计文件和 JT/T 722 的规定。

4.6.2 涂装材料应按相同品种、相同生产批号、同批进厂(场)的组成检验批,每批抽取样品一个。检验结果中如有某项指标存在争议,可允许在该批涂装材料中再随机抽取一个样品,重新进行检验。

4.6.3 检验项目及方法

涂装材料检验项目按照设计文件、合同及相关制造规则等文件指定的复检项目进行,检验方法应按照 JT/T 722 中附录 B 的要求执行。没有明确要求时,检验项目应包括但不限于:

(1)质量证明书和质量检验试验资料。

(2)无机硅酸锌车间底漆:干燥时间、附着力,按照 GB/T 1728、GB/T 5210 的规定检测。

(3)环氧富锌防锈底漆:不挥发物含量、不挥发物中的金属锌含量、附着力,按照 GB/T 1725、HG/T 3668、GB/T 5210 的规定检测。

(4)环氧云铁中间漆(厚浆型):不挥发物含量、弯曲性、附着力,按照 GB/T 1725、GB/T 6742、GB/T 5210 的规定检测。

(5)环氧磷酸锌封闭底漆:不挥发物含量、干燥时间、附着力,按照 GB/T 1725、GB/T 1728、GB/T 5210 的规定检测。

(6)环氧沥青涂料:不挥发物含量、耐冲击性、附着力,按照 GB/T 1725、GB/T 1732、GB/T 5210 的规定检测。

(7)氟碳面漆:氟含量(主剂)、不挥发物含量、细度、耐冲击性、附着力,按照 HG/T 3792、GB/T 1725、GB 6753.1、GB/T 1732、GB/T 5210 的规定检测。

(8)无机富锌防锈防滑涂料:不挥发物中的金属锌含量、干燥时间、附着力,按照 GB/T 1725、GB/T 1728、GB/T 5210 的规定检测。

(9)油漆生产厂提供的近期环氧富锌底漆耐盐雾试验检验报告,氟碳面漆耐人工加速老化性能的检验报告。

4.6.4 评定规则

4.6.4.1 对各项检验结果的评定应按相应的国家现行标准进行;当订货合同对技术条件有特殊规定时,应按其规定执行。

4.6.4.2 涂装材料应以每一批的检测结果为准进行评定。当抽样检验结果合格时,应评定检验批为合格;抽样检验结果不合格时,应在该批材料中再加倍抽检样品,重新进行检验,检验结果全合格则应判定该批材料合格,检验结果不是全合格则应判定该批材料不合格。

4.7 焊缝无损检测

4.7.1 焊缝经外观检测合格后方可进行无损检测。无损检测应在焊接完成 24h 后进行。

4.7.2 如设计对焊缝检测方法和频率有特殊要求时,按设计要求执行。

4.7.3 焊缝无损检测的质量等级应符合 GB/T 19418 的规定。

4.7.4 焊缝无损检测的检测等级和验收等级应符合下列规定:

(1)对接焊缝、熔透角焊缝的超声检测等级和验收等级应符合 GB/T 11345 和 GB/T 29712

的规定,应选用技术1(以直径为3mm横孔作为基准反射体),制作距离-波幅曲线(DAC)。焊缝质量等级、检测等级和验收等级的对应关系应符合附表1-17的规定。

焊缝质量等级、超声检测的检测等级和验收等级的关系 附表1-17

序号	按GB/T 19418的质量等级	按GB/T 11345的检测等级[1]	按GB/T 29712的验收等级
1	B	至少B	2
2	C	至少A	3
3	D	至少A[2]	3[2]

注:①当需要评定显示特征时,应按GB/T 29711评定。
　　②不推荐做超声检测。但如果协议规定使用,参考GB/T 19418的C级执行。

(2)对开坡口且部分熔透焊接的角焊缝进行无损检测时,其检测深度应比设计坡口深度小2mm。部分熔透角焊缝的超声检测等级和验收等级应分别符合本规范附表1-17的至少A和3级。

(3)射线检测等级和验收等级应符合GB/T 3323.1和GB/T 37910.1的规定。质量等级、检测等级和验收等级的对应关系应符合附表1-18的规定。

焊缝质量等级、射线检测的检测等级和验收等级的关系 附表1-18

序号	按GB/T 19418的质量等级	按GB/T 3323.1的检测等级	按GB/T 37910.1的验收等级
1	B	B	1
2	C	B[1]	2
3	D	A	3

注:①环焊缝检测最少曝光次数按GB/T 3323.1的A级要求执行。

(4)要求进行射线检测板厚大于30mm(不等厚对接时,按薄板计)的对接焊缝,宜采用检测等级为C级、验收等级为2级的超声检测代替X射线检测,此时焊缝余高应磨平,使用的探头折射角应有一个为45°,检测范围应为焊缝两端各500mm。焊缝长度大于1500mm时,中部应加探500mm;焊缝长度小于1000mm时,应对焊缝的全长进行超声检测。

(5)磁粉检测等级和验收等级应符合GB/T 26951和GB/T 26952的规定,焊缝质量应达到2X级。

4.7.5 钢—混凝土组合梁焊缝无损检测的质量分级、检测方法、检测部位和等级应符合附表1-19的规定。

钢—混凝土组合梁焊缝无损检测质量等级及检测范围 附表1-19

序号	焊缝部位	质量等级	检测方法	检测比例(接头数量)	执行标准		检测范围
					检测标准/级别	验收标准/级别	
1	顶板、底板、腹板横向对接焊缝	B级	UT	100%	GB/T 11345 B级	GB/T 29712 2级	焊缝全长
			RT	10%	GB/T 3323.1 B级	GB/T 37910.1 1级	两端各250～300mm 焊缝长度大于1200mm时,中部加探250～300mm

续上表

序号	焊缝部位	质量等级	检测方法	检测比例（接头数量）	执行标准 检测标准/级别	执行标准 验收标准/级别	检测范围
2	熔透角焊缝	B级	UT	100%	GB/T 11345 B级	GB/T 29712 2级	焊缝全长
3	部分熔透角焊缝	C级	UT	100%	GB/T 11345 B级	GB/T 29712 3级	焊缝全长
4	板肋角焊缝	C级	MT	100%	GB/T 26951	GB/T 26952 2X级	焊缝两端各1000mm
5	产品试板	B级	UT	100%	GB/T 11345 B级	GB/T 29712 2级	焊缝全长
6	拆除工艺板的部位	C级	MT	100%	GB/T 26951	GB/T 26952 2X级	拆除工艺板的部位

4.7.6 进行局部超声检测、射线检测、磁粉检测或渗透检测的焊缝，当发现有裂纹或其他超标缺陷时，应加倍检测，仍不合格时应将该条焊缝的检测范围延至全长。

4.7.7 同一条焊缝同时采用超声、射线和磁粉等多种方法检测时，应达到各自的质量要求，方可认为该焊缝合格。

4.7.8 焊缝返修和修复后的复检

4.7.8.1 若焊缝所在区域进行过扭曲修复，应重新按原检测方法进行无损检测，必要时增加其他无损检测方法。

4.7.8.2 焊接缺陷宜采用碳弧气刨清除，并采用砂轮磨掉坡口表面的氧化皮，露出金属光泽。焊接裂纹的清除范围除应包括裂纹全长外，应由裂纹端外延50mm，直至没有裂纹产生的区域。

4.7.8.3 采用自动焊返修焊缝时，应将清除焊缝部位的两端刨成1:5的斜坡后再进行焊接。

4.7.8.4 返修部位及补焊受影响区域，应按原检测条件和方法进行复检，复检部位的缺陷应按原相关要求评定。

4.8 圆柱头焊钉焊接检验

4.8.1 圆柱头焊钉焊接完成后，应及时敲除焊钉周围的瓷环，并应进行外观检验。应保证焊钉底角在360°周边挤出焊脚，焊缝应饱满，无气孔、夹渣、裂纹等缺陷；咬边深度不应大于0.5mm，且最大长度不应大于的焊钉直径。

4.8.2 焊缝外观检验合格后，应随机抽取各部位圆柱头焊钉总数的1%进行30°弯曲检验，弯曲后圆柱头焊钉的焊缝和热影响区不应有肉眼可见的裂纹，检验合格的圆柱头焊钉可保留其弯曲状态；不合格时应加倍取样进行检验。

4.9 产品试板检验

4.9.1 产品试板焊缝按质量等级B级要求进行超声检测，超声检测合格后应进行接头拉伸、侧弯和焊缝金属冲击试验,试样数量和试验结果应符合焊接工艺评定的有关规定。拉伸、侧弯、冲击试验方法应分别符合 GB/T 2651、GB/T 2653、GB/T 2650 的规定。

4.9.2 若试验结果不合格,应先查明原因后,再对该试板代表的接头进行处理,并重新焊接产品试板再进行检验。

4.10 高强度螺栓摩擦面抗滑移系数检验和高强度螺栓连接副终拧质量检查

4.10.1 高强度螺栓摩擦面抗滑移系数检验

高强度螺栓摩擦面抗滑移系数检验见附录 A。

4.10.2 高强度螺栓连接副终拧质量检查

4.10.2.1 检查应由专职质量检查员进行,检查用的指针扳手应进行标定,其力矩误差不得超过使用力矩的 ±3%。

4.10.2.2 终拧检查宜在螺栓终拧 4h 以后、24h 之前完成。

4.10.2.3 初拧(复拧)检查应符合以下规定:

(1)对初拧(复拧)后的全部高强螺栓连接副,用小锤(约 0.3kg)敲击螺母进行普查,以防漏拧。

(2)采用转角法施拧时,对每个节点高强度螺栓连接副总数的 10%,但不少于 2 套进行初拧(复拧)力矩检查。检查使用力矩扳手,拧至初拧(复拧)力矩时螺母不转动即为合格。如有一套不合格,则该节点全部高强度螺栓连接副应再次进行复拧,直到检查合格为止。

4.10.2.4 采用力矩法施拧的终拧检查应符合以下规定:

(1)对全部终拧后的高强度螺栓连接副进行检查,查看初拧(复拧)后的标记线的螺栓与螺母相对位置是否发生转动,以检查终拧是否有漏拧。

(2)终拧力矩检查应按每栓群高强度螺栓连接副总数的 5% 抽检,但不得少于 2 套。

(3)采用松扣回扣法检查时,应先在螺杆端面和螺母上画一直线做标记,然后将螺母拧松约 30°,再用检查力矩扳手将螺母重新拧至原来位置,使两线重合,测得此时的力矩值在 $0.9T_{ch} \sim 1.1T_{ch}$ 范围内时为合格。T_{ch} 应按附式(1-2)计算:

$$T_{ch} = KPd \quad\quad\quad 附(1-2)$$

式中:T_{ch}——检查力矩(N·m);

K——测定的力矩系数;

P——高强度螺栓预拉力设计值(kN);

d——高强度螺栓公称直径(mm)。

每个节点检查的螺栓,其不合格数不宜超过抽验总数的 20%;如果超过此值,则应继续抽验,直至累计总数 80% 的合格率为止。对欠拧者应补拧,不符合力矩要求的螺栓应更换后重新补拧。

4.11 涂层检验

4.11.1 涂装前构件表面的清洁度及粗糙度检验

涂装前构件表面的清洁度及粗糙度应满足设计条件。表面清洁度采用图谱对照检查，按照 GB/T 18570.3 的规定检测。表面粗糙度采用粗糙度比较样板或粗糙度测量仪检查，按照 GB/T 13288.1、GB/T 13288.2、GB/T 13288.4 的规定检测。

4.11.2 构件涂层外观质量

4.11.2.1 涂料涂层的表面应平整、均匀一致，无漏涂、起泡、裂纹、气孔和返锈等现象，允许有轻微桔皮和局部轻微流挂。金属涂层表面应均匀一致，不允许有漏涂、起皮、鼓泡、大熔滴、松散粒子、裂纹和掉块等，允许有轻微结疤和起皱。

4.11.2.2 涂层流挂、起皱的最大面积应不大于 900mm²，在任何 1m² 范围内不得多于 2 块。

4.11.3 总干膜厚度

4.11.3.1 涂层厚度应符合设计要求及所用涂装材料产品说明书的要求。每个测量单元应至少选取 3 处基准表面，每个基准表面应按 5 点法进行测量。检测频次和方法应符合设计文件的规定。设计文件未要求时，按照同类构件数量的 20% 且不少于 5 件。每涂完一道涂层应检测干膜厚度，出厂前应检查总干膜厚度。测厚检测方法应符合 GB/T 13452.2 的规定。

4.11.3.2 施工中应随时检查湿膜厚度以保证干膜厚度满足设计要求。设计未要求时，干膜厚度可采用"85-15"规则判定，即允许有 15% 的读数低于规定值，但每一单独读数不得低于规定值的 85%。对于结构主体外表面，可采用"90-10"规则判定。涂层厚度达不到设计要求时，应增加涂装道数，直至合格为止。漆膜厚度测定点的最大值不应超过设计厚度的 3 倍。

4.11.4 附着力

4.11.4.1 附着力检测频次和方法应符合设计文件的规定。设计文件未要求时，按照同类构件数量的 5% 且不少于 5 件，每件检测 1 处。

4.11.4.2 当检测的涂层厚度不大于 250μm 时，各道涂层和涂层体系的附着力宜按划格法进行，且应不大于 1 级；当检测的涂层厚度大于 250μm 时，附着力宜按拉开法进行，涂层体系附着力不小于 3MPa。用于钢桥面的富锌底漆，涂层附着力不小于 5MPa。

4.11.4.3 划格法检测方法应符合 GB/T 9286 的规定，附着力检测方法应符合 GB/T 5210 的规定。

4.12 检验报告

4.12.1 应按国家、行业以及地方档案管理部门的要求，编制完成检验报告和检验总结报告等文件。

4.12.2 检验报告的格式和内容应符合设计文件、国家及行业检测标准规范和委托方的要求。

附录 C 高强度螺栓摩擦面抗滑移系数试验方法

（规范性）

C.1 本方法适用于采用高强度螺栓连接的摩擦面抗滑移系数试验。

C.2 基本要求应符合下列规定：

C.2.1 制造厂和安装单位应分别以钢结构制造批为单位进行抗滑移系数试验。制造批可按单位工程划分规定的工程量每2000t为一批,不足2000t的可视为一批;分节段安装的构件应以每10个节段为一批,不足10个节段时视为一批。选用两种及两种以上表面处理工艺时,每种处理工艺应单独检验。

C.2.2　每一批应制作6组试件,其中3组用于出厂试验,3组用于工地复验。设计文件对抗滑移系数试件的数量及规格有要求时,应符合其规定。

C.2.3　抗滑移系数试验应采用双摩擦面的两栓拼接的拉力试件,试件的加工制作应符合图C.1的规定。

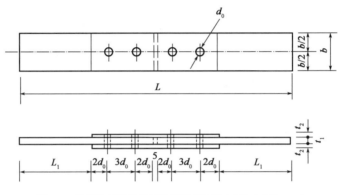

图 C.1　抗滑移系数拼接试件的形式和尺寸(尺寸单位:mm)

注:图中 $2t_2 \geqslant t_1$。

C.3　试验方法应符合下列规定:

C.3.1　试验用的试验机误差应在1%以内。

C.3.2　试验用的贴有电阻片的高强度螺栓、压力传感器和电阻应变仪应在试验前采用试验机进行标定,其误差应在2%以内。

C.3.3　测定抗滑移系数的试件应由钢结构制造厂加工,试件与所代表的钢结构应为同一牌号、同批制作、同一摩擦面处理工艺,使用同一性能等级和同一直径的高强度螺栓连接副,并在相同条件下运输、存放。试件的摩擦面在运输和存放过程中不得有损伤。

C.3.4　试件的钢板厚度 t_1、t_2 应为所代表的桥梁钢结构中有代表性部件的钢板厚度,同时应考虑在摩擦面滑移之前,试件钢板的净截面始终处于弹性状态;试件的宽度 b 应按表 C.1 确定。

试件宽度(单位:mm)　　　　　　　　　　　　　　　表 C.1

螺栓直径 d	16	20	22	24
板宽 b	100	100	105	110

C.3.5　试件加工应符合图 C.1 的规定。

C.3.6　试件板面应平整、无油污,孔和板的边缘无飞边、毛刺。

C.3.7　应按图 C.1 所示进行试件组装,先打入冲钉定位,然后逐个换成贴有电阻应变片的高强度螺栓(或用压力传感器),拧紧高强度螺栓的预应力达到$(0.95 \sim 1.05)P$(P 为高强度螺栓设计预拉力)。

C.3.8 将试件装在试验机上,使试件的轴线与试验机夹具中心线严格对中。

C.3.9 在试验中发生以下情况之一时,认为达到滑动荷载:

(1)试验机发生回针现象。

(2)X-Y 记录仪中变形发生突变。

(3)试件侧面画线发生错动。

C.4 抗滑移系数 μ 应按式(C-1)计算,取 2 位有效数字:

$$\mu = \frac{N}{n_f \sum P_t} \quad (C-1)$$

式中:N——由试验机测得的滑动荷载(kN,取 3 位有效数字);

n_f——摩擦面面数,取 $n_f = 2$;

P_t——高强度螺栓预拉力实测值(kN);

$\sum P_t$——与试件滑动荷载对应一侧的高强度螺栓预拉力实测值之和(kN,取 3 位有效数字)。

C.5 每批 3 组试件的摩擦面抗滑移系数最小值应不小于设计规定值。

附录2
专有成果及奖项

本项目专有成果及奖项见附表2-1。

专有成果及奖项　　　　　　　　　　　　附表2-1

序号	成果/奖项	名称	获奖单位	等级	发表/发布	时间
1	交通BIM工程创新奖	BIM技术在大跨径叠合梁斜拉桥施工中的集成管理应用	中交一公局西北工程有限公司	二等奖	中国公路学会	2020年9月
2	陕西省第五届"秦汉杯"BIM应用大赛		中交一公局西北工程有限公司	二类成果	陕西省建筑业协会	2020年8月
3	QC成果	减少强风环境下主塔混凝土干缩裂缝出现率	中交一公局西北工程有限公司黄河QC小组	二等奖	中国铁道工程建设协会	2019年4月
4	工法	河道墩台干法施工工法	中交一公局西北工程有限公司		河南省工程建设协会	2020年12月
5	工法	一墩双T不平衡配重连续梁的转体施工工法	中交一公局西北工程有限公司		河南省建筑业协会	2020年9月
					中国交通建设股份有限公司	2019年12月
6	工法	无辅助墩大跨径组合梁斜拉桥边跨配重施工工法	中交一公局西北工程有限公司		河南省建筑业协会	2021年11月

续上表

序号	成果/奖项	名称	获奖单位	等级	发表/发布	时间
7	创造成果奖	基于信号与信息处理的桥梁健康监测技术	长安大学	二等奖	中国创造学会	2020年11月
8	发明专利	一种抽沙船	中交一公局西北工程有限公司	证书号第4627362号	国家知识产权局	2021年8月
9	发明专利	一种大跨径钢混组合梁斜拉桥临时墩支设方法	陕西通宇公路研究所有限公司	证书号第4741186号	国家知识产权局	2021年10月
10	发明专利	一种钢板压弯机	中交一公局西北工程有限公司	证书号第4395161号	国家知识产权局	2021年4月
11	发明专利	一种模板除锈机	中交一公局西北工程有限公司	证书号第4045506号	国家知识产权局	2020年10月
12	发明专利	一种喷漆用挡风板运输支架	中交一公局西北工程有限公司	证书号第4392049号	国家知识产权局	2021年4月
13	实用新型专利	一种打磨装置	中交隧道局第二工程有限公司	证书号第10382022号	国家知识产权局	2020年4月
14	实用新型专利	一种大跨径钢混组合梁斜拉桥临时墩	陕西通宇公路研究所有限公司	证书号第11828463号	国家知识产权局	2020年11月
15	实用新型专利	一种桥墩破冰保护装置	中交隧道工程局有限公司 长安大学	证书号第8867412号	国家知识产权局	2019年5月
16	实用新型专利	一种索塔爬模体系施工用自动喷淋养护系统	中交隧道工程局有限公司 长安大学	证书号第8799230号	国家知识产权局	2019年5月
17	实用新型专利	一种现浇桥面板多处钢绞线同时穿束装置	中交隧道工程局有限公司 长安大学	证书号第8802937号	国家知识产权局	2019年5月
18	陕西省建设工程科学技术进步奖	黄河禹门口强风区大跨径叠合梁斜拉桥施工关键技术研究	中交一公局西北工程有限公司	特等奖	陕西省建筑业协会	2021年10月
19	陕西省建筑业绿色施工工程	国道108线禹门口黄河公路大桥及引道工程	中交隧道工程局有限公司		陕西省建筑业协会	2021年4月

续上表

序号	成果/奖项	名称	获奖单位	等级	发表/发布	时间
20	陕西省建筑优质结构工程	国道108线禹门口黄河公路大桥及引道工程	中交隧道工程局有限公司		陕西省建筑业协会	2020年1月
21	长安杯	国道108线禹门口黄河公路大桥及引道工程	中交隧道工程局有限公司		陕西省住房和城乡建设厅 陕西省建筑业协会	2021年8月
22	优质工程	国道108线禹门口黄河公路大桥及引道工程	中交一公局集团有限公司		中国交通建设集团有限公司	2021年10月
23	论文	禹门口黄河大桥地震反应分析	长安大学		福建建材	2018年第4期（总第204期）
24	论文	斜拉桥施工控制技术特点研究	中交一公局西北工程有限公司		工程建设与设计	
25	论文	BIM技术在禹门口黄河公路斜拉桥施工中的应用研究	中交隧道局第二工程有限公司		公路交通科技	2018年4期（总第160期）
26	论文	禹门口黄河大桥12#索塔承台基坑监测与分析	中交隧道局第二工程有限公司		公路交通科技	2017年10期（总第154期）
27	论文	黄河主槽区大跨径斜拉桥索塔群桩础施工关键技术研究	中交隧道局第二工程有限公司		山东工业技术	
28	论文	黄河河漫滩拉森钢板桩插打实践	中交隧道局第二工程有限公司		现代商贸工业	2017年第19期
29	论文	井点降水在禹门口黄河大桥中的应用	中交隧道局第二工程有限公司		现代商贸工业	2017年第19期
30	论文	禹门口黄河公路大桥临时墩设计关键技术	陕西通宇公路研究所有限公司		桥梁建设	2020年第4期第50卷总第265期
31	论文	黄河主河道深基坑开挖及干封底施工技术	中交隧道局第二工程有限公司		筑路机械与施工机械化	2018年第35卷

续上表

序号	成果/奖项	名称	获奖单位	等级	发表/发布	时间
32	论文	斜拉桥斜塔柱施工过程中的线型控制	中交隧道局第二工程有限公司		筑路机械与施工机械化	2018年第35卷
33	论文	主塔高压泵送混凝土配合比设计	中交隧道局第二工程有限公司		筑路机械与施工机械化	2018年第35卷
34	论文	禹门口黄河公路大桥大体积混凝土温控技术	中交隧道局第二工程有限公司		筑路机械与施工机械化	2018年第35卷
35	论文	水上桩基施工钢护筒平台结构设计	中交隧道局第二工程有限公司		筑路机械与施工机械化	2018年第35卷
36	论文	塔梁同步施工的安全防护措施	中交隧道局第二工程有限公司		筑路机械与施工机械化	2018年第35卷
37	论文	液压爬模施工的安全防护措施	中交隧道局第二工程有限公司		筑路机械与施工机械化	2018年第35卷
38	论文	钢锚梁的精确安装工艺	中交隧道局第二工程有限公司		筑路机械与施工机械化	2018年第35卷
39	论文	BIM技术在禹门口黄河公路大桥项目中的应用	中交隧道局第二工程有限公司		筑路机械与施工机械化	2018年第35卷
40	论文	大风环境下主塔安全防范措施	中交隧道局第二工程有限公司		筑路机械与施工机械化	2018年第35卷
41	论文	基坑钢支撑的应力监控	中交隧道局第二工程有限公司		筑路机械与施工机械化	2018年第35卷
42	论文	斜塔混凝土裂缝的成因及控制	中交隧道局第二工程有限公司		筑路机械与施工机械化	2018年第35卷
43	论文	斜拉桥下塔柱大倾角位移的观测方法	中交隧道局第二工程有限公司		筑路机械与施工机械化	2018年第35卷
44	论文	大体积混凝土配合比设计	中交隧道局第二工程有限公司		筑路机械与施工机械化	2018年第35卷
45	论文	RPC球铰的应用	中交隧道局第二工程有限公司		筑路机械与施工机械化	2018年第35卷

续上表

序号	成果/奖项	名称	获奖单位	等级	发表/发布	时间
46	论文	饱和液化砂层中钻孔灌注桩泥浆配合比的选定	中交隧道局第二工程有限公司		筑路机械与施工机械化	2018年第35卷
47	论文	大跨径一墩双T不平衡配重连续梁转体施工	中交隧道局第二工程有限公司		筑路机械与施工机械化	2018年第35卷
48	论文	临近既有线桩基施工的安全防护	中交隧道局第二工程有限公司		筑路机械与施工机械化	2018年第35卷
49	《重庆交通大学学报（自然科学版）》网络首发论文	禹门口大桥边跨大节段合龙施工控制技术			重庆交通大学学报（自然科学版）	2021年8月

参 考 文 献

[1] 高金萍.北盘江大桥辅助墩优化设计分析[D].大连:大连理工大学,2013.

[2] 李永兴,易江,李建中.地震作用下辅助墩对斜拉桥支座脱空的影响[J].振动与冲击,2019,38(15):95-102.

[3] 梁建军,巫炯.辅助墩对大跨斜拉桥在地震作用下的影响——以禹门口黄河公路大跨斜拉桥为例[J].科学技术与工程,2021,21(04):1587-1592.

[4] 朱守鹏,刘齐茂.桩-土-结构相互作用研究综述及展望[J].四川理工学院学报(自然科学版),2011,24(03):253-257.

[5] 杨克己.实用桩基工程[M].北京:人民交通出版社,2004.

[6] I T. Equivalent linear ductility design of soil-structure interaction systems[J]. Engineering Structures,1998,20(8):662-688.

[7] 刘振.被动桩桩土相互作用的模型与计算方法研究[D].杭州:浙江大学,2008.

[8] 张远芳,吴一伟,费涵昌,等.砂土液化对桩基工程的影响[J].同济大学学报(自然科学版),1995(03):360-364.

[9] 李雨润,袁晓铭.液化场地上土体侧向变形对桩基影响研究评述[J].世界地震工程,2004(02):17-22.

[10] 沈聚敏,等.抗震工程学[M].北京:中国建筑工业出版社,2000.

[11] 张会荣,刘松玉.地震液化引起的地面大变形对桥梁桩基的影响研究综述[J].防灾减灾工程学报,2004(03):350-354.

[12] 曲哲,叶列平,潘鹏.建筑结构弹塑性时程分析中地震动记录选取方法的比较研究[J].土木工程学报,2011,44(07):10-21.

[13] 王亚勇.结构抗震设计时程分析法中地震波的选择[J].工程抗震,1988(04):15-22.

[14] 陈水生,黄里.双柱式桥墩刚度对桥梁地震响应分析[J].华东交通大学学报,2014,31(03):29-34.

[15] 陈志伟,蒲黔辉,贾宏宇,等.基于场地效应的高墩大跨铁路桥梁地震响应分析[J].世界地震工程,2016,32(02):82-88.

[16] 郑史雄,张金,贾宏宇,等.大跨度斜拉桥多维多点随机地震激励响应分析[J].西南交通大学学报,2014,49(05):747-753.

[17] CHEN J, ZHANG H, YU Q. Static and fatigue behavior of steel-concrete composite beams with corroded studs[J]. JOURNAL OF CONSTRUCTIONAL STEEL RESEARCH, 2019(156):18-27.

[18] WANG J, GUO J, JIA L, et al. Push-out tests of demountable headed stud shear connectors in steel-UHPC composite structures[J]. COMPOSITE STRUCTURES, 2017(170):69-79.

[19] HAN Q, WANG Y, XU J, et al. Static behavior of stud shear connectors in elastic concrete-steel composite beams[J]. JOURNAL OF CONSTRUCTIONAL STEEL RESEARCH, 2015(113):115-126.

[20] DING F, YIN G, WANG H, et al. Static behavior of stud connectors in bi-direction push-off tests[J]. THIN-WALLED STRUCTURES, 2017, (120):307-318.

[21] 汪劲丰,张爱平,王文浩.栓钉高度对栓钉连接件抗剪性能的影响[J].浙江大学学报(工学版),2020,54(11):2076-2084.

[22] ZHANG Y, LIU A, CHEN B, et al. Experimental and numerical study of shear connection in composite beams of steel and steel-fibre reinforced concrete[J]. ENGINEERING STRUCTURES, 2020:215.

[23] 邵旭东,李萌,曹君辉,等.UHPC中短栓钉抗剪性能试验及理论分析研究[J].中国公路学报,2021:1-19.

[24] LUCCIONI B, ISLA F, CODINA R, et al. Experimental and numerical analysis of blast response of High Strength Fiber Reinforced Concrete slabs[J]. ENGINEERING STRUCTURES, 2018(175):113-122.

[25] WANG J, XU Q, YAO Y, et al. Static behavior of grouped large headed stud-UHPC shear connectors in composite structures[J]. COMPOSITE STRUCTURES, 2018(206):202-214.

[26] XUE C, LIU Y, YU Z. Static behaviour of multi-stud shear connectors for steel-concrete composite bridge[J]. Constr. Steel Res. 2012(74):1-7.

[27] 任伟平,强士中,卫星,等.湛江海湾大桥锚拉板式索梁锚固区疲劳试验[J].西南交通大学学报,2007(01):49-54.

[28] 王新敏.ANSYS工程结构数值分析[M].北京:人民交通出版社,2007.

[29] 陈传尧.疲劳与断裂[M].武汉:华中科技大学出版社,2002.

[30] 周晶.简单形体山区桥址风场特性风洞试验研究[D].大连:大连理工大学,2015.

[31] D S. Pressure measurements on the Texas tech building:Wind tunnel measurements and comparisons with full scale[J]. Journal of Wind Engineering and Industrial Aerodynamics, 1991,38(2):235-247.

[32] 王介民.山谷城市的近地层大气湍流谱特征[J].大气科学,1992(01):11-17.

[33] 卞建春,乔劲松,吕达仁.大气近地层湍流能谱特征的再分析[J].大气科学,2002(04):474-480.

[34] 胡峰强.山区风特性参数及钢桁架悬索桥颤振稳定性研究[D].上海:同济大学,2006.

[35] 庞加斌.沿海和山区强风特性的观测分析与风洞模拟研究[D].上海:同济大学,2006.

[36] 刘健新,马麟,白桦.杭州湾大桥观光塔风速风向联合分布[J].长安大学学报(自然科学版),2008(05):53-57.

[37] 叶征伟.山区高墩大跨连续刚构桥风环境及风荷载研究[D].杭州:浙江大学,2012.

[38] E B J, S W G F, J N D. Experimental study of wind directional variability in the vicinity of a model valley[J]. Geomorphology, 2000,35(1):127-143.

[39] 张玥.西部山区谷口处桥位风特性观测与风环境数值模拟研究[D].西安:长安大学,2009.

[40] 徐洪涛.山区峡谷风特性参数及大跨度桁梁桥风致振动研究[D].成都:西南交通大学,2009.

[41] 秦云,张耀春,王春刚.计算流体动力学在建筑风工程中的应用[J].哈尔滨工业大学学报,2003(08):977-981.

[42] 杨伟,顾明.高层建筑三维定常风场数值模拟[J].同济大学学报(自然科学版),2003(06):647-651.

[43] 曹丰产,项海帆,陈艾荣.桥梁断面的气动导数和颤振临界风速的数值计算[J].空气动力学学报,2000(01):26-33.

[44] 陈艾荣,王达磊,庞加斌.跨海长桥风致行车安全研究[J].桥梁建设,2006(03):1-4.

[45] 江浩,余卓平.风力对跨海大桥上行驶车辆安全性的影响分析[J].同济大学学报(自然科学版),2002(03):326-330.

[46] 庞加斌,王达磊,陈艾荣,等.桥面侧风对行车安全性影响的概率评价方法[J].中国公路学报,2006(04):59-64.